目次

〈下巻目次〉

加藤秀俊社会学選集　上

題字　石川九楊

1　フィールドから

遠野をゆく

わたしが遠野にいってみよう、と思い立ったのはいうまでもなく柳田國男先生の『遠野物語』を読んで感動したからであった。はじめてこの山間の小都市を訪ねたのは昭和三十三（一九五八）年のことであった。その旅行をつよく動機づけた柳田先生の文章にはこうある。

「花巻より十余里の路上には町場三ケ所あり。其他は唯青き山と原野なり。人煙の稀少なること北海道石狩の平野よりも甚だし」

「日は傾きて風吹き酔ひて人呼ぶ者の声も淋しく、女は笑ひ児は走れども猶旅愁を奈何ともする能はざりき」

明治四十三（一九一〇）年に刊行されたこの書物にどんなことが記録されているか、は原文にあたるのがいい。ここではいっさいその内容にはふれない。だが、遠野のあちこちにつたわる物語を耳に

して柳田先生は

「斯る話を聞き斯る所を見て来て後之を人に語りたがらざる者果してありや」

とその感懐をのべておられるが、こんな記録が書物として市場にでることなど予想も期待もしておられなかった。印刷部数は三百部ほど。おおむね知友に贈っただけでなくなってしまった。だが、それが評判になって再版をのぞむ声がひろがった。その結果昭和十（一九三五）年に郷土研究社から増補版がでた。わたしの手もとにあるのはその再版本である。

この増補版の「後記」は柳田先生の門下、折口信夫によるものである。このとき折口は花巻から遠野に入って、『遠野物語』の著者とおなじく早池峰の裾をたどった。猿ヶ石川の流れは、二十年まえとかわらなかった。しかし遠野は、すっかりかわっていた。柳田先生が馬でこえた山道には軽便鉄道が敷かれていた。折口は、軽便の座席に腰をおろして車窓にひらける風景の展開を眺めつづけた。

遠野に着くと、ちょうど青年団の運動会の日で、昼花火が打ちあげられていた。自動車もあった。かつて馬でたどった土淵村への道を、折口は自動車で走った。ある農家にたちよってみたら、息子夫婦が孫を連れて都会に出てしまったあとを、老婆がひとりひっそりと暮していた。折口は、涙ぐましいほどにつとめて、柳田先生の体験とおなじ体験をこころみようとする。しかし、ザシキワラシの話など、だれもしてくれない。かれはじぶんにあてられた座敷の裏の部屋あたりが、きっとザシキワラシの常居なのだろうと自己説得して寝についた。

折口は、このわずかの時間的へだたりによって、柳田先生の遠野がすでにその姿を失っていることを確認しないわけにはゆかなかった。

「遅れてきた私にとつては、仙人峠から蒼茫として風の立つ遠野平を顧み勝ちに去つて行かれた先生の姿は、思ひ見るだけでも羨みに堪えなかつた」

と、かれは書いた。

折口が遠野を訪れて数年後、おなじく『遠野物語』に深く心をゆさぶられた読者のひとりに東北大学助教授だった仏文学者桑原武夫がいた。桑原は、この書物をよんで、その舞台になっている遠野を訪ねてみたいという衝動にかられた。そして、その遠野旅行の見聞と感想を「遠野物語から」というエッセイにまとめ、雑誌『文学界』昭和十一年七月号に発表した。

このとき折口が乗った花巻・遠野間の軽便鉄道は、すでに国有鉄道になっていた。駅に降り立った桑原の眼には大きなコンクリートの煙突が映った。上閉伊郡の産業ブロックの中央工場である。なにもかも、『遠野物語』にえがかれていたころの遠野とはかわっていた。宿に泊ったら

「給仕に出た女学校出の女中さんは、盆踊りなら古くさい土地の歌より蓄音機の東京音頭で踊るほうがおもしろい、お友達もみんなそういっている、といった。早池峰の山頂で泊り合わせた小国村の青年たちには、こちらから村の口碑を教えてやらねばならぬ位だった。附馬牛村大出ではオシラサマを都会の人に

売り飛ばしていた」

といった調子である。『遠野物語』が出てからの四半世紀の時間は、この盆地の景観と文化をすっかり変えてしまったのである。

桑原は、この変化を当然のこととしてうけいれた。かれはいう

「私は、決して懐古趣味から、これらの変化を嘆きはしない。むしろ新設の中央工場になんら機械音もせず寂然静まりかえっていることを淋しく感じたくらいである。私の旅の感懐のごときは問題ではない。ただ『遠野物語』という尊い人間記録がよい時期に編まれたことを感謝せねばならぬと痛感したのみである」

このとき桑原はこの本を読むことによって、たんに遠野をみるだけでなく、さらにひろく柳田先生の思想をさぐったのである。

柳田、折口、桑原、という三人のすぐれた知性にひきくらべれば、わたしなどの存在はちっぽけなものだ。しかし、わたしを遠野までひきよせたのは、まさに仙人峠に蒼茫として立つ柳田先生の姿であった。さらにその思いを加速したのは桑原武夫が「こうした豊かなわが国の口承文芸を味わいえぬものとは遂に文学を語りえぬ」と断じた『遠野物語』のうつくしい文章であった。それに、おこがましいことかもしれないが、この書物の序文に柳田先生が書かれた

「嗣《つ》いで起るべき小壮の学徒は、むしろこの一書を繙《ひもと》くことによって、相戒めてさらに切実なる進路を見出さうとするであろう。それが又われわれの最も大なる期待である」

という文章をわたしにあたえられた遠野への招待状として受けとりたかった。そんな衝動に駆られて、わたしは偉大な先人たちによって開かれた道を、あとから歩くことにしたのである。

いま、遠野にいたる道は、たいへんにちかい。朝、上野を出る急行は、遠野に直行する。わたしは、その道を、胸おどらせてたどる。

さきほどのべたようにわたしのこの旅を動機づけたのは『遠野物語』とそれにつづく著作からうけた感動であった。だが、それだけではない。日本人と日本の文化についての研究を基本的課題としているわたしには、『遠野物語』と、それにつづく折口、桑原の観察は、過去六十年の歴史の糸のうえにからみついた、貴重なフィールド・ノートの遺産としてうつった。じっさい半世紀以上にわたって、すぐれた頭脳が訪問をくりかえした村や町など、そうザラにあるものではない。先人の手によって切り開かれた研究の場を、くりかえし再訪できる、というのは地域社会研究にとって理想的な条件である。そのことによって、その地域の連続と不連続をたしかめることができるからだ。わたしが、遠野をたずねてなにかを学べば、遠野についての研究史にたとえ小さくてもひとつの刻み目をのこすことになるだろう。わたしは、じぶんなりの「現在の遠野」についてのフィールド記録をのこしておく義務感に駆られたのである。

さらに、わたしにとって遠野研究はもうひとつ重大な意味をもっている。わたしは『遠野物語』の巻頭に、「此書を外国に在る人々に呈す」という、いささか突飛にみえる献辞がつけられていることにおどろいた。「其頃友人の西洋に行つてゐる者、又是から出かけようとしてゐるものが多かつたので、其人たちに送らうと思つて、あの様な扉の文字を掲げた」と柳田先生はその理由をしるしておられるが、わたしには、この献辞は深く胸に突きささるものをもっている。なぜなら、わたしなどもまた、ある意味で「外国に在る日本人」であるような気がするからだ。

わたしは大学でずいぶんいろんなことを学んだ。かなり勉強したつもりである。しかし、よく反省してみると、わたしが教えられたことの大半は、西洋の学問だったようにおもう。西洋の学者の名前や、西洋の社会科学の概念が横文字で黒板に書かれ、それをそのままノートに書きうつして、わたしは大いに物知りになった、いや、物知りになった、とおもってきた。だが、そんな勉強を重ねた結果、わたしはひとりの日本人としてイビツになってきたような気がする。たしかにわたしは物理的に日本にいる。だが、その知的環境は「外国」にちかかったのではないか。

西洋の社会や、西洋の学者の説をひき合いに出すことによって日本をかんがえる知的風習はひろい意味で近代主義と呼んでよかろう。マルクス主義だってその意味では西洋文化直輸入の近代主義にほかならない。とすると、そんな教育をうけて大学を卒業したわたしは「外国に在る日本人」ならぬ「日本に在る外国人」にさせられてきたようなのである。

論より証拠、われわれは、ダ・ヴィンチを語って光琳・宗達を語ることをしない。シェークスピアを論じて近松を論じることをしない。ルッターを崇敬して親鸞とともに祈ることをしない。いや、しないのではない。はっきりいって、知らないのである。西洋近代を唯一の尺度とするとき、日本のものはことごとく歪んだもの、おくれたもの、として軽く扱われてしまうのである。そしてみずからが生まれ育ってきた日本という母国を知ろうという努力さえ、日本の知識人は怠ってきた。日本が西洋と「ちがった」社会であるということは「おくれた」社会ということではない。その単純な事実を、日本の知的世界はみとめようとしなかったのである。

「此書を外国に在る人々に呈す」という献辞は、こうかんがえてくると、日本の知識人の精神にたいして柳田先生が放たれた鋭い矢であったといってよい。わたしは『遠野物語』をはじめとする柳田先生の著作をつうじて日本の尺度で日本を考えることの必要性を教えられた。それぞれの文化は、それなりの統合性をもって多元的に存在している。わたしは「日本に在る外国人」ではなく「日本に在る日本人」になりたいとおもった。

誤解のないように強調しておきたいが、日本の尺度によって日本をみる、ということは、日本がいい国だ、ということをいいたいのではない。いいか、わるいか、それはわからない。いや、ぐあいのわるいこともいっぱいあろう。どんな文化にだって、ぐあいのわるいことはある。だが、日本文化のよしあしは、さしあたりの問題ではない。問題は、日本には日本の、アメリカにはアメリカの生活の法則があるということなのである。わたしがこころみたいのは、その法則に即して日本を考えることである。西洋の風習にしたがって日本の文化を考え、ハミ出したり、足りなかったりした部分をアラさがしするのは、日本文化にとって、残酷であり、不幸であり、そしてなによりも愚かな誤りではないであろうか。

あとでのべるように、こんにちの遠野には柳田先生がはじめて訪問されたときのような神秘性はない。正直なところ神秘さをひそかに期待していったわたしは、その期待を裏切られた。そこには映画館があり、オートバイが走り、娘さんたちは洋裁学校に通い、喫茶店では、イヴ・モンタンのレコードがかかっていた。これは半世紀の歴史が生んだ必然的な進化なのであった。むしろ、その進化を忘れて、『遠野物語』当時の遠野のイメージを期待したわたしはアホウなのであった。この山間の一盆地には、それなりにまとまった「現在」の文化がある。わたしは、過去に原点をおくことをしたくない。かつての遠野をたずねた柳田先生を、かならずしも羨まない。なぜなら、わたしは曲り家の暗い、湿った台所で働いていた半世紀むかしの遠野の主婦よりも、南向きの、タイル貼りの台所で働いているこんにちの遠野の主婦のほうがはるかに幸福だと信ずるからである。より幸福になった人間を見ることは、それじたい、より幸福な経験ではないのか。

むかしの遠野がホントの遠野で、いまの遠野が都市文明に荒らされたウソの遠野だ、といった考えはまちがっている。文化というのは、人間が生きているかぎり、つねに現在形で語られるべきものであろう。わたしが遠野に行き、遠野を勉強するのは、くどいようだが「現在の遠野」を理解するためなのである。もはや忘れられそうになった口碑伝説などは本を読んだらいい。

だいぶまえおきがながくなったが、それではこの遠野という町がどこにあるのか。念のために簡単に紹介しておく。どんな簡単な地図でもいい。岩手県の地図をひろげてみよう。岩手県というのは、山ばかりの地方である。平地といえば、一関から花巻にいたる北上川の流域だけ。この流れに沿って北にすすむ東北本線の窓からみえる風景は、どこまでいっても山である。西は奥羽山脈、東は北上山地。この地方を冬に旅するなら、はげしく雪が降りつづけて、昼間でも暗いことがある。大牟羅良《おおむら》が『ものいわぬ農民』でのべたような、日本のなかでまったく取り残されたほんとうの「僻地」が、北上山系のなかに点々としてちらばっている。

わたしは、かつて、花巻から釜石、宮古を経て、小本線（現・岩泉線）で浅内に至り、そこからバスで葛巻をとおり、沼宮内まで旅をしたことを思いだす。まったく茫とした地域である。あちこちにかぼそく散在する鉱山が唯一の産業といえば産業だ。米はほとんどできず、アワやヒエを辛うじてつくっているにすぎない。炭焼き小屋もあるけれど、いまでは電気やプロパン・ガスに押されて木炭の需要はほとんどなくなった。

なによりも交通が不便である。不便どころではない。だいたい、使用にたえる道路がない。鉄道時刻表の巻末のこの地方を走るバスの時刻表は十二月から四月まで、空白の部分が多い。雪で交通が杜絶してしまうからである。雪どけのころには、道路は泥海になる。車輪から、ひどいときにはエンジンまで、この泥海につっこんでしまって、まったくうごきのとれなくなった自動車が東北本線の窓からもみえる。

無医村も多いし、乳幼児死亡率も高い。新聞の購読率も南九州とならんで最低である。「日本のチベット」などという表現をつかう人もある。お寺の数もすくなかったし、識字率も低かった。南部の「メクラ暦」というのをご存知だろうか。文字のよめないひとびとのための絵で見るコヨミである。そんなななかで・北上のひとびとは、小さな谷間を見つけ傾斜地にへばりついて暮してきた。いろんな開発プラン、改良プランが出されはしたが、遅々としてすすまない。

こういう文化地理的な環境のなかで、遠野という地点に焦点をあててみよう。いったい遠野は、どんな役割をこの北上文化のなかで占めてきたのか。

遠野は、この山地のなかでほとんど唯一の大きな盆地である、盆地、といっても標高二百二十五メートル。それでいて旧藩時代の禄高は一万二千石、とにかく、かなり米の収獲のある地方だったのだ。盛岡藩の禄高が十万石であったことをかんがえあわせれば、遠野というのは岩手県のなかでは珍しい、まとまった耕地にめぐまれていたのである。

しかも、この盆地は北上流域から、入りやすかった。北上川に合流する猿ヶ石川づたいの道は、けわしいといえばけわしいが、なだらかな上り道である。花巻から遠野への道は、北上山地のなかで、もっとも通行の容易な東西をむすぶ道なのだ。遠野から東にむかう道は、標高九百メートルにちかい仙人峠をひかえているので、いささか困難だが、北上流域から三陸海岸への道をさがすなら、花巻から遠野・仙人峠をこえて大槌・釜石方面に出る経路がいちばん便利であったし、こんにちでもそうである。そして、この道は、どうしても必要であった。なぜなら平地をほとんどもたないリアス式海岸の漁民は、農作物や炭を必要とし、また内陸の農民は塩や魚を必要としていたからである。さらに、マタギや炭焼きは、米と塩がなければ生きてゆけなかった。つまり農民と漁民と山地民とは、それぞれの生産物を交換することによってそれぞれの生計をたててきたのである。

そればかりではない。むかし、西国からみちのくに至る道は陸路だけではなかった。太平洋の沿岸づたいの海路もあった。とりわけ高田屋嘉兵衛が太平洋航路をひらいてから京・大阪からのあたらしい文化の移動は船便によっておこなわれた。船は、比較的波のおだやかな湾をえらんで碇をおろし、工芸品だの、都のめずらしい品物を陸揚げした。藤原三代の栄華や金売り吉次の物語から知られるように、鉱産物のゆたかな奥州の文化は、中央文化と陸路で密接につながってきたけれども、海を経由しての交易もだんだんさかんになってきた。上方からの船は、貴重品だけではなく、江戸時代の後期には古着のような日常の商品も大量にはこんできた。その代償に農民や山地民は土地を提供した。関西資本が北上の山林にまでおよんだのである。それらの品物の輸入地点のひとつは、俗流地名語源学によるといつのまにかミヤコという地名になった、という。こんにちの宮古のことである。

輸入品は、内陸部に運送されねばならぬ。そのためにも、北上山地を東西に横断する道は必要であった。そして、ながいあいだにわたっての経験によって、ひとびとは、いちばん効率のよい横断路を発見した。それが遠野経由の道である。

このようにして、遠野は北上山地の東西交通の中継地点という役割を担うことになった。海の幸、山の幸は、この山間の一盆地にあつまり、散っていった。他国の商人や馬喰《ばくろう》なども、遠野にやってきた。そんなふうにいろんな人間が出入りするから、遠野はときとして統制がきかなくなったりもしたようである。殺人、放火、いろんな人間があつまり、ぶつかりあうところでは、そうした犯罪が起るのも当然であった。

だが寛永年間、徳川政権が安定政権となったとき、遠野にも秩序がおとずれてきた。あたらしくこの地に移封された南部直栄は、警察力を整備し、町の組織化をはかった。無頼の徒は数年で姿を消した。遠野の町は、商業都市としてその存在をあきらかにしてきたのである。毎月、一の日と六の日に、市が立った。商人たちは、それぞれの生産物を馬の背にくくりつけて、この盆地に姿をみせるようになった。出馬千頭、入馬千頭というたいへんな活気。そのなごりはいまの遠野の目抜通りの「一日市町」という地名でのこっている。

ひとことでいえば、遠野は南部領内屈指の商業都市になったのだ。たんなる城下町なのではない。こんにちの岩手県南部の、経済の中心地だったのである。遠野を僻地とよぶのはあたらない。遠野は僻地を周囲にもち、その僻地をつなぎあわせる要衝なのであった。じっさい徳川中期の遠野の町の武士と町人、すなわち直接生産にかかわらない人口の総数は六千人。それは山間の町としては信じられないほどの規模であった。ここはけっして「純農山村」ではなかったのだ。

『遠野物語』にみられるゆたかな想像力もまた、遠野が人里はなれた僻地ではなかった証拠だ、とわたしはおもう。なぜなら、そもそも「想像力」というものの源泉は、じつは多様な経験の相互刺激によるもののようにおもえるからだ。京都で『御伽草紙』のような物語集ができあがったのは、さまざまの地方についての情報や伝聞が京都という大都会に活溌に集散するようになったからである。商業と交通が、多様な経験をもった人びとを京都に呼びあつめ、その多様な経験の交換がひとの想像力を刺激したのだ。『御伽草紙』の地方版ともいうべき『遠野物語』に充満している多彩な物語もまた、遠野が往来のはげしい都市で、そこに周囲の村々、山々での物語があつまってきたからだろう、とわたしはかんがえる。

商業都市としての遠野の繁栄は明治維新後もつづいた。文明開化の波はこの山間の盆地まではなかなかやってこなかった。旧南部藩が「岩手県」になっても、相かわらず、しゃらんしゃらんという鳴輪の音があけがたの大槌街道にひびいていた。

ところが、明治末年になると突如として交通都市遠野の性格をかえるような革命がはじまった。鉄道である。しゃらんしゃらんでなくポッポポッポと汽笛を鳴らす蒸気機関車がうごきはじめたのだ。まことに劇的なことだが、『遠野物語』の著者が駕籠や馬でさかのぼった猿ヶ石川沿いに二年後の明治四十四年十月、地元有志の発起で、岩手軽便鉄道株式会社が発足し、五年後の大正四年十一月、花巻と仙人峠をむすぶ六十五キロの路線が完成した。折口信夫がのった軽便はこれである。

この軽便鉄道は大いに経営が苦しかったようだが、昭和十一年まで二十一年間、走りつづけて、そのまま国有鉄道に買収され、こんにちの釜石線になった。しかし、汽車は仙人峠という難所にさしかかったところが終点である。乗客はそこから徒歩で峠をこえて、反対側のもうひとつの簡易鉄道、釜石製鉄所の会社線に乗りついで釜石に出る。徒歩で峠がこえられない人、つまり、老人や婦女子のためには、カゴが使われた。おどろいたことにこのカゴ輸送は、ごくさいきんまで残っていた。この仙人峠にトンネルが通じ、花巻・釜石をむすぶ釜石線が全通したのは昭和二十五年、つまり、朝鮮戦争のころだったのである。それまでの遠野ではカゴや馬は実用性をもっていたのだ。

鉄道が敷設されると交通は新時代にはいる。わざわざ遠野という中間地点で取引しなくても、沿岸部と内陸部の輸送は直接にできるのである。遠野市のパンフレットには「交通の要衝として繁栄をきわめた遠野ではあったが、交通の発達によってさびれてきた」という皮肉な表現がある。遠野は、交通技術の革命によって、その交易センターとしての役割に終止符を打たないわけにはゆかなかったのである。伝統的な一、六の市も大正のはじめに消滅してしまった。こんにちの遠野の直面する問題は、まさに、中継交易都市としての存在意義がほとんど消滅したことなのだ。

輸送基地としての遠野でその輸送力の主軸をなすのは馬であった。馬の背中に荷をつけて運んだのである。たいまつをつけて道を照らしながら、数十頭、いや数百頭の馬をひいた馬子たちは、大槌街道を遠野へむかった。馬の首には鳴輪がつけられていた。鳴輪は、しゃんこしゃんこと鳴った。その音と、たいまつの火は、オオカミの襲撃を防ぐのに有効だった。馬は一列になって、暗がりの仙人峠をこえた。朝早くからひらく遠野の市に着くためには、輸送は夜間におこなわれねばならない。青笹の街道に面したところで酒屋をいとなんでいる多田さんは、そういう時代の記憶をふりかえって、大槌街道は「馬糞で土が見えねえほど」馬が毎日通った、という。

このおびただしい数の馬、それもまた、遠野の財産であった。馬の手綱をひいた遠野の人びとは、大槌や花巻まで出かけて物資輸送をひきうけた。この輸送請負いを「駄賃附け」という。

駄賃附けは、遠野の経済にとって大きな収入源であった。延宝七（一六七九）年、幕府の巡検使が来たが、そのときの記録では、遠野の町のなかだけで馬が三百六十八頭。町のなかに、馬の鞍師は七人もいた。町のなかだけでこの数である。遠野領内を合計するとケタは一ケタ上って七千頭。一世帯につき二頭という割合である。

そして、この点でも遠野は大へんめぐまれていた。なぜなら、馬をそだてるのに遠野の自然環境は申しぶんなかったからである。高原性の気候、広大な牧草地、馬は、この盆地ですくすくと育った。南部領は、もともと馬産地として有名だが、遠野は右にのべた駄賃附けの需要もからみあって、馬の飼育にとりわけ熱心な地方になったのである。遠野は物流センターであると同時に、輸送力の供給地でもあったのだ。

だいたい、遠野での、牛馬の飼育の歴史もおそろしく古いのである。遠野の地図をみると、この盆地のいちばん北がわに附馬牛《つくもうし》という奇妙な地名があるが、これはむかしある高僧がこの地にやってきて、大きな槻の木に、牛と馬をつないで行ったから、ツキ馬牛というのだという。『定本附馬牛村誌』は、これをあくまで伝説としてしりぞけているが、こんな伝説がうまれるほど、牛や馬は、この土地の文化のなかに古くからすみついていたのであった。

じっさい明治三十五年刊の『南部馬史資料馬匹管見』には、南部馬のことがつぎのように書かれている。

「景行天王廿五年武内宿禰を遣し、東力蝦夷の国土風俗を巡察せしむ。廿七年武内宿禰帰奏して曰、東夷土地沃壌且つ馬匹多し。撃て之を取るべしと。之に依て考ふれば紀元七百三十年前已に奥州に馬匹の存在せしや明かなり、其後紀元一三八〇年元正天皇養老二年八月乙亥出羽並に渡島蝦夷八七人来て馬千匹を貢献すとあり」

武内宿禰となると、ずいぶん古いが、とにかく、遠野にかぎらず、いまの奥羽地方は馬産地として知られていて、大和政府からみれば、馬というのは、きわめて貴重で魅力的な物産であった。「撃て之を取るべし」というのはずいぶんムチャだけれど、西日本の中央政権は、東日本の馬がほしかったのである。「東国」にたいする憧憬と恐怖は、『風土記』以来、西日本文明に一貫したモチーフだが、ことによると、その「東国」イメージには、馬というおそるべき「動力」がどこかでかさなりあっていたのかもしれない。

まえにのべたように、北上山系は農地についていえばまずしいところである。だからこそ、馬は重要な産物であった。畜産によって立つことは、北上文化の歴史をつらぬく基本的な方針だったのである。だから、南部馬と呼ばれる馬の改良も、しばしばくりかえされてきた。

馬匹改良事業については、これまた、多くの説がある。第一に、南部馬を、藤原三代の事業とむすびつける説。それによると、気仙郡に唐舟村というところがあるが、ここは藤原時代に唐舟の投錨する交易地であった。この藤原氏の対外貿易の品目のなかに、ペルシャの馬があったという。たしかに、金色堂にはローマの貝細工なども残っているのだから、馬が輸入され、品種改良がおこなわれた、というのも十分かんがえられることであろう。後鳥羽天皇の文治二年、藤原秀衡が馬百頭を献上した、という記録もある。

『東北太平記』には、もうひとつ異説がある。康正年間（一四五〇年代）に八戸南部がロシアから馬一千頭をいれたのがこんにちの南部駒の源流だというのがその説。北海道や奥羽は、中央政権からずいぶんへだたっているから、独立王国にちかかった。だから八戸南部が日本海貿易で馬を買い入れたというのもまたありそうなはなしである。

こんな説もある。後花園天皇の享徳三年南部十七世彦三郎光政の時代に、いまの下北半島田名部に封ぜられていた領主、蛎崎《かきざき》信純という殿様がクーデターを計画し、機動力を確保すべく蒙古の馬数百頭を輸入、ひそかに南下をはかっていた。ところが、この陰謀が露顕して、蛎崎は南部氏に討伐され、命からがら松前におちのびた。その駿馬数百頭は、南部家の戦利品になった、という。

もうひとつ気宇雄大な説を紹介しよう。これは南部藩でなく、おとなりの伊達藩の独眼流政宗、戦国の動乱がおさまって徳川家に忠誠を誓い、仙台にひっそりとひっこんだが、なにしろ戦国大名である。なにか大きなことをやってみようという野心はおさえることができない。よく知られているようにかれは支倉常長をローマに送って世界との接触をこころみたが、同時に外国産の馬に関心をもち、慶長十七年、ペルシャから馬を輸入した。だがそのころ、日本のもうひとつの辺境たる九州で島原の乱が勃発してしまった。さすがの政宗も、「戦力」として疑いを受けそうな馬を自領の仙台湾に陸揚げすることをはばかり、南部七戸に転送した。それが南部馬のはじまりだ、という説。

こんなふうに、南部馬の起源と改良過程は諸説いりみだれているけれど、とにかく、南部藩の勢力圏内、すなわちこんにちの岩手県と青森県の東半分では、むかしから馬がそだてられ、改良された。そして遠野は、まえにのべた大量輸送の必要から、とりわけ馬つくりに熱心な地域になったのである。

馬をはなれて遠野文化は成り立たなかった。人は馬を、馬は人を、それぞれたよりあって、遠野文化を形成してきたのである。だからこそ、南部の「曲り家」という特徴的な民家ができあがる。この設計では、L字型の建物の一辺は、人間の住むところ、そしてもう一辺は馬の住むところになっている。この両辺の交わるところに土間があり、人間は食事をしながら馬の様子をみることができる。遠野では馬を別棟で飼育するのではない。文字どおり、人馬一体、なのである、芭蕉は、『奥の細道』で枕もとに馬のオシッコの音がきこえる、という経験にみちのくの詩情を感じたが、曲り家の思想というのは、そういったものだったのである。

馬といえば、この地方でおこなわれる「馬ッ子つなぎ」のことにもふれておかねばなるまい。それは六月一日、田の神を迎えるための民俗行事だ。この行事については『遠野物語』につぎのような記述がある。

「昔は馬の形を二つ藁で作って其口のところに粢《しとぎ》を食はせ早朝に川戸の側の木の枝、水田の水口、産土の社などへ、それぞれ送つて行つたものだといふ。今では藁で作る代りに半紙を横に六つに切つて、其に版木で馬の形を二つ押して、是に粢《しとぎ》を食はせて矢張り同じやうな場所へ送つて行く」

もっとも、いまでは、さらに形式は簡略化されて、たんに「馬」と書いた紙片を青竹にはさんで田んぼの隅っこに立てているだけだが、精神はおなじこと。要するに、神さまは、馬にのって、山と田のあいだを往復なさるのである。馬ッ子は、遠野のものである。ウマヤは、人間の住居とおなじくらい重視され、ウマヤをほめる歌まである。定型化された「馬屋ほめ」は、こうだ。

「まゐり来てこの御台所見申せやめ釜を釜に釜は十六。十六の釜で御代たく時は、四十八の馬で朝草苅る。其馬で朝草にききやう小萱を苅りまぜて、花でかがやく馬屋なり。かがやく中のかげ駒はせたいあがれを足がきする」

そんな遠野の「馬文化」にもうひとつあらたな時代がおとずれた。明治末の遠野にはたいへんな馬景気がやってきたのである。軽便鉄道のおかげで魚を背につけて運ぶ駄賃附けの馬はもう必要ではなかったが、日露戦争と戦後の日本陸軍が、軍用馬を大量に必要としたからだ。とりわけ、日露戦争後に馬政局《ばせいきょく》という陸軍の部局ができてからは、金に糸目をつけずに、いい馬はどんどん買上げられた。騎兵隊の乗用馬、輜重隊の輸送馬、帝国陸軍にとって馬は必要不可欠であり、その軍馬をつくり育てるのは、名誉であり、かつ、経済的安定をも約束した。ひとびとは、ふたたび馬つくりに専念するようになったのである。

もともと、馬とのつき合いの古い土地柄である。そこに国策としての馬産奨励がかさなり合ったのだから遠野は馬に熱中した。遠野の人びとは、それぞれいい馬を持って自慢しあった。馬を二、三頭持っていないことには、恥ずかしいくらいであった。山林を売り払って馬にいれあげた人もある。単なる金儲けのためではない。遠野の誇りとしての南部馬に、ふたたび華々しい栄光をあたえてやりたかったからである。

わたしは附馬牛の駒形神社に足をはこび、そこに奉納されている江戸時代からのおびただしい数の古い絵馬にびっくりしたが、三浦栄さんの話によると明治の末期からの絵馬は、親馬が子馬を連れているのが特徴だという。それは意識的に、飼主たちが繁殖に力点をおきはじめたことの反映なのであろう。

産馬議会というのもできた。馬の品種改良のための種馬購入だの、優生学的な研究だのを中心課題とするこの地方一帯の総合的な産馬行政の最高機関である。議員は、一村からひとりずつえらばれた。産馬議員の威勢は大したもので、肩で風を切って歩いたものだったという。町会議員など足もとにも寄りつけなかったらしい。とにかく、馬こそが栄光のあかしであり身分の象徴であったのだ。

じっさい、軍馬としての遠野の馬はすばらしかった。粗食にたえて、よく歩いた。「愛馬行進曲」にあるような人馬の精神的交流も成立した。送り出す飼主は、精いっぱいの心づくしをこめて、馬を市にひいて行った。馬に関するかぎり一、六の市はずっとつづいていた。最盛期には市日にあつまる馬は三千頭。うかうか市日に町を歩いていたら馬に蹴っとばされたもんだ、と、博労一代の山尾判司さんは回想する。

だが、軍馬としての遠野の馬にも悲しい日がおとずれた。太平洋戦争の終末である。陸軍が解体した以上、軍馬も不要である。いったいどうしたらいいのか。おびただしい数の馬は、復員兵とおなじく、帰農した。つまり、農耕馬として平和的に生きることになったのである。大砲のかわりにスキを引き、南部馬は黙々とはたらいた。それに、そのころにはこの定評ある南部馬には、全国の農家から需要があった。遠野の馬産は依然として健在でありつづけたのである。

ところが、農耕馬としての馬にも決定的な行きづまりが到来してしまった。日本農業の機械化である。馬という生きものは手がかかる。それよりも、ガソリンでうごく機械のほうが便利だ。量産効果と農協の後押しで全国津々浦々の農村では小型耕うん機のモーターが爆音をひびかせはじめた。馬は要りません、ということになってしまったのである。

こんなわけで、南部馬は行く先を失ってしまった。輸送力としては時代おくれ、軍用馬としての需要ゼロ、農耕用としても機械に敗ける、ということになると、もう、どうにもしようがない。遠野の馬は、いま、かつてない重大な危機に立たされている。もちろん、わたしが会った附馬牛の始閣《しかく》さんのように早池峰山麓でのびのびと馬の放牧をつづけ、依然としていい馬をつくることに専念している馬産家もいる。しかし、一般の馬には、どんな運命が待ち受けているのか。

まことに残酷で、かつての栄光からは想像もできないことだが、こんにちの遠野の馬は、食肉マーケットに流されてゆくのである。価格は、目方で豚肉と同列。土淵の阿部與次右衛門さんはいう。

「むかしは、馬をムヤミにかわいがって使ったもんでがんす。いまア、ガチンと殺して食う。お寺のさア、和尚さんが説教したもんだ、生きものを殺しちゃアいけねえとよう。それくらい固かったもんよ。むかしは」

「世が世なら、こいつアいい馬になると折紙をつけた馬が、屠殺場に送られてくんだもんなア、見てて涙のこぼれるときもありまさア」


馬とのつきあいなどまったくなかったわたしも、まったく悲しくなった。このへんの農家に行って、あの大きな、うるんだ眼で毎日見つめられているうちに、すっかり情が移ってしまったのである。馬肉だけは、どんなことがあっても、もう、食べる気にならない。わたしは、柳田先生をはじめ、戦前にこの地を訪ねた人びとをこの点で羨望の眼でみる。そのころ、遠野の馬は、輝いていた。生きる誇りを主張していた。しかし、いまの遠野では、馬はその歴史的使命を終えたようなのである。馬は、トラックにのせられて（歩かせていては時間がかかる！）目方で売られてゆくのだ。

だが、感傷にふけるのをやめて、しずかに考えてみると、全人類的な規模で、いま、騎馬文明はその終幕をむかえているのではないか。有史以来、馬は人間の生活にとって欠くことのできない動物であった。ずいぶんながいあいだ人間の社会経営は馬の労働力に依存してきた。旧大陸でのさまざまな帝国の歴史をふりかえってみたらいい。秦の始皇帝、ジンギスカン、そしてローマ帝国。ひろい版図の経営には、馬が必要だった。いや、馬の使用という事実こそが、これらの古い帝国を成立させた。唯物史観ならぬ「唯馬史観」によって人類史をふりかえることさえ、不可能ではないのである。アメリカの西部開拓史、インカ王国の滅亡、それらの歴史的事実は、馬という動物が果たしてきた歴史的重要性を教えるものではないか。

南部の馬もまた然り。まえにのべたように、東北地方は、しばしば独立政権的なうごきを示してきた。藤原三代、そして伊達政宗。だが、その独立政権的傾向は、資源としての馬に依存するところがおおきかった。みちのくの豪族たちは、馬という機動力をふんだんに持っていたから、その武力のまえに中央政府はこの地方を完全に掌握することができなかった。「東国」の荒くれ文化が、みやびな西国文化にとって、つねに畏怖の脅在でありつづけたことは、たとえば、西行戻り橋の伝説の流布の仕方などからも類推できよう。この東国の優越の現実的な基盤は、じつに馬だったのである。

だが、遠野のみならず、全地球的規模において、馬文明は終った。産業革命は、輸送通信の手段としての馬の使命をバッサリと切りおとし、また、労働力としての馬を駆逐した。こんにちの内燃機関にも「馬力」という単位は生き残っているけれども、それはもはや抽象でしかない。「生きた馬」は歴史の舞台から、いま立ち去ろうとしている。

こうかんがえると、遠野の馬の問題は、こんにちの人類文明の基本問題につながる。星新一さんの「友を失った夜」は、機械化の進行した未来社会で、動物たちがその生きる場を失い、地球上に生き残ったさいごの一匹の象が死にかけたとき、人類こぞってその臨時ニュースに耳をかたむける風景がえがかれているが、ある意味で、遠野の人びとは「友を失った夜」をいま迎えようとしているかのようなのである。

このような変化をみながら、わたしはいろんなことをかんがえた。むかしの遠野は自給自足的な北上山系のなかで経済的、文化的な中心地としての地位と役割を確立した。ひとことでいえば、遠野は「ナショナル」なものから距離をおいた「ローカル」な文化のしっかりした核であり、まさにそのようなものとして遠野は繁栄した。

しかし、鉄道開通以後の遠野の近代史は、開化史であると同時に衰退史である。なるほど汽車輸送によって物資はゆたかになり生鮮食品の鮮度も高くなった。魚が大槌街道を馬の背にのせてはこぼれてくる風景は、すくなからず牧歌的だが、その当時を思い出す老人の話によると「釜石のカツオは、途中でシビれて、それを食った奴アよくジンマシンを起したもんでがんす」というような種類のものであった。

だが、たとえジンマシンを起すようなカツオであっても、鉄道ができるまでは、そのカツオによって遠野の社会は支えられていた。魚をはこぶ駄賃附けの収入、そして、その魚の仲買によってはいる商業収入、とにかく、魚をはこべば、それでかなりの現金が遠野におちた。ところが鉄道時代になると、遠野には一銭も落ちない。それどころか、全面的に持ち出しである。新鮮な魚を、ウマイウマイと食べているあいだに、遠野の財布からカネがなくなってゆく。ウマイ魚を食べられるのは進化だけれど、その魚で商売できなくなったのはあきらかに衰退だ。だから、「どうです、遠野の魚は三陸もののピチピチしたやつ。ウマいでしょう、さあどうぞ」といって自慢する遠野の人たちの表情は複雑なのである。

要するに、文明の進化をよろこんでいるうちに、いつの間にやら遠野の存立の経済的基盤は衰退しはじめていたのであった。自動車の普及で生活の能率は向上したが、それは馬時代の終焉を意味していた。中継交易、駄賃付け、といった、零細な第三次産業は、文明開化であっさりと倒れてしまったのである。このままではジリ貧になるだけだ。どうにかしなければならない。どうしたらいいのか。遠野の人たちは、いまこの問題を考えつづけている。

基本的にいえば、遠野の生きる道は、ローカル文化の中心地としてだけではなく、日本ぜんたいとのつながりをもつことである。そしてそのためには、小規模な第三次産業的役割もさることながら、なんらかのかたちで全国市場にたいしての生産地、供給地として再生の道を模索しなければならない。

それではいったいなにを生産したらいいのか。農業による再生はむずかしい。むかしの遠野の禄高はまえにのべたように一万石だが、いま一万石の米を収穫してみても、遠野市の人口はおよそ四万人、三万石の不足である。それに、この地方は有名な冷害地だから、稲を育てても収穫ができるとはかぎらない。当座の知恵として野菜を栽培しそれを製鉄都市釜石に供給することをかんがえはじめた。これを手がかりに盛岡、仙台はもとより関東地方まで生鮮野菜を出荷することも不可能ではあるまい。とくに、この高原野菜には見込みがもてる。長野の成功例をみてそんな計画を立てている若い農民にも会った。「遠野レタス」という銘柄で売りだそうというわけ。

だが、長野県の高原野菜は、東京まで整備された道路を数時間で突っ走る。消費市場までほんの一っ走りなのだ。それにひきかえ、遠野から東京までの輸送力はめんどうである。輸送費も時間もかかる。鮮度が生命の生野菜である。そうかんがえると、これも先がみえているような気がする。

天然資源としては、木材もある。遠野駅の構内には山のように積まれた材木がある。遠野市内の山林は合計四万三千町歩、そして、一年に八万石ほどの材木がここから送り出される。しかし、この林業もまた、大いに問題だ。なぜなら、この山林の七割までが国有林で、営林署の管理下にある。遠野の人びとは、日給制でこの国有林伐採の仕事にありついているだけであって、林業という「事業」をおこなっているわけではないのである。それに、営林署の賃仕事にしたって、もう眼につくところは、おおかた伐ってしまった。作業場はどんどん山奥へ移ってゆく。いまどのへんで作業しているのですか、と土淵できいたら、「ほら、あそこ、早池峰の東の尾根の下です、ここから、歩いて、五、六時間」と教えられた。カスミがかかっていて、さだかに見えないほどの奥地である。

さらに木を伐るのはよろしいが、苗を植えてから使いものになるまで数十年かかる。そのゆっくりした成長スピードと、連日カンカン切り倒してゆくスピードとのあいだにおおきな落差は埋めることができない。そこで木材の二次加工で産業を誘致しよう、という案がでてきた。早池峰のブナ材は逸品だというがそれが遠野から出荷されるときには丸太のままである。もしも遠野市内で、たとえば山形や四国の業者が成功したように、すぐれたデザイナーを招いて高品質の家具などを製造することができれば「遠野家具」といった全国銘柄でかなりの付加価値も期待できるだろう、というわけ。そこで一九五〇年代のはじめ、木工業振興のために木工乾燥場を資本金五百万円で完成させた。月に三百二十石の木材を乾燥させる性能をもった工場である。ところが、せっかく材料をつくって、さあ加工して下さい、といっても進出してくる家具業者があらわれなかった。乾燥機を一週間操業したら、おどろいたことに半年ぶんの手つかずの乾燥材ができ上ってしまった。宝の持ち腐れである。もったいないことだったが、この乾燥工場は四ヶ月作動しただけで閉鎖してしまった。

農業も林業も先がみえている、ということになると、残るは畜産だけである。畜産、といってもまえにのべたようなしだいで馬はもうその使命をおわった。もちろん競馬用の馬の牧場をつくる、という計画もあるし、宮内庁におさめる儀礼用の馬の需要もないわけではない。遠野はこれまで馬から離れなかったし、こんごもなんらかのかたちで馬とのつながりをもちつづけるであろう。それは疑いない。しかし、競馬馬といい、宮内庁行きの馬といい、ともに馬のエリートである。それらのエリート馬は、遠野の牧場で優雅なギャロップをみせてくれるだろうが、以前のように七千頭の馬が遠野の盆地にひしめきあい、馬が遠野の産業の主流になるといった情況はもう見ることができないだろう。げんに遠野の馬の数は、昭和二十二年に三千六百頭だったのが昭和三十年には三千頭、三十五年二千二百頭、と激減してきているのである。

そのかわりに牛がどんどん増加しはじめた。昭和二十二年、わずかに二百頭だったのが十年後の三十二年には、ちょうど九倍の千八百頭、三十五年には二千二百頭。馬の下降線と、牛の上昇線とが交叉してしまった。馬を牛にのりかえる、というコトワザがあるが、まさしく、遠野は馬を牛にのりかえようとしているのだ。

この牛馬転換は賢明であった。それというのも、戦後の日本での乳製品の需要はおどろくべき拡大をしめしてきたからである。日本人は牛乳をよくのむようになった。バターやチーズが日常的に使われるようになった。アイスクリームなどの乳製品も年間商品になってよく売れている。育児哲学がかわって、人工栄養児がふえ、粉ミルクも大量に売れるようになった。それどころではない。不足がちな乳製品は外国から輸入しなければならなくなっている。

ひろい牧草地と、家畜の扱いに馴れた遠野の人びと、それは、乳牛をそだてるのに絶好の環境であった。酪農に踏み切ったのは現実的で賢明な政策転換だったのである。馬がいた牧舎に牛がはいった。人びとは牛乳をしぼった。そして、その牛乳を集荷し、処理する工場ができた。雪印、森永といった大手の乳業会社も進出してきた。あけ方の二時ごろに集荷トラックは工場を出発する。トラックは遠野一帯の山道を、道があるかぎり走りまわって、各農家から牛乳缶をあつめて積みこみ、工場に朝早く戻ってくる。あつまった牛乳は品質検査のうえ、清潔な工場のなかで処理され、最終的にはバターになる。そのバターは大きな木の箱に詰められ、遠野の駅から包装工場にむかって送られる。そして、われわれの食卓にとどく。

こうした情景はかつての遠野の生活からみたら想像を絶している。馬のいたウマヤに牛が住み、馬の歩いた道は、牛乳をのせたトラックが走っている。それをみて新鮮な牧歌的風景を感じるのは旅人の自由であるけれど、その裏がわをのぞいてみると事態はかならずしも明るいものではない。なぜなら、乳牛の頭数がふえているのに、飼主たる農家のフトコロはそれほどラクではないからである。牛乳をせっせとしぼって、朝早くの集配トラックに積みこむという重労働を毎日くりかえしているのに、収入面でいえば、ほとんど儲けにならないのだ。

なぜか。それは、遠野の酪農化が、きわめて零細な副業でしかないからである。乳牛はすくなくとも四、五頭飼っておかないことには経営的に引き合わないものだ。四、五頭の牛をよく手入れし搾乳すれば、年に五十万円ほどの収入を確保することができる。もちろん、この五十万のうち、半分以上は牛の飼料だの、償却だのでとんでしまうが、すくなくとも、投下労働力をギリギリおぎなうことができるだけの収益があがる。それが、全国平均の酪農家の最低線だ。

ところが、遠野ではこの最低線を下まわっている。せいぜい二頭。多くて三頭。これでは、手許にあまりカネは残らない。なぜ、四、五頭という線まで達することができないのか。第一に、貧乏である。乳牛は、高い。いい牛ほど高い。だから、なかなか買うことができない。だが、かりにカネがあったとしても、四、五頭、いや十頭以上の牛を飼って本気で牧場を経営をやろう、という人はいない。なぜなら、生活の最低線を確保してくれるコメつくりを捨てることができないからである。コメさえつくっておけば、どんなことがあっても生きていける、という信念は、遠野のみならず、日本の農民に共通の信念である。それにコメさえつくっていれば政府から補助金もでる。その確乎たるコメ信仰を笑うことはできない。

じっさい明治以後、いろんな副業が零細農家のあいだに流行した。ウサギを飼えばボロ儲けができる、とか、キノコをつくれ、とか、さまざまな副業が紹介されてきた。だが、それに夢中になるたんびに期待は裏切られてきた。副業はあくまでも副業。コメこそが農家の生命である。コメさえあれば、食うことができる。副業はコメつくりの余力で、ソンをしない程度にやるのが賢明なのだ、と農民たちは考える。牛にしたってこんごの乳価は不安定である。とりわけ乳製品の完全自由化がはじまったら、破滅してしまうかもしれぬ。乳牛一本にふみ切って、コメつくりをやめる、というのは大きな賭なのである。この賭は、かなり勝率の高い賭のようにみえるが、本気で賭けるには勇気がいる。遠野の人たちは、この賭のまえで戸惑っているのだ。

決断がつかないから、乳牛飼育は副業の域を脱しない。片手間仕事なのである。そして、こうした片手間仕事の牧畜にかけては、遠野の人たちは数世紀にわたる経験をもっている。いうまでもなく馬の飼育である。それは副業として結構儲った。牛だっておなじことだろう、そんな先入観が遠野の人びとのあいだにあったとしてもふしぎではない。

ところが、牛と馬のあいだには、大きなちがいがあった、馬という動物は放っておいても育つ。春先に山に追いあげておけば、ひとりで食べものをさがして、山野を走りまわり、勝手に暮して秋が深まったころに戻ってくる。あまり手がかからないのだ。それにひきかえ、牛というやつは、おそろしく手間がかかる。放ったらかしにはできない。いい乳を出させようとしたら清潔な畜舎も要るし、飼料も準備してやらねばならぬ。手入れもたいへんだ。「副業」ではどうにもこうにも手に負えないということがわかったのである。まえに、乳牛一本にふみ切ることを、賭、だと書いた。本当に賭なのである。コメも牛も、という兼業は不可能なのだ。牛は手がかかる。コメつくり以上に手がかかる。問題は、コメも牛も、という共存ではなく、コメか牛か、という二者択一なのである。コメに未練があるかぎり、牛は経営的に引き合う「産業」にはならない。もしも遠野が全力をあげて大酪農地帯としてふみ切るなら全国市場で成功するかもしれないが、小岩井農場のようなブランド酪農だって苦戦している。だから尻込みする。

いま、馬と牛との比較をもち出したが、手がかかる、かからない、という問題以前に、文化的な問題が片づいていない。まえにのべたように、遠野は馬によって生きてきた。そこでは、人と馬とは友人であった。カネになるから飼うというのではない。馬が好きだから、カネは度外視してでも馬とつき合ってきた。山尾さんのことばをかりれば馬を飼うというのは「趣味」にちかいほどの行為なのである。友人だから、おなじ屋根の下に住わせる。市に売られてゆくときにはせいぜいお化粧をさせて、涙ながらに送り出した。馬に関しては、遠野は感傷的な土地柄なのだ。ところが、牛というやつは、つき合いがうすい。附馬牛というところがあるくらいだから、だいぶまえから牛もいたのだろうけれど、どうも牛には馬にたいするほどの愛着がわかない。いまや軍馬の時代は去って、ミルクとバターの時代なのだ、ということはわかっているのだが、牛と本気でつきあう心理的態勢がまだできていないのである。こんなわけで、家畜市場にゆくと、馬市の立つ日には、大群衆が殺到するのに、牛の市日には閑散としている。牛のほうが値段も高く、頭数も多くなっているから、取引は大きい。それなのに、見物人はあまり来ないのである。損得からいえば、牛のほうがいいにきまっているが、なお馬への情緒的ムードがそれにブレーキをかけているのである。

遠野はむかしにくらべて貧しい町になった。ナショナルなものから疎外されても遠野はローカルの中心地として繁華を誇っていた。だが、ナショナルな交通・通信網ができ上るやいなや、遠野はその恩恵をうけると同時に、存立の基盤を失ったのである。ナショナルな経済と文化のなかに、みずからを組みこんでゆく方法は、まだはっきりみえてこない。おそらく酪農化がもっとも可能性をはらんだ方法なのだろうが、それには数世紀にわたる生活の慣習、思考の慣習の革命的変化が必要だろう。遠野は、あらたに生きる道を模索しているのである。

あとがき

遠野にはじめて足をはこんだのは一九五八年冬のことであった。わたしが二十八歳のときである。それから数次にわたってこの北上山系のなかの小都市をおとずれた。同世代の友人、米山俊直君といっしょの旅である。それ以前にわたしたちは奈良県二階堂村で住み込み調査をしていたが、東北の村は関西の村と対照的で勉強になった。それから半世紀をへた現在、ずいぶん遠野はかわった。ここにしるしたことがらの多くは「歴史的記録」として読んでいただきたい。だがいま読んでみてもじゅうぶん意味があるようにおもう。本稿はわたしのフィールド・ワーク第一号。二〇〇六年に逝ってしまった米山君の風貌を追憶しながら、わたしの執筆部分の一部を加除訂正して収録することにしたものである。なお、わたしは一九五七年に「中間文化」を書いたが、あのエッセイは遠野をはじめあちこちの農村や地方都市で青年たちが雑誌「平凡」を愛読し、喫茶店でジャズをきいている風景によって触発されたものであった。わたしのしごとは、おおむねフィールドからはじまっている。半世紀以上むかしに書いたものをあえてこの論集の冒頭にかかげるゆえんである。

マオリとともに

ポリネシアの人びとのなかで、ニュージーランドのマオリ族は、きわめて特異な存在である。まず第一に、かれらの住んでいるニュージーランドは、たしかに「島」にはちがいないけれども、南北ふたつの島をあわせた面積は日本列島よりも大きい。他のポリネシアの人びとが住んでいるのは、地図のうえではケシ粒ほどにもならない小さな島々である。ちょっと風雨が強ければ、一時的に島ぜんたいが海面の下にもぐってしまうような環礁さえある。そういう小さな島々からみれば、ニュージーランドは「大陸」とよんでもいいくらいだ。

じっさい、小さな島嶼社会は、その地理的・資源的理由から、人口におのずから限界がある。サモアなどのばあい、その「本国」に住んでいる人たちよりも、ハワイやカリフォルニアに移住している人口のほうがおおい。一般的にいって、島嶼社会の人口には限界があるのだ。ところが、マオリの住んでいる土地は広大である。いまのところ、ニュージーランドの総人口は約三百万人。そのおよそ一割が先住民たるマオリだが、当分のあいだ、いくら人口がふえてもかれらを収容する自然的条件はととのっている。

第二に、他のポリネシア社会が赤道からせいぜい南北に緯度で二〇度ほどはずれたところに位置する熱帯にあるのと対照的に、ニュージーランドは南半球の高緯度地帯にある。首都ウェリントンを地図上でみると南緯四一度。南北をひっくりかえすと、ちょうど日本でいえば札幌の位置に対応している。ということは、とりもなおさず、ここは熱帯ではなく、夏と冬の気温差のはげしいところだ、ということを意味する。今回わたしがニュージーランドをおとずれたのは三月だったが、昼間の気温が二〇度ていど、夜になると、ぐんと冷えこんでくる。

熱帯の島であるならば、年間をつうじて、バナナもとれるし、タロイモをつくることもできる。しかし、マオリのばあいは、そうはゆかない。そこで、ここでは日照時間のながい春から夏にかけて作物をつくり、それを貯蔵して寒い冬にそなえるという計画性をもった生活が要求された。マオリは、たとえばクムラ（サツマイモ）を地下に貯蔵する技術を身につけたし、また、雑穀を乾燥させてたくわえることも発明した。熱帯の島嶼であれば、ハダカで暮らすこともできるが、ここでは鳥の羽根でマントをつくることも必要になってきた。わたしは、べつだん、ここで単純な環境決定論を展開しようとはおもわないが、とにかく、ポリネシア諸民族のなかで、マオリはもっともきびしい自然条件への適応をせまられてきたのである。

社会構造も独自の形成をとげた。寒い季節にそなえて、しっかりした住居が必要になったし、また、こうした建設作業やまえにのべたような食糧貯蔵のためには、高度な社会の組織化が不可欠である。大まかにいって、マオリは七つの部族にわけられるが、それぞれの部族社会は部族長を中心にして、みごとな集団を組織した。そればかりではない。いかに土地が広大であっても、食糧問題はときとしてきわめて深刻である。それが原因になってある部族が他の部族に軍事的攻撃をかけることもあった。だから、マオリの諸部族は戦闘集団として編成され、その居住様式も、ひとことでいえば一種の城郭にちかいものになった。小高い丘のうえに家や倉庫を配置し、まわりに濠を掘ったり、柵をめぐらしたり、さらに、その柵を迷路状に設計して敵襲にそなえた。

もちろん、たとえばトンガ、サモア、ハワイなど、他のポリネシア諸民族もそれぞれに王国を編成したけれども、マオリのそれは、さらに精微な組織性を誇るようになったのである。じっさい、こんにちでも、あとでのべるように、部族の集会所たるマラエは、おおむね柵でかこまれており、部族外の人間は柵のそとから大声でよばわり、そのマラエを守る人びとと儀礼的な問答をしなければ門をくぐらせてもらえない。そして、部族を守護し、かつ、部族外の人間に脅威をあたえるために、それぞれのマラエの内壁やその門には部族の祖霊をかたどった、あの、マオリ特有のこまやかな木彫の神様が刻みこまれているのである。

こうした高度の部族組織にくわえて、もうひとつマオリには重要な特色がある。それは、そのめぐまれた条件によって、外来者たる白人と接触を避けることも可能であった、ということだ。ハワイやサモアは、白人によって「発見」されると同時に、一種の「混住社会」にならざるをえなかった。なにしろ、せまい島なのだから、いったん白人が上陸し、植民活動をはじめるや否や、土着の人間と外来者は、よい意味でもわるい意味でも、物理的に共存を強いられたのである。ところが、マオリのばあい、様子はだいぶちがった。オークランド、ウェリントン、クライストチャーチ、といった海岸沿いの良港を中心に、パケハ（白人）が植民活動をはじめても、マオリは内陸部でパケハから相対的に独立して居住し、生活することが可能だったのだ。

さきほどのべたように、現在、ニュージーランドの人口はぜんぶあわせて三百万人。それは日本の静岡県の人口よりややすくない。それが日本列島を上まわる面積の土地にちらばっているわけだから、その密度がいかに希薄であるかは容易に想像がつくだろう。いまでも、都市部をはなれてちょっと山間部にはいると、道路は閑散としており、一時間車を走らせても、一台も対向車におめにかからないことがある。交通渋滞も困るが、逆に、こんなふうに交通量がすくないと、なんとなく淋しい気持ちになる。

そんなふうに土地がひろいから、パケハと接触したくないばあいには、ひっそりとじぶんの村にひっこんでいればよかった。もとより、植民というのは容赦のない苛酷な性質のものであって、土地所有権はいつのまにやらパケハの手に移ってしまっていることがおおかったから内陸部にひきこもったマオリも、けっして安泰ではなかったのである。しかし、それにもかかわらず、マオリはパケハ文化から物理的、心理的に距離をおいて生きることができた。急速かつ安易な「西欧化」は、ここでは発生しなかったのだ。

ということは、べつな角度からみれば、マオリ文化が外圧にたいして、相対的につよい立場を確保することができた、ということを意味する。ポリネシアのおおくの島でのいわゆる「伝統文化」は、もっぱら観光資源として保存され、かつ西欧的変形をとげているけれども、マオリの「伝統」は、ほとんどそのままの姿で現在も生きつづけている。じじつ、わたしは、ティアティアワ、というウェリントン近郊の小さな町のマラエでひらかれたマオリの長老会議に参加する機会にめぐまれたのだが、そこでは、ニュージーランド各地からあつまった長老たちが、むかしながらの作法にのっとって、たがいにあいさつを交わし、伝統的なマオリ料理の食卓をかこんで夜明けまで語りあう風景がみられた。

もとより、これは現代の話であるから、長老たちは洋服を着ているし、食事をするときにはフォークとナイフを使う。いや、だいたい、マラエの外壁だって、むかしは太いシダの幹で組み立てていたのに、こんにちのそれはコンクリート製だ。だから、マオリの物質文化は現代化している。しかし、その根底にある精神文化や、対人関係の作法はかわっていない。わたしは、この長老会議をハワイ土着の友人といっしょに訪ねた。かれは、この一部始終をじっと見守り、とうてい、これはハワイでは信じられないできごとだ、と首を振った。ハワイでも、たしかにカメハメハ学校のように、ハワイ先住民の文化を細ぼそと保存しつづけるための施設はある。しかし、ハワイのような「混住社会」では、ハワイの土着文化とアメリカ文化のあいだに距離を置いておくことができない。だいたい、ハワイ語という土着の言語さえ、それを完全に話すことのできる人はすくなくなってしまった。ハワイにあるのは、圧倒的なアメリカ文化の優越であり、土着の文化は、ワイキキのホテルでのハワイアン・ショーのようなかたちで奇妙な観光資源になっているだけだ。

それにくらべると、マオリの長老会議などは、土着文化の健在をしめすもので威厳にみちている。ハワイがマオリのような立場をとりもどすことは、むずかしいなあ、とハワイの友人は、なんべんもわたしのかたわらでつぶやきつづけていた。

とはいうものの、現代のマオリがその伝統文化を保持しながら確信にみちた日々を誇らしく送っている、とかんがえたらまちがいである。事態はむしろ逆であって、マオリ文化は、たいへんな危機にさらされているのだ。

まず第一に、かつての自給自足的な経済はもはや成り立ちえず、現金経済への依存度が高まってきている。はやいはなし、前記の長老会議にしたところで、むかしは、千里の道を遠しとせず、長老たちは何十日もかかって集会にやってきたのだが、現在では飛行機や自動車を使う。現金がなければどうにもならない。どうしたらカネを手に入れることができるか。ひとつの方法は、農林漁業という第一次産業に専念することである。しかし、土地問題がひとつの障壁になる。ほんらい、ニュージーランドの土地はことごとく、マオリ諸部族の財産であったはずなのだが、まえにもふれたように、いつのまにやらパケハに所有権の移ってしまったところがすくなくない。もとより、タダで強奪された、というわけではなく、パケハ流の契約書にサインをさせられ、なにがしかの現金をもらった。つまり、契約によって土地を売ったのだが、かつてのマオリに文字の読める者はすくなかったし、ましてや英語でかかれた難解な文章を理解できた人はめったに存在しなかった。じじつ、マオリ諸部族と、大英帝国とのあいだで締結された有名な「ワイタンギ条約」にしたところで、その原文書に当たってみると、マオリの長老たちのサインのすくなからぬ部分は○であったり×であったり、要するに文字によって書かれてはいないのである。

白人のがわからいえば、たとえ○であれ×であれ、それは法的に有効な署名、ということになるだろうが、マオリにしてみれば、ペテンにかけられた、という気がしないでもない。そんなわけで、土地をめぐっての紛争はこれまでなんべんもくりかえされてきた。現在でも紛争継続中のところがある。

そして、その結果、かなりの程度まで、文字どおりの「失地回復」がおこなわれた。だが、それで問題が解決したわけではない。かつての所有者が死亡してしまっていたばあい、その遺産の分割は複雑をきわめる。マオリの慣習法では、相続権者は、かなりひろい血縁集団におよんでいるから、土地は細分化され、しかも相続権者は散在しているからたいへんなことになってしまう。

そんなわけで、第一次産業に専念する、といっても、実態は決して容易ではない。さいわいにして、まとまった土地をもち、そこでたとえばウシやヒツジを飼うとしても、ニュージーランドの農業は、あまりうま味のあるしごとではない。酪農をやっても乳価は安いし、綿羊をそだてても原毛の値段は買いたたかれる。ちなみに、ニュージーランドには六千万頭の綿羊がいるけれども、化学繊維に押されて、羊毛はいささか過剰生産気味なのである。

こんなわけで、第一次産業でどうにかやってゆくのはむずかしい。それでは、いったい、どうしたらよろしいのか。ひとことでいえば、都市に出てはたらくことだ。都市に出れば、工場もあるし、建設業や港湾作業などのしごともある。それに、とりわけ若いマオリにしてみれば、都市というのは刺激と歓楽にみちたあこがれの土地である。だから、かれらは、大きな期待と希望に胸をふくらませて都市にやってくる。

しかし、都市社会の現実は、かならずしもかれらの期待にこたえてくれない。だいたい、人口規模が右にみてきたような小さなものだから、製造業もあまり活発とはいえない。じっさい、これだけ羊毛をつくっているのだから毛織物業など、ふんだんにあるだろう、とわたしなどはかんがえてしまうのだが、それはまちがいである。げんに、わたしは、初秋のウェリントンで、あまりの涼しさにセーターを一枚買い求めたのだが、上等品はことごとく英国製。ニュージーランド製は、けっして粗悪ではないけれども、英国製にくらべるといささか野暮ったい。つまり、ニュージーランドは古典的な意味での植民地、すなわち原料輸出国なのであって、加工業はあんまり発展していないようなのだ。

それにくわえて、いまは、世界的に経済が沈滞期にある。若いマオリが、オークランドやウェリントンで職さがしをしても、いいしごとをみつけることはほとんど絶望的だ。もしもかれらが大学、あるいはそれ以上の高等教育をうけているのであれば、ホワイトカラーの職業につくことも不可能ではない。専門的技術者なら売手市場だ。だが、一般的にいって、マオリは低所得層にぞくしている。若ものたちは高等教育をうけるチャンスにめぐまれていないのだ。だから、あこがれの都市に出てきても、ありつくことのできるのは中途半端で不安定な職業であり、それもながくはつづかない。結局のところ、何万ものマオリの若ものたちは大都市で慢性的な失業者群を形成する。

それだけではない。都市にはさまざまな誘惑がある。村にいたときには、部族的結合のなかに組みこまれていたが、都市での生活は自由だ。そこで、職業にあぶれた若ものたちは非行グループにひきずりこまれる。かっぱらい、置き引き、万引、そして、ときには強盗。血なまぐさい暴力沙汰も、ときどき発生する。オートバイを乗りまわし、落書をする。そうした青少年非行は、いうまでもなく、現代の世界ではどこの都市でも見受けられる風景だけれども、これまで、しっかりとした団結と部族的な誇りをもって生きてきたマオリにとって、これは憂慮すべき重大な問題である。こんなことが、ながいあいだつづいたら、誇り高きマオリ文化の将来はあぶない。

この問題にさいしょに気がついたのは、マオリの各居住区でマオリの生活にあれこれと心をくばってきた社会福祉官（ウェルフェア・オフィサー）である。かれらは、それぞれの地区の住民から選出され、「マオリ省」という中央の独立官庁に所属する。地域でなにか問題が起きればマオリ省に報告して指示を仰ぎ、また、マオリ省は行政上の決定をおこなうにあたって各地域の社会福祉官の意見を求める。かれらは、こんなふうに各地域に密着しているがゆえに、マオリ社会に起きつつあるさまざまな問題を肌で感じている。それに、いまのマオリ社会には、あまりたのしい話題はない。困った問題や悲しい話があまりにもおおかった。じっさい、「マオリ省」という官庁も、その実態からいうと、「マオリ〝問題〟省」とよばれるのがふさわしい。とにかく、マオリがなにか「問題」を起したときに「マオリ省」がその処理をする、という、いわば消極的な役割がこのお役所のイメージであった。どうにかして、マオリ「問題」を、よりあかるい未来展望をもったものとしてつくりかえ、積極的にとり組むことはできないものか、と社会福祉官たちはかんがえた。ニュージーランドを合計十二の地域にわけて、それぞれの地域のマオリ問題を一手にひきうける地域担当官もおなじ思いにとらわれていた。でも、それらの問題を解決する行政的措置はなにもなかった。

これだけ問題が切実になってきた時期に、おどろくべき変化が起きた。一九七六年、マッキンタイヤーという人物がマオリ省の大臣になり、カラ・プケタプというマオリ族の秀才がその次官に任命されたのである。この大臣と次官は、従来まったく想像もつかなかったような方法で「マオリ問題」に取り組みはじめた。かれらは就任と同時に、十二人の地域担当官をウェリントンの本省に召集し、なにがほんとうに問題であるのかを二十四時間以内に報告せよ、と指示した。こんな大臣や次官は、ながいマオリ省の歴史のなかでひとりもいなかった。担当官たちは慌てた。

慌てたけれども、いまこそ、日ごろかんがえている問題を大声で叫ぶことのできるチャンスである。かれらは、住宅問題、教育問題、といったふうに、いくつかの問題領域をしぼりこんで、徹夜の作業をおこなった。みんなひと晩の作業で疲労し切っていたが、とにかく、こんなに真剣に作業をしたことはなかった。指示どおりに、かれらはその報告書を提出した。疲れたろう、一日、ゆっくり休みたまえ、とプケタプ次官はいった。

一日が終わった。翌朝、十二人はふたたび本省にあつまった。ところがおどろいたことにプケタプ次官は、前日受けとった書類を、全員の見守るなかでビリビリと引き裂いて紙くずカゴに放りこみ、これはまったく意味のない作文である、もういちどやりなおせ、なによりもマオリ族の一員としてものをかんがえよ、と指示して部屋を立ち去った。

十二人の地域担当官は呆然とした。せっかく書きあげた報告書は紙くずになってしまった。どこが悪かったのだろう。しかし、そうやっておたがいに議論をしているうちに、いつのまにやら、かれらは英語でなくマオリ語で話しはじめていることに気がついた。担当官は、みなマオリである。だから、ほんとうはマオリ語で語りあうほうが自然であったはずだ。それなのに、マオリ省の公務員になって以来、もっぱら英語で生活するようになってしまっていた。この国の公用語が英語である以上、それはしかたのないことであったし、前日に提出した報告書も英語でタイプ打ちしたものであった。だが、よくかんがえてみると、それはマオリの問題をマオリの現実に即してとりまとめたものではなかった。気がつかないうちに、担当官たちは、パケハの思考方法を英語で身につけ、パケハ流の管理者の立場に立ってしまっていたのだ。そしてマオリ語で話しあっていると、英語では表現のできない、こまやかな感情がおたがいに通いはじめていたのである。

そういう議論が白熱しはじめたとき、担当官のひとりが感きわまった面持ちで立ちあがり、「ツ・タンガタ」と叫んだ。他の言語には翻訳しにくいが、日本語でいえば、「姿勢を正そう」つまり、みずからの民族文化に誇りをもち、みずからの能力を発揮しよう、といったような意味だ。もうひとりの人物がつづいて「ファカイティ」といった。全力をあげよう、という意味である。第三の担当官は「コタウ・ロウロウ」といった。「みんなのバスケットの食べものをだしあえば全員が満足できる」ということだ。要するに、管理者的発想からではなく、マオリの民衆生活そのものからものごとを根本的に再検討する作業がこのときからはじまったのである。大げさにいえば、これはマオリの歴史のなかで前例のない文化大革命の出発を意味した。

「ツ・タンガタ」は、基本的スローガンになった。官僚的作文を破り捨てたプケタプ次官は、この二回めの報告に満足し、すべての権限を担当官にゆだねた。そして、「ツ・タンガタ」的発想で見直してみるとこれまでのマオリ行政はまちがいだらけ。各担当官は、従来、快適な事務所で執務していたのだが、それではマオリの現実を把握することはできない、ということに気がついた。かれらは事務所でデスク・ワークをするのでなく、毎日、車で担当区域を走りまわり、直接に民衆の声をきく、という方法を採用するようになった。

なによりも、「ツ・タンガタ」というよびかけにこたえて、自発的に民衆のがわから生まれてきた小さなグループの提案をだいじにする習慣が、マオリ省のなかで支配的になってきた。極端な例がひとつある。ある日、数人のマオリの中年女性がマオリ省にやってきた。彼女たちは、これから減量をしようと思うのだが、それを手つだってもらえるか、というのである。かんがえてみれば、これはふしぎな問い合わせである。肥満体の女性がやせたい、というのは当然の希望であろうが、それはあくまでも個人の問題であって、政府省庁の関知するところではないはずだ。しかし、マオリ省は、このグループを援助することにした。たしかに、減量というのは美容の問題でもあろうが、同時に健康の問題であり、それは、ひいては健康な家庭づくりの問題とも関係するだろう。その意味で、このグループの要求は、将来のマオリの生活改善へのひとつのアプローチでありうる。担当官は彼女たちに二百ドルの予算をあたえた。ただしこの資金は、彼女たちが中心になってマオリ社会ぜんたいに減量運動を推進してゆくための、シード・マネーである。これを有効に使って、マオリの女性たちが肥りすぎにならないようにみなで知恵をだしあうように――マオリ省は、そういう条件のもとに彼女たちを援助したのであった。

ある若もののグループがやってきた。中古でいいからトラックを一台提供してもらえないか、というのである。かれらは、ウェリントンで職さがしをしたが、どうも思うようにゆかない。グループがトラックで移動すれば、たとえば草刈りとか、土木工事の手つだいとか、小さなしごとをさがすことができるだろう、だから援助してくれ、という希望であった。マオリ省は、このグループにも予算をつけて、トラック一台を提供した。これは一種の移動労働集団である。そしてこの若ものたちには、かならず自発性と知恵があるにちがいない。まじめにしごとをすすめれば、移動生活でなく、どこかで定着して将来性のある職業につくことができるかもしれぬ。いや、このグループをモデルにして、若ものたちのあらたな生活スタイルがつくられてゆく可能性も高い。そういう理由から、マオリ省はこのグループを援助することにしたのだ。

こういう、いささか常識はずれの突飛なアイデアをもふくめて、合計五百ほどの自発的な「ツ・タンガタ」グループの活動がニュージーランド全土にわたって展開した。前例のないことだけに、批判もすくなくなかった。たとえば、農村からオークランドに遊びにきて、帰りのガソリン代がなくなった、と担当官のところに泣きついてきた青年たちにガソリン代を支給したという例もある。世論はかなりきびしかった。いやしくも政府が遊興の手つだいをするのはけしからぬ、というわけだ。しかし、担当官はこう答えた。もしガソリン代を払えなければ、かれらはそのままオークランドに居つづけて、望ましからぬグループにはいってしまうかもしれぬ。安全にじぶんの村に戻るほうがかれらにとって幸福だし、国のためにもなる。いちどこういう経験をすれば、二度とおなじようなまちがいをおかすことはあるまい。

とにかく、「ツ・タンガタ」は、全面的にマオリの良識を信頼することからはじまっているのである。この五百のグループのほかに、以前から細ぼそとつづいていた三百あまりのグループをあわせて、巨大な草の根のエネルギーが結集されはじめた。そして、この合計八百のグループは地域ごとに結集して「地域社会協議会」をつくった。その作業チームは「コキリ」とよばれる。マオリ省は、全国十二人の担当官のもとにそれぞれ「コキリ」をつくりそれぞれに三人の有給の職員と三台の乗用車を配置した。三台の自動車があれば、最大十五人の人間が同時に移動できる。デスクの上では解決できないような問題も、こういう機動力をもったグループの行動によって解決できることがすくなくない。「ツ・タンガタ」は、きわめて行動的な行動する集団なのである。

わたしは、あちこちの「コキリ」を訪問し、あれこれと質問をしたのだが、そのたびにマオリの友人たちは、ことばによってわたしの問いに答えるのではなく、わたしをうながして自動車に乗せ、現地につれていって、現実をもって答えさせる、という方法をとってくれた。わたしのような人間にとっては、こういう方法のほうがどれだけ明快で説得的であるかわからない。わたしは「ツ・タンガタ」運動に深く感動した。

同時に、マオリには確実な根拠地がある。それは、全国各地に散在するマラエだ。まえにふれたようにマラエというのは、集会所であると同時に、祖霊の宿る神殿である。もろもろの儀式もマラエでおこなわれるし、それぞれの村の年長者たちは、ここでおしゃべりをしたり、黙想したりして時間をすごす。マラエに戻ったときにこそ、マオリの心には安息がおとずれるのだ。

マオリ省は、このマラエという象徴的な施設をだいじにしよう、という基本的方針のもとに政策を立案している。とりわけ都市的環境のなかにあたらしいマラエをつくることが意識的におこなわれはじめた。元来、マラエというのは、それぞれの部族のものだったし、こんにちもそういう性質のものだが、都市に流入してくるマオリは、さまざまな部族にぞくしている。都市のマラエは、したがって超部族的なマオリ結合の場でなければならない。さらに、これを集会所にしたばあい、村のマラエとちがって、数百人という大規模の人びとを収容する必要がある。わたしはウェリントン市内の波止場のちかくで建設中のタラナキのマラエをみに行ったが、堂々たる大建築だ。わたしは、ふと、日本における「氏神」の変遷をおもった。「氏神」というのは、その定義からして、もともとは特定の血縁集団の神であった。しかし、人口の移動がはげしくなり、都市化がすすむと、「氏神」は血縁集団の神というよりは、地縁集団の神、さらには土地神としての性格をつよくしめすようになってきている。都市型のマラエも、日本の「氏神」とおなじような進化の産物なのであろう。

こうしたあたらしいマラエをつくるための労働力も、ことごとくマオリに依存している。前にみたように、都市には、若いマオリの失業者が充満している。マラエ建設事業はこうした若いマオリのための失業救済事業になるし、同時に、マラエをつくることをつうじて、若い世代のマオリは、あらためてかれらの伝統文化を再確認する機会にめぐまれることにもなろう。じっさい、マオリ省はこのマラエ建設をたんなる建設事業としてとらえるのでなく、同時にその教育的効果をも予算に計上しているのだ。

そのことは、建築現場に足をはこんでみればすぐにわかる。マラエの内壁は、さまざまな植物の繊維を使って編みあげた薄い材料で仕上げるのがマオリの伝統だ。マオリの若い女性たちは、こまかいデザインを凝らした内装用の材料を黙々と編んでいる。マラエの内外は木彫の人物像で飾られなければならぬ。そのしごとは男のしごとだ。マラエ彫刻の名人が先生になって、ここでは、若い男たちがノミをふるっている。つまり、マオリの若い男女は、ここでかれらの祖先がのこしてくれた伝統工芸を身につけながら、マラエをつくっているのである。

そういう風景をみると、いま、ここではじまっているのは一種の文化革命である、という気がしないでもない。これはパケハの文化浸透によって消え去ろうとしているマオリの伝統文化を、あらたな時代の文脈のなかで復興しよう、という運動なのである。そして、それをさらに極限まで押しすすめたのが「コハンガ」の復活である。

「コハンガ」というのは、マオリの部族社会のなかにあった集団的幼児教育のことだ。マオリの伝統文化のなかでは、子どもは、たんに両親にとっての子どもであるにとどまらず、それぞれの部族の子ども、という意味をもっている。だから、幼い子どもたちはひとつの集団をつくり、そのなかでマオリの価値体系をしぜんに身につけるのであった。ところが、核家族化が進行するにつれて、そういう集団的な教育の場はいつのまにやら消えてしまった。その「コハンガ」を復活しようという気運が、いくつかの「コキリ」のなかで生まれてきたのだ。

その第一号として誕生したのが、ウェリントンの北西にあるワイヌイオマタという小さな村の「コハンガ」だ。この村は、ゆるやかな丘陵にかこまれた盆地のなかにあり、たまたま倒産して空家になっていた縫製工場を借りうけ、それを「コハンガ」として使うことにした。ここには、生後九ヶ月から学齢に達するまでの乳幼児が五十名ほど収容されている。かれらは、マオリ語を話すおとなや老人たちにかこまれて一日をすごす。そうすることによって、かれらは、マオリ語を言語環境として育ち、しぜんにマオリ語を話し、マオリ語でかんがえるようになってゆく。ここでは、いっさい英語は使ってはいけない。もちろん、学校に通うようになれば英語で教育をうけることになるし、家庭でも英語が使われているのがふつうだ。したがって、子どもたちは、強烈な幼児経験としてのマオリ語と、その後に経験する英語と、ふたつの言語を身につけてゆくことになるはずである。

ふたつの言語をあやつれる、ということはふたつのことなった思考方法をとることができる、ということである。そういう言語教育がこれからのマオリには必要だ、とおおくのマオリはかんがえるようになってきた。じじつ、これまでのニュージーランドの言語政策では英語以外の言語を公的な場面で話すことは、禁止されないにしても、あまり望ましいこととはされてこなかった。中年のマオリの人びとの話をきくと、かれらが小・中学校の生徒であったころ、すくなくとも学校でマオリ語を使うことはかたく禁じられていたという。休み時間中の他愛ないおしゃべりでさえ英語が強制された。学校の教師たちのおおくがパケハであってマオリ語を解さなかったからであり、マオリの子どもたちがマオリ語で会話をしているのをきくと、教師たちはある種の不安感に駆られたらしいのだ。

しかし、「ツ・タンガタ」運動がはじまって以来、当然の理由からマオリ語は国の第二公用語として通用するようになった。ワイヌイオマタではじまった「コハンガ」の復活は、その意味で革命的であった。これにならって、いまニュージーランドのあちこちの「コキリ」は、それぞれの「コハンガ」を設計中である。もしも言語というものがひとつの文化の中核をみなすものであるとするならば、マオリ語は、みごとに復興をとげ、そのことによってマオリ文化は確実によみがえろうとしているのである。

とはいうものの、こんなふうに時代がかわってくると中年世代のマオリはいささか不安である。年長者は、マオリ語を話し、子どもたちもマオリ語を話しはじめているのに、その中間にあっていわばサンドイッチ状の立場におかれている三十代から四十代のひとびとはまったくマオリ語の訓練をうけていなかったのである。村にいれば、しぜんとマオリ語を使うこともあったろうけれども、都市に住んでしまうと、生活は一日じゅう英語だ。じぶんの子どもたちが「コハンガ」でマオリ語を学習し、マオリ語で話すようになっているのに、親であるじぶんたちがマオリ語を知らない、というのではたいへんぐあいがわるい。そういう不安にこたえて、いくつかの「コキリ」では、マオリ語を教える成人学級を開設することにした。そういう学級のひとつをおとずれてみると、マオリの若い主婦たちが、ノートをひろげて、マオリ語を一心に勉強している。そして、いっぽう、「コハンガ」では、老人たちがやさしい眼差しで幼児たちにマオリ語で語りかけている。そして、あちこちのマラエでは、木彫やバスケットづくりのような伝統工芸を若ものたちが学習している。マオリの文化史に、あたらしい転換期がやってきている。わたしのような観察者にもそのことはよくわかった。

しかし、それにしても、わたしの心のなかには、いくつかの疑問と不安がのこる。まず第一に、マオリ文化は本質的に口承によって成り立っている。いくらマオリ語が話せるようになっても、それが話しことばにとどまるかぎり、蓄積効果をもつことはないだろう。げんに、マオリについての研究書はたくさん出版されているが、それは主として英語によるものであって、マオリ語で書かれた文献は皆無にちかいのだ。皮肉なことに、マオリの口承さえも、英訳本でしか手にはいらない。

第二に、マラエの建設から伝統手工芸の学習にいたる一連の「ツ・タンガタ」運動は、たしかに、民衆のがわの自発性によって生まれたものだが、その大部分はマオリ省を中心とした政府の公共投資によってまかなわれている。たとえば、木彫を勉強している若ものは労働省から賃金をうけとり、さらに、こういう職業訓練がおこなわれている「コキリ」には、訓練生ひとりあたり、週に二十ドルの研修資金の補助がある。それはすばらしいことにちがいないけれども、ほんらい、自発性が究極的に目ざすものは自立ということであろう。マオリ省をはじめとするニュージーランド政府のマオリ政策は立派だが、長期的には、政府資金からまったく自由な、自立的経済がマオリ社会のなかに形成されてゆく必要があるのではないか。

こうした素朴な質問を投げかけてみると、マオリの友人たちは、たしかにそのとおり、とわたしに同意し、しかし、ものごとをはじめるときには自力だけではできない、「ツ・タンガタ」はいまはじまったばかりだから不備なところもたくさんある、だが十年後にもういちど来てごらん、マオリはちゃんと自立しているから、と答えるのであった。かれらの眼は輝いていた。その眼の輝きから、わたしは、マオリの将来はたしかだ、ということを直感的に知ったのである。

あとがき

一九八二年春、わたしはニュージーランドの「マオリ省」(Ministry of Maori Affair) から顧問として招聘された。それ以前になんべんかマオリの部族社会にはいって勉強してきた、という事情もあるが、かつてハワイ大学時代にカラ・プケタプというマオリ族の社会学者と友人になり、毎日のように少数民族の復権について議論したことがあったからである。プケタプ氏はその後ニュージーランドに戻り、この文章のなかに登場するようにマオリ省の次官になった。そのプケタプから電話があって、純粋に外部の観察者としてマオリ語復活の現場をみて意見をききたいという。それまでの縁もあり、わたしはよろこんでウェリントンに飛んだ。そのときの記録の一部である。くわしいフィールド・ノートはわたしのデータベースに全文が記載されている。これはこの訪問のあとにもマオリを訪ねた。そのマオリとわたしのつきあいは一九九九年春にＮＨＫの「わが心の旅」というテレビ番組として放送された。

人吉の一夜

　有明海に面した八代から人吉盆地にいたる地形はたとえていえば、やたらに首のながいフラスコのような感じである。つまり、球磨《くま》川の河口からその流れに沿って山地にむかう道は、その入り口付近できわめてせまく、奥に入ってぽっかりとゆたかな盆地にたどりつくのだ。

　じっさい、わたしはこの道、つまり国道二一九号線に入ったとたん、どうなることやら、とおもった。両岸は見上げるばかりの絶壁で、前方をみても、はてしない山なみが重畳と紫色にかすんでいる。おまけに国道とはいうものの、道幅はせまく、路面の状態もあまりよろしくない。くねくねとカーブが多く、いたるところで工事中。もちろんガード・レールはあるけれども、その向こう側にあるのは球磨川の急流であり、清冽な水が岩をかんでしぶきをあげている。国道と平行して走る肥薩線も、山裾にへばりついて気息エンエン、といった風情。

　そこへもってきて、この道路には、ほとんど脅迫的ともみえる注意標識が林立している。そのいくつかをひろってみると、たとえば、「助かりません重傷事故、救急病院まで一時間」「恐怖の居眠り運転、後悔先に立たず」「疲れたら休もう、備えあれば憂いなし」「油断大敵」、それに加えて「無人レーダー、スピード監視区域」、「覆面パトカー巡回中」といった警察からの警告もある。わたしはこれまでこんなに多様な注意標識が、ときには数十メートルおきに立てられている道路には他にあまりおめにかかったことがない。だが、それにはじゅうぶんな理由もある、とみた。というのは一キロおきぐらいにお地蔵様の絵を描いた立札があり、それは死亡事故のあった地点をしめしているからである。あんまり気持のよいものではない。わたしは地元警察の、こうした警告や注意を忠実に守り、ときどき休みながら慎重にハンドルをにぎる。

こういう道をゆくことおよそ五十キロ。突如として視界がひらけてきた。つまり、さきほどのタトエでいうと、わたしは細いフラスコの首の部分を通り抜けて、人吉盆地という大きなビンのなかに入ったのである。ついさっきまで、左右からのしかかり、わたしを圧迫していた山地はいつのまにか遠ざかって、両がわにはゆたかな水田がゆったりと波打っている。もっとも、谷を抜けて盆地へ、という地形はけっしてめずらしいものではない。たとえば神通川沿いに南下して飛騨の高山盆地に入ったときもこんな調子だった。だが、高山とくらべると、こちらのほうがずっとビンの口の部分が長く、また、たどりついたフラスコ本体の大きさも大きい。さらに、南国であるがゆえに陽ざしがきつく、風光はキラキラと輝いている。だから、なおさらのこと、さきほどまでの文字どおりの難関がウソのようであり、このゆたかな盆地が別世界のごとくにおもわれるのである。

さて、なにゆえにわたしはいまこんなふうに人吉盆地まではるばるとやってきたのであるか。発端は簡単といえば簡単。要するに、焼酎という酒がどんなところで、どんなふうにつくられているのか、を知りたかったからである。もとより、焼酎の産地は球磨地方にかぎられているわけではない。鹿児島も宮崎も焼酎の名産地だし、ちょっと系統はちがうが沖縄の泡盛などもよろしい。わたしは八丈島でも島酒の焼酎に感激したし、日本の南西端に位置する与那国島でも「花酒」という米焼酎に出会っているのである。だが、わたしはこれまで球磨地方にいちども足をはこんだことがない。それに、ここからちょっと奥に入ったところには、日本民俗学の発祥のフィールドともいうべき椎葉《しいば》村がある。だから球磨をえらんだ。

といったような説明をしていると、いかにもわたしが意地汚い酒飲みのようにきこえるかもしれぬ。しかし、わたしの焼酎についての関心は、かならずしも個人的な嗜好だけによるものではない。唐突かつ大げさにきこえるかもしれぬが、このところ、いささか日本人の飲食生活について研究をすすめているうちに、ひょっとして日本が世界に誇ることのできる「国酒」は、日本酒というより、むしろ焼酎ではないか、という気がしはじめているからなのである。

まず、経験的な事実からいおう。わたしのところには、世界各国からいろんなお客さまがおみえになる。かれらは主として同業者、つまり学者先生たちなのだが、日本においでになれば、当方としてもいささかおもてなしすべき義務がある。とぼしいフトコロをはたいて、天ぷら、スキヤキなど、お定りのご接待もいくたびかした。しかし、じつのところそんなものは、当節、べつだん珍しくもないのである。そこでわたしは一計を案じ、このごろは、新橋、有楽町あたりのガード下のヤキトリ屋に外国のお客さまをお連れ申しあげることにした。そして、これが大好評なのだ。あのモウモウたる煙のなかで、ヤキトリを食べ、そして焼酎をおすすめする。おもしろいことに、そういうとき、ヤキトりもさることながら、かれらが口をそろえてほめるのが焼酎、それもいわゆる「ホワイト・リカー」というアルコールを水でうすめた「甲類」でなく本格蒸溜による「乙類」のほう。なかには、これは気に入った、いったい何という酒であるか、ホテルの売店で買えるだろうか、などとおっしゃる方もいる。けっしてお世辞ではなく、きわめて真面目にそういう問いを投げかけられるのである。

ヤキトリ屋の勘定は安上りのうえに、こんなによろこんでもらえる、というのはまことにありがたい。とりわけ焼酎という酒が国際性をもちうるらしい、という発見がわたしには重要におもえた。日本酒のほうは好ききらいがあるが、焼酎のほうはたいていの人がおいしい、という。さらにいうならば、酒の好きな人ほど、焼酎はよろしい、とおっしゃる。ひとつの文化のなかのある構成要素が他文化によって抵抗なくうけいれられるとき、その要素は「国際性」をもつと同時に、それこそが、その文化が世界に誇るべき象徴となるにちがいない。だから、わたしはみずからのかぎられた経験からいって、焼酎を日本の「国酒」として判定したいのである。さらにいうなら、スコットランドのウィスキー、フランスのブランデー、ロシアのウォツカ、中国の紹興酒——とにかく世界性を確立した酒はことごとく本格蒸溜酒である。さらに、わたしが醸造学の大家外池良三先生にうかがったところによると、こんごの日本のアルコール文化をかんがえるにあたって、特に注意すべきは乙類焼酎の伸び方だ、ともいう。

だいぶ理屈っぽい話になってしまったけれども、こうしたもろもろの事情があって、わたしは人吉盆地に足をのばしたのである。ここから上流の球磨川沿いに点在する焼酎の酒造業者を統合する酒造組合本部が人吉市にある、ということをあらかじめきいていたので、わたしはとりあえず、組合に直行する。組合は、旧相良藩、人吉城趾の南がわにあって、その倉庫には焼酎のはいったビンが山積みされており、焼酎の、あのプンと甘いにおいがあたりに立ちこめていた。

この組合を訪ねた日、専務の前原豊さんはあいにくご出張中。主事の田中孝徳さんから話をきく。いったい、このへんには、どれだけ焼酎の酒造業者がいらっしゃるのであるか、とまず素朴な問いからはじめると、田中さんは、合計三十二業者、と即答なさり、その三十二の酒造家の分布図をひろげてくださった。それをみると、人吉市の下流の球磨村にはじまり、上流にむけて錦町、深田村、免田村、上村、須恵村、岡原村、多良木町、湯前町、水上村、と球磨川沿いにまんべんなく焼酎の酒造家がちらばっている。ついでながら、このなかで須恵村はエンブリーがおこなった日本の人類学研究で世界的に有名になった村である。同一の製品をとりあつかう業者査地域に集中するのは古今東西をつうじて共通の傾向である。ワインについても、ライン川流域、ローヌ川流域などがあり、畑違いだけれどこのごろでは、カリフォルニア州にはシリコン・バレーという研究拠点もあるそうな。そうしたことを頭に思い浮かべながら、わたしは人吉盆地を貫通する球磨川流域を「焼酎バレー」と名づけてもいい、と確信した。この渓谷の人びとは球磨川の清流のめぐみをうけながら、これまで何世紀にもわたって焼酎をつくり、売り、そしてみずからも飲んで生活してきたのである。キザないいかたをすれば、ここそはバッカスの神にまもられたシャングリラ、とでもいうべきであろうか。

この焼酎バレーで生産される焼酎の生産量は年間に六千五百キロリットル。ちょっときいただけでも、たいへんな量。しかも、おどろいたことに、この生産量のうち球磨郡内の地元消費量が四五パーセント。つまり、毎年三千キロリットルほどは、ご当地、人吉盆地に住む人たちの胃袋におさまってしまうのである。いま正確な国勢調査のデータなどわたしの手もとにないけれども、かりに、この盆地内の成人人口を五万人とおさえてみても、年間にひとりあたり六十リットル。一升ビンで三十本以上の焼酎を飲んでいる勘定になる。田中さんのおっしゃるには、この地方でのアルコール消費量は全国平均をはるかに上まわり、抜群であるとのこと。ちなみに、このあたりでは、清酒、すなわちいわゆる日本酒はいっさい口にしない。このごろではビールを飲む人もいるけれども、それはほんのおしるし。なにがあっても、とりあえず、焼酎。男だけではない。女性も焼酎を飲む。婦人会のあつまりなどでも、まずお茶が出るけれども、ひきつづき焼酎。そして各家庭では、一升ビンで二十本から三十本をまとめ買いしてストックにしておく。一日三合の晩酌というのは球磨の男にとってはごく平均的であり、もしもお客があったり、家族がお相伴したりすれば、一日一升くらい、簡単にあいてしまうのである。

さて、こんなふうに地元の人たちがほぼ半分を飲むが、さらにのこりの半分ちかくはおおむね熊本県内で消費されてしまう。京阪神や東京などにまわってくるのは全生産額の一割になるかならないか。だから、要するに、球磨焼酎というのは厳密な意味での地酒なのであり、われわれは、そのごく一部のおこぼれにあずかっている、ということになる。いや、じっさいのところ、ここで「地酒」というばあい、それは掛値なしの局地的「地酒」なのであって、球磨地方にいれば球磨焼酎のどの銘柄でも手に入るとおもったら大まちがい。もちろん、大手の業者の製品は地域内くまなくゆきわたっているようだが、たとえば湯前や多良木の銘柄酒を人吉で買おうとおもっても、それは不可能である。どうしても飲みたければ、人吉からさらに三十キロ以上を走って、生産地で買わなければならない。その意味で、「球磨焼酎」の多くは「村酒」であり「町酒」なのである。ほんとうの地酒というのは、そういう性質のものなのであろう。ボルドーのシャトウのようなものとおもったらいい。

いま、わたしは「銘柄」ということばを使った。いったい、球磨焼酎にはいくつの銘柄にわかれているのであろうか。さきに、わたしは酒造業者数にふれて三十二という数字を紹介したが、この三十二業者のつくっている焼酎の銘柄は七十をこえる。そのぜんぶをここに紹介する余裕はないが、「球磨娘」「急流」などという川にちなんだ名前もあるし、「白岳」「玉の露」「あさぎり」といった風流なのもある。そうかとおもうと「武者返し」「呑ん兵衛」など、勇ましいのもあり、「シルバー40」とか「ゴールデンオーナー」とか、えらくハイカラな名前も目につく。この七十種類のリストをみると、タメ息が出る。ひとつひとつを賞味するわけにもゆかず、かりにできたとしても、わたしにはその優劣・良否を判定する能力はない。もしも読者諸兄姉にして、球磨焼酎に興味ある方は、酒造組合が各酒造家の製品を厳密に検査し、そのものズバリ「球磨焼酎」という共通ラベルで全国に流通させている製品を試飲されてみるのがよろしかろう。さらにくわしく、という向きは、前記のごとき事情であるから、みずからこの地に足をはこばれる以外に方法はない。

ところで、なにゆえに人吉盆地がかくのごとき焼酎の生産地になったのであるか。田中さんによると、むかしここはコメがとれすぎたので、やむをえず、というとおかしいが、いわば余剰米の処理法として焼酎をつくることになったのであるらしい。相良藩は表高こそ二万二千石という小藩だが、実質的には十万石。なるほど、荒木又右衛門に追われていた河合又五郎の逃亡の行く先は「落ち行く先は九州相良」のセリフでおなじみ。僻地だけれど裕福だったのだ。そして、ここでは藩ぐるみの共同謀議で巨大な米作地帯をかくしていたのである。はじめにわたしは球磨流域をフラスコにたとえたが、正しくいうとこのフラスコ、じつは二重底なのである。うまいぐあいに、こんにちの人吉市の東端のあたりには小高い丘陵がつらなり、うっそうたる森林が形成されている。その裏がわには、まえにしるした錦町以下の米作農村があるのだが、はじめての人は、この丘陵で盆地は行きどまり、という錯覚におちいってしまう。その地の利を生かして、幕府から検地の役人が来るたびに、相良藩の担当官は、当藩の領地はここまででござる、あの山のむこうは鬼が出るか蛇が出るか、人跡未踏の蕃地でござる、といったような説明をしていたらしい。役人のほうも、ああ、さようであるか、と受け流し、焼酎で酔いつぶれ、相良藩二万二千石、と公式文書にのこしたもののようである。

その気持、わたしにはよくわかる。自動車という文明の利器を用いても、あの悪路難関、もうここでたくさん、というのが本音なのだから、テクテクと歩いてやってきたむかしのお役人はどれだけうんざりしたことか。かりに人吉より上流に土地がある、ということを知っていたとしても、ここで行きどまり、というタテマエにしておいたほうがどれだけ楽かわからない。そこで、森のむこうにひろがる八万石ほどの米作地帯は相良藩のかくし財産となり、そのゆたかな米を原料にせっせと焼酎をつくってはカメにつめて地中に埋めこんでおいた、というしだい。ちなみに、九州の焼酎を原料別に分類すると、鹿児島はサツマイモ、宮崎はソバ、壱岐は小麦、そして、わが球磨焼酎は米。なんのことはない、球磨焼酎は相良藩の隠匿財産としてはじまったのである。さいわい、焼酎は蒸溜酒だから、何年でも保存できる。いや、年数を経たものほどまろやかな味になる。この地方の人びとが焼酎をつくり、飲むことを日常生活の一部にしたのは当然なのであった。

さて、こうした背景はともかくとして、わたしとしては、この「焼酎バレー」を歩き、どこか、しかるべき酒造家を訪ねなければならぬ。なにぶんにもご当地不案内、あの三十二の酒造家のうち、どこにうかがったらよろしいのであろうか。酒造組合のかたがたのおっしゃるには、それなら多良木の木下酒造あたりがよろしいでしょう、あそこは旧家だし、設備も古いものを頑固に使っているから、とのこと。わたしはその助言にしたがって、多良木に行くことにする。

多良木町は人吉からさらに二十五キロほど球磨川をさかのぼったところにある。つまり、二重底フラスコの、かくれた部分のほぼ中心、ということになろうか。町勢要覧によると、人口はおよそ一万五千。昭和三十年に隣接する黒肥地村、久米村を合併しているが、ここに町制が布かれたのは大正十五年である。そのときの文書を『多良木町史』によってみると、こう書かれている。

「本村ハ人吉ヲ隔ル六里ニシテ、上球磨十カ村ノ中央ニ在リテ、物資ノ集散ハ本村ニ於イテ大部分ヲ占メ、而モ湯前線開通以来、益々人口ノ増加ヲ見ルニ至リ、……町ト改称スルヲ適当ナリト認ム」

だから、町としての歴史は古く、こんにちも上球磨の中心といってさしつかえない。市街地はにぎやかで小都市としての体裁をととのえている。とはいうものの、町のまんなかの商店街からほんの百メートルも裏にまわると、見わたすかぎりの水田である。農家戸数は千七百、そしてそのうち専業農家が二百六十戸もある。水田千五百ヘクタール。歴史をひもといてみると、近世初頭までは、おなじ相良家とはいいながら、多良木の殿様と人吉の殿様とはいくたびも対立し、衝突している。結局のところ、人吉がわに統一されてしまったわけだが、このゆたかな地勢をみると、ここが独立の小藩であったことも、まことにもっともとおもえる。珍妙な比較だが、球磨焼酎の酒造業者数三十二のうち、人吉に七業者が集中しているのにたいして多良木も七業者。ちゃんとバランスがとれている。わたしは焼酎バレーのまっただなかに入ったわけだ。

木下酒造は多良木の中心街のすぐ裏手にあった。古いレンガ積みの煙突が立っていて、そこにはカタカナで白く「ブンゾウ」と書かれている。「ブンゾウ」とはすなわち人名の「文蔵」のことであり、これは木下家の初代の人物。そしてその人名をそのままとって、ここでは「文蔵」という銘柄の焼酎をつくっているのである。あとで知ったことだが、球磨地方には「六調子」という民謡があって、こんなふうにうたわれている――

〽多良木じゃ文蔵じい

湯前の猫八どん

木下の五郎八つぁん

この三人は、ご当地の「田舎庄屋どん」の代表として登場していたわけで、したがって多良木の木下家というのは文字どおりの旧家ということになろう。しかし、だからといってこんにちの木下家が壮大な庄屋屋敷を構えている、とおもったら大まちがい。「ブンゾウ」という煙突の下には、小ぢんまりした住居兼工場兼商店、というべき複合建築があって、黒々と磨きのかかった柱だのハリだのを背景に当主の木下好弘さんが帳場にどっかりと腰をすえておられた。

木下酒造は、けっして大メーカーではない。球磨焼酎の酒造家のなかには年間に八千石もつくる酒造家もいるけれど、木下さんのところは、フルに操業しても年間五百五十石しかできない。その理由は簡単であって旧来の大きな焼き物のカメで焼酎を仕込むからである。このごろでは、ホーローびきの鉄製タンクを使う酒造家が大部分だけれど、木下さんは、旧式のカメを使う。カメひとつの容量は二石五斗。ちなみに、この地方では、焼酎二ぱい、というのは二合五勺のことであって、このカメは、別名を千ばいガメともいう。なぜ旧型のカメを使うか。ホーローのタンクを使うと、冷えこみのつよい冬の日など仕込みに失敗することがあるからだ。それにひきかえ焼き物のカメはその高さの半分以上を地中に埋めこんであるので温度調整が不要である。また、モロミをながくおいても痛むことがない。そしてできあがりの焼酎の味にも、そうしたことが微妙に反映するもののようである。ただ、この陶製のカメは、たしかに消費者たるわたしからみれば巨大だけれど、生産者の視点からみれば小さなものだ。すくなくとも、ホーロー・タンクにはかなわない。だから、数十個のカメで仕込んだところで、生産高はたいしたものにはならないのである。

もとより、その気になりさえすれば、設備いっさいをとりかえてより大規模な酒造もできるけれども、木下さんは、さしあたり設備更新には興味がおありにならないらしい。むしろ逆に、他の酒造業者が新式設備を導入する、という話を耳にすると、そこに出かけて行って、不要になったカメをわけてもらってくる。いまでは、もう、この千ばいガメという陶製のカメの新品を手にいれることはできないから、こんなふうに古いカメをあつめてはストックにしておくのだ。とりわけ、貯蔵用には陶製のカメのほうがずっとよろしい。焼酎を十年以上もねかしておくと、つくりたてのときアルコール分四十三度だった焼酎は三十九度までさがる。わたしは、十年ものの「文蔵」をいただいたが、味がこなれていて、これは絶品。ウィスキー、ブランデーとおなじように、焼酎も年代ものほどおいしい、ということをわたしははじめて知った。

木下さんは、この設備を使って、年間に百五十回ほど仕込みをする。焼酎というものはコウジをつくってから精製までおよそひと月かかるわけで、蒸溜器の処理能力を見ながらカメをつぎつぎにみたしてゆくのである。さきにみたように、ここでは年間五百五十石ほどの焼酎ができるのだが、すぐに売るのは二百四十石。二百六十石は、すくなくとも二、三年ねかしておく。のこりの五十石は翌年まわし。そして、ごくわずかが、十年もの、十三年ものとして別扱いになる。わたしは、その別扱いの珍酒を味わったのであって、これは木下さんの店の店頭でしか買えない。だいたい、生産量がわずかだから、木下さんは製品を卸、小売りといったルートにのせることなく、ほとんどを直販で流通させている。そして、その八五パーセントは多良木町内で消費され、一五パーセントが近在の町村の、むかしからのお客さんの手許にとどいてゆく。生産から消費まで完全に多良木町内とその近在で自己完結的なのだ。

焼酎の生産は九月の下旬、ちょうどお彼岸のころにはじまり、さいごの蒸溜が完了するのは六月。夏のあいだは高温を避けて休業だ。わたしが木下さんを訪ねたのはこの休業中であって、ひと気のない工場には、例のカメがただしずかに埋められ、ボイラーをはじめもろもろの設備が物音ひとつたてずに眠っていた。秋がしのびよってくれば、やがて「コシキおこし」という酒神への儀札もおこなわれ、木下さんの工場をはじめ、焼酎バレーの各工場は目のまわるような忙しさになるにちがいない。

いま、わたしは酒神ということばを使った。ここでいう酒神が松尾神社の神であるのか、それとも土地神であるのかはさだかでない。しかし、球磨の人たちは酒神を尊崇すること厚く、焼酎を飲むときには、さいしょの一滴をイロリの隅だの、その他しかるべき場所にたらしてそれを神への捧げものとする。木下さんの店では、店頭でコップ売りもしており、お馴染みがちょっと立ち寄って焼酎をひっかけてゆくこともすくなくないのだが、そんなときでもお客さんは土間の片隅に一滴の焼酎をたらしてから飲むのが習慣であるという。焼酎バレーには、それなりの儀礼や作法がきっちりと定着しているのである。

わたしは「ブンゾウ」の煙突をあとにして、この盆地をさらに奥まで入ってみることにする。ハンドルをにぎり、注意深く左右をみると、ところどころに、「ブンゾウ」とおなじような煙突がみえる。なかにはレンガにツタが巻きついて、巨木のごとくにみえる煙突もある。あの一本一本の煙突の下では、木下さんのところでみたのとおなじような焼酎つくりがおこなわれているのであろう。ただ、おどろいたことに、木下さんの話によると、つい数十年まえまでは旧多良木町内だけで三十をこえる酒造業者があったのだそうな。それが整理されて、いまは七業者。ということは、半世紀まえには、このあたり、いたるところに煙突が林立していた、ということを意味する。

そんなことをかんがえながら、走りつづけてゆくと、いつのまにか谷がせばまり、山地に入ってしまった。屈曲した上り坂がつづき、ふりかえると木の間から人吉盆地が見える。いったいこの先はどうなっているのか、ただ漫然とアクセルをふんでいたら、突然、「ようこそ宮崎県へ」という大きな看板が目の前にとび出してきた。あわてて地図をとり出してみると、わたしはいつのまにやら湯前町の山林地帯を通過し、標高一七二二メートルの市房山の南がわの低い稜線をこえて、宮崎県の西米良村に入ってしまっていたのであった。だが、とにかく、これで焼酎バレーのいちばん奥まで踏査は完了したのである。わたしは車をUターンさせて、ふたたびおなじ道を戻ることにする。

宿を人吉にとって、座敷に通されると目の前を球磨川下りの舟が通過しており、また、その舟を避けて、鮎釣りをしている人たちの姿がみえる。なかなかのどかな風景だ。夕食には鮎が出る。もちろん、わたしは焼酎を注文する。だが、このへんからがおもしろい。さすが焼酎バレーだけあって、女中さんは、銘柄は何にいたしましょう、とおっしゃる。たんに焼酎、だけでは通じないのだ。それはスコットランドに行ってスコッチ、と注文するのとおなじように間の抜けた話なのであって、だいじなのは銘柄指定なのである。わたしはおのれの無智を説明し、かくかくしかじか、というと、それなら多良木の「白岳」でもお持ちしましょう、としかるべく見はからってくださる。女中さんのはなしによると、この旅館では地元のひとの宴会が多く、そういうとき、いったいどの銘柄を出すかは、お客さんの顔ぶれで決めてゆくのだそうだ。きょうは湯前町の人がいるからこれ、今晩は免田町の人が多いようだからこれ、誰それさんが主賓だからこれ、といったふうにお客によって焼酎の銘柄がかわってゆくのであるから、人吉盆地での料亭や旅館の経営者は、老練のソムリエのごとき知識と経験がなければつとまらない。

そんなわけで、この旅館には、常時、何十種類かの焼酎が用意されている。わたしは無遠慮にも、宿の調理場をのぞかせてもらった。板前さんが忙しく皿・小鉢に盛りつけるかたわらで、女中さんたちは何種類もの焼酎のビンから、ガラと呼ばれる酒器に注ぎわけてゆく。このガラというのは球磨特有のもので、注ぎ口が細く、本体がきれいな曲線で丸味を帯びたお銚子。そして、正式には、猪口は、直径二センチほどの、いうなればおヒナさまのお茶わんのごときかわいらしいものを使う。ほんのひとすすりで飲むことのできるくらいの量しか入らない。だが、話によると、この小さな猪口というのがじつはくせ者。たしかに一ぱいの量はわずかだが、これを使って球磨拳というのがはじまるとたいへんなことになる。球磨拳は、一見したところジャンケンに似ているが、どうやら論理構造がジャンケンよりはるかに複雑。そして、このゲームでは、負けた人がかならず一ぱい飲み干さなければならぬ。一ぱいの量は、わたしのみるところ、ほんのひと口にすぎないのだけれど、球磨拳で五十回、百回と負けつづけたばあいを想定するなら、その総量はすさまじいことになるだろう。そして、負けたらかならず飲む、というのが約束であるから、猪口の底を円錐状にとがらせて、テーブルの上に置けないようにしてあるばあいもあるらしい。ゴマ化しはいっさいきかないのである。そのうえ、球磨焼酎はガラにいれて燗をするのが正統的な飲みかたである。これを五合も七合もたてつづけにやったら、ひっくりかえるにちがいない。じじつ、記録によると、かつて田山花袋はここで球磨焼酎に酔い、翌朝目をさますまで前後不覚になってしまっている。だから、この小さな猪口をバカにしてはいけないのである。

まえにみたように、ここでは、一ぱい、というのは二合五勺のことである。焼酎をはかるマスも二合五勺、ときまっていたし、ガラも同量をいれるようにつくられている。だがわたしとしては、この一ぱいを飲むのはいささかためらわれた。わたしは一合、と注文した。女中さんは一合用の小さなガラで配膳してくれた。ちょっと物足りないぐらいだったが、旅の疲れに飲みすぎは禁物。一合がその日のわたしには適量であった。

食事をすませてから、わたしは人吉温泉につかり、アンマさんをたのんだ。このアンマさんも気さくな人で、土地の話をあれこれときかせてくれ、話が五木村のことにおよぶと、巷間歌われているところの「五木の子守唄」と正調のそれとがどうちがうかを歌って教えてくれた。「五木の子守唄」というのは、五木村から人吉に子守に雇われてきた娘たちが歌ったものだそうで、たしかに五木村はおなじ球磨郡にぞくし、人吉のすぐ北がわの山中にある。わたしはこれから五木村経由で熊本にでてみようと決心した。そしてアンマさんの歌う正調子守歌をききながらいつのまにやら眠ってしまったのである。

あとがき

昭和五十六（一九八一）年の新年号から十二月号まで、わたしは雑誌「文藝春秋」に毎月日本のあちこちの村や町を訪ねてその探訪記を連載する機会にめぐまれた。これをまとめた単行本『にっぽん遊覧記』は文藝春秋社から昭和五十七年に刊行された。北は北海道鶴居村から南は与那国島、また硫黄島まで足をのばした。この人吉への旅はその十二篇のなかのひとつである。十二章のうち、どれをえらんでもよかったのだが、これをここに再録することにした。人吉は文中でもふれたように「伊賀越え道中双六」などでおなじみの地名であるばかりでなく、別項「花札の花鳥風月」（下巻収録）で論じる「うんすんかるた」の伝統を継承している唯一の地域でもある。球磨川の河口、八代は内田百閒が愛してやまないところでもあった。いまからふりかえるとこの文章を書いたのはもう三十年ちかくむかしのはなしだから、文中の数字などはずいぶんかわっているにちがいない。だが、いまも文久三（一八六二）年創業の木下醸造所は健在である。「文蔵」も通販で買うことができるようである。

2　フィールドの技法

それなりの調査法

わたしは雑誌に日本各地の町や村を訪ねて紀行文を連載したことがいくたびかあった。正しくいうと、連載をたのまれたから国内を歩いているのではない。あちこち歩いてみようという決心をし、また、それを記録にのこしておこう、という決心をした結果として、雑誌連載ということになったのである。編集部との約束で、行先はその都度、わたしの気の向くままに、勝手にうごかさせてもらう。そのかわりに毎月三十枚の原稿を二十日までにかならず書く——そういうとりきめになっている。

そういう話をすると、気楽でいいしごとですね、といってくれる人もいるし、逆にたいへんでしょうね、とおっしゃるかたもいる。いずれも正しい。わたしにとって、この毎月の連載はよろこびであり、同時に負担感をともなうものでもあったからだ。うっとうしい日常のしごとから解放されて足の向くままに山村や離島に出かけてゆくのは、まことにうれしいこと。だが、締切日というのは、いつでも気になる。うまく文章にまとまるかしらん、という不安もある。だから、いつでも複雑な気持でわたしは旅に出た。

そこへもってきて、じつのところ、わたしにはあんまりまとまった時間がないのである。欲をいえば二週間、すくなくとも一週間くらい村に入ればなにかが見えてくるだろう、ということは経験的にわかっているつもりなのだけれども、そんなに時間はとれない。通常、わたしは往復の時間をふくめて三日の予定で出かける。要するに二泊三日、という旅なのだ。こんなにかぎられた時間で、どうやって村を知ることができるか。わたしは、さきほど「紀行文」ということばを使ったし、まあ、そういうものであろう、とみずからおもってはいるけれども、ひとりの研究者としていうなら、これもフィールド・ワークのつもりでいる。いわゆる「トラベル・ライター」にはなりたくない、という心がまえだけはある。二泊三日のフィールド・ワーク——かんがえてみれば無茶な話だ。だが、できるだけのことはやってみなければならぬ。そこで、おおむねつぎのような手法を使うことにした。

まず、第一日目。これは、事情のいかんを問わず、かならず現地に正午ごろまでに着くようにする。交通の便がわるければ、前夜に出発する。そして、到着後、すぐにレンタカーを借りる。ありがたいことに、いまは、どこにいってもだいたい車はどうにかなる。多少、高くつくけれども、時間とひきかえ、とおもえば安いものだ。その車で目的地たる町や村まで、とにかく走ってみる。ただ、ここにひとくふうあって、わたしはビデオ・カメラを助手席に固定し、レコーダーを床に置く。アクセルを踏むと同時にビデオ撮影がはじまるというわけ。専用バッテリー一本で一時間はもつから、予備のバッテリー二本と充電器をもっていればそんなに困らない。ビデオはまわしっぱなし。そして、わたしは村にいたるドライブの途中で気がついたことを、車中でしゃべりまくる。ビデオ・カメラにはマイクロフォンがついているから、ちゃんとわたしの声は収録されている。

目的地に着いたら、まず役場を訪ね、村勢要覧、地図、村史などを買ったり貰ったりする。国土地理院の地図もよろしいが、町村でつくっている地図はなかなか実用的だ。これをひろげて、とにかく対象地をひとまわり車でまわる。途中に人に会ったら、ときには車をとめて立ち話をする。全国どこにいっても、村の人たちは好奇心にあふれていて、しかも親切だ。どちらから、と問われたら、東京から、と答える。なんのために、といわれたら、写真をとったり、年寄りの昔話をきくために、と答える。ちっともウソではない。そのとおりなのである。幸運にも世話好きの人に出会えば、そんなら、どこそこの誰さんを訪ねたらいい、と話し好きの古老の名前を教えてくれる。

第一日目は、それ以上のことはしない。なるべく早目に宿をとって、役場で手に入れた資料に目をとおす。要するに翌日にそなえての予習だ。民宿などだったら、そこの主人、お手つだいさん、そして手配可能ならあんまさん、といった人たちとおしゃべりをする。これ、ことごとく消息通で、偉大なるインフォーマントなのである。かくして、第一日目の午後と夜で、その村についての基本的なオリエンテーションができあがる。そこで酒をのんで、早めに寝てしまう。

第二日目。ここが勝負のしどころで、絶対に寝坊はゆるされない。早朝に起きて、一日じゅう村を歩きまわる。そしてすくなくともふたり、できることなら三人のお年寄りを訪ねて、ライフ・ヒストリーとはいわないまでも、とにかく、昔の話をきく。突然の訪問だから、あまり長居はできないし、このごろの村では、お年寄りが唯一の労働力であるから、農繁期には作業の邪魔をするわけにはゆかぬ。それに食事時間は、当然、避けたほうがよろしい。だから、午前中にひとり、午後にひとり、ということになろう。夜にもうひとり、というばあいもある。話はもちろんノートをとりながらばあいによっては音声テープに収録する。

あいだの時間は、カメラ片手にただ散歩をする。農道で何人かの人に会う。こんにちは、といえば、こんにちは、という答がかえってくるし、そのまま、立話でいろんなことを教えてもらえることも多い。どっちみち、わたしなどの学問の方法論は、無作為抽出法とか、統計学的な有意性とかいったものとまったく無関係であって、こういうフィールド・ワークのばあい、人を知る、ということは結局のところ「縁」の問題だとおもっているから、これでよろしいのである。

かくして、第二日目がおわる。写真はだいたいこの日だけで百枚くらい撮る。夜はノートの整理に集中する。ノートで不明な部分はテープでたしかめる。それでもわからないところ、あるいはきき忘れた重要な事項がいくつかあるのがふつうだから、それをカードにとりまとめておく。そして、三日目の午前中に、村を辞去するあいさつがてら、もういちどインフォーマントを訪ねて、その欠落した部分を補う。それでおわりである。帰りがけの飛行機なり汽車なりのなかで、このもろもろのデータをどんなふうに校正して原稿を書くか、をかんがえておく。

書く作業は、記憶や印象の薄れないうちがよろしい。すくなくとも、さいしょの書き出しの三枚くらいは、どんなに疲れていても、帰ってすぐに書き、そのあと一週間以内に仕上げてしまう。もちろん、じぶんの見聞の範囲などタカが知れていて、記述は一面的である。しかし、すくなくとも手許には、数時間の音声テープによるインタビュー記録があり、カメラは固定しているからさっぱりおもしろくないけれど、とにかくビデオ記録もある。音声のほうはアルバイト学生諸君にテープおこしをして、ノートに書きうつしてもらっているから、これも生きた資料としてのこる。これが、わたしの

「三日調査」法なのだ。

おもうに、これは、画家のスケッチ旅行に似ている。ひとかどの画家であるならば、アトリエに大キャンバスを置いて半年がかりで展覧会用の大作を制作することもあろうし、またひと月の時間をかけて五十号の絵を描くこともあろう、三日で六号の小品を描くこともあるだろう。だが、アトリエをはなれて喫茶店でハガキにスケッチをサッと仕上げることもできるはずだ。大作なら描くことができるがハガキには描けないという画家がいるとしたら、それはインチキ画家だとわたしはおもう。文筆業だってそうだ、長編専門で千ページの本は書けるが、三枚のコラムは書けない、という作家はよほどの不器用か無能のひとである。逆もまた真。われわれも、一年間の住みこみ調査、一ヶ月の調査ができるなら、三日調査、いや、ばあいによっては一時間調査だってできなければ、ひとかどのフィールド・ワーカーとはいえまい。画家とおなじく、われわれも、「それなり」にサマになる調査でみずからをきたえるべきであろう、というのが、わたしのかんがえなのである。

あとがき

「常在戦場《つねにせんじょうにあり》」というのは越後長岡藩の「藩訓」であった。周囲を敵にかこまれ、いまは平穏でもいつなんどき戦闘になるかもしれぬ。だから、つねに「戦場」にあるつもりで油断するな、ということ。長岡藩の末裔、帝国海軍連合艦隊司令長官山本五十六はこの「藩訓」をそのまま座右の銘として連合艦隊を指揮した。われら社会学の徒にとっても「常在戦場」は基本哲学であろう、とわたしはひそかにおもっている。いやしくも、いま生きている社会そのものは一種の戦場である。いつでも周囲は変動している。目をひらき、耳をかたむけていれば、つねになにかを知りたくなる。学びたくなる。テレビのアナウンサーのアクセントがおかしいことが気になる。散歩の途中であたらしい植物をみつけてその名前を知りたくなることもある。いうなれば、わたしはつねに「フィールド」のなかにいるのである。世間には「フィールド・ワーク」というと、用意周到、しっかりと調査研究のスケジュールをたてて装備をととのえてでかけるもの、と理解しているひともいるようだが、わたしにいわせれば一泊二日の旅行もフィールド・ワークだし、バスに乗って片道三十分の買い物にでかけるのもフィールドである。だからわたしのポケットにはいつでも手帳とペン、それにカメラをもっている。なにがあっても気になることはメモしておく。つまり、「フィールド」というのは長短、深浅、大小、さまざまなのである。一年間、現地に住み込む調査もあるし、わずか一時間の経験が「フィールド・ワーク」になることもある。そのことを同僚、後輩、学生諸君にあらためて知ってほしい、とおもって若手人類学者を読者にする雑誌にこのエッセイを書いた。本書所収の「人吉の一夜」と「走りながら書く」は短期調査の「作例」である。

空中人類学のすすめ

一九五四年、はじめてアメリカに行ったときがわたしにとって、飛行機というものとのはじめての出会いであった。そのときは無我夢中でとにかく窓外にひろがる雲海をみて、ただ感動あるのみ。他のことはあまり記憶にのこっていない。

しかし、だんだん旅行ずれして、国内・国外の調査に飛行機を利用することが多くなると、飛行機の旅というものも、調査研究の手段として、なかなかおもしろいということがわかってきた。そのことを書く。

陸上交通手段とちがって、飛行機というものは、出発地と到着地とのあいだを最短の直線コースで飛ぶ。もちろん、空港の周辺では管制塔による誘導コースが定められているから、たとえば羽田空港に着陸するにあたっては、いったん太平洋上に出て木更津上空から進入しなければならない、といったようなことはある。しかし、上空に出れば、あとはおおむね一直線だ。したがって、地図を片手に眺めていると、どこをどう飛んでいるのか、はっきりわかる。わかるだけでなく、たとえば人の住みかたなどが巨視的にとらえられる。わたし自身は、国内だと、東京―小松コースなど、なんべん下界を見おろしても飽きることがない。天気のいい日であれば秩父連山から甲府あたり、そして伊那谷をちょっと見て、あとは日本アルプスそして飛騨、さらに白山――あたりまえのことだけれど、地図どおりに日本の国土を見ることができる。そして、山あいの小さな村がどんなふうに展開しているのか、林道がどことどこをつないでいるか、といったようなことがはっきりと見てとれるのだ。

じっさい高度一万メートルのジェット機の窓から見下ろしてみると、家屋など豆粒ほどのおおきさにしかみえないが、よく眼を凝らしていると、谷間の集落は、おおむね二十戸から三十戸くらいの規模でまとまって崖にへばりつくようにまとまっていることに気がつく。あれが旧「字《あざ》」というものなのだろう。人口にして平均八十人ほど。あれが日本の村落の最小構成単位なのだろう、と思いながらみていると、つぎの山ひだのあいだにもおなじような家の集団がみえる。以前は晴れた日ならカヤ葺きの屋根がみえたのだが、いまではほとんどトタン屋根になり、こんどはなんとかハウスというプレファブ住宅がどんな山奥にいっても主流になっている。おおきな河川の中流から上流をたどってゆくと、川の流れからずいぶん高いところに民家があって、ずいぶん不便そうにみえるが、あれは洪水にそなえてのことなのであろう。国道、県道も高いところをくねくねと通じている。

すこしひらけた川の合流点には、ちょっとした町場《まちば》があって、コンビニがみえる。全国共通の色の看板があるからすぐにわかる。それにならんで郵便局のような建物や村役場のような建築、さらにそこからすこし離れたところに小学校が配置されている。あれがむかしの「村」の中心だったにちがいない。いまは町村合併で「なんとか市」の一部になっているのだろうが、かつての「自然村」のありさまは飛行機からよくみえるのである。行政がどんなに思いつきで市町村の境界を勝手にいじくりまわしても、むかしからの区画はかわっていない。

アメリカ大陸横断という航路も何度か飛んだ。高度一万メートルということになると、そのスケールはかなり大きく、ロッキー山脈などもぺしゃんこにつぶれて見えるけれども、中西部の穀倉地帯を見おろしていると、どの程度の作付制限がおこなわれているかがわかるし、たとえばサン・フランシスコのように、なんべんも見なれた都市については、そのたびに、どれだけスプロール化が進行したか、また高速自動車道路のどことどこがつながったか、といった微細な点を見きわめることもできる。いわば、これは、マクロの空中人類学とでもいうべきものであろう。

スイスアルプスもおもしろかった。あれはパリからローマに飛んだときのことだったが、レマン湖をはじめいくつかの湖の周囲を峻険な山々がかこみ、白雪をいただいている。こっちは一万メートルをこえる高度だから、マッターホルンも足の下。たいした山にはみえないけれど、稜線のけわしさは感動的だった。シンプソン峠はどこだろう、と一所懸命に目視したが、残念ながらそんな簡単なものではない。あの入り組んだ山なみはただごとではない。

海だって、まんざら捨てたものではない。台北から那覇のコースを飛んだときには尖閣諸島やら竹富・石垣島やら池間島やら、要するに琉球弧というやつをたっぷり見せてもらった。もっとも、こうなると、飛行機の右と左の窓をウロウロしなければならず、やたらにいそがしい。沖縄本島の南に、ホーザンソネというソネがあり、そこに台湾のサンゴ密漁船が出没するという話をわたしはかつて沖縄の漁師からきいたことがあったので、宮古・那覇間ではもっぱら漁船のうごきを注目する。そして、これまでに、それらしき船を数回見たことがあった。

空中人類学になれると、もうすこし人間的スケールで地表を眺めたくなる、というのも人情であろう。そうなると、ジェット機ではなく、セスナのような小型機の魅力にとりつかれる。こちらのほうは、高度五百メートルくらいだから、民家のたたずまいもひとつひとつはっきり見える。ウシやウマも一頭ずつくっきりと見える。そのうえ、こうした小型機のパイロットは、しばしばサービス精神旺盛であって、おもしろいものが見つかると低空で旋回してくれたりする。かつて、ハワイのラナイ島にセスナで飛んだときには、パイロットは目ざとくクジラを一頭発見し、急旋回超低空で海面ちかくでクジラを見せてくれた。

セスナの魅力を知ると、つぎは、いわずもがなのことながら、ヘリコプターである。わたしのヘリ歴はきわめて浅いが、むかし、ニューギニアのマウント・ハーゲンで短時間チャーターしたヘリなどはじつにたのしかった。爆音で声はきこえないが、手ぶりでパイロットに合図して、なにやら人だかりのしている村の広場に百メートルくらいまで降下してもらう。そこまで高度を下げれば、ひとの表情まで歴然である。収穫したコーヒー豆を網にいれてかついでいる村人がみえる。ちいさな小屋がいくつか並んでいるが、草木でつくった簡単なもの。当日はたいへんな暑熱の日だったが、村人は黙々とコーヒー豆をはこんでいる。もちろん人力で頭上運搬である。ヘリが近づくと、こっちのほうを見上げるが無表情である。

東京都庁のお世話で東京都の離島にヘリで飛んだときにも、伊豆諸島の集落の構造など、よくわかった。どこの島も周囲に循環道路ができあがっていて、おおむね自動車で一周できるようだが、島によっては道路が寸断されていて南岸と北岸とのあいだは船でひとまわりしなければならないような地勢がわかる。でも、このごろはちいさな漁村でも護岸工事ができあがっていて、二トン未満の小型漁船がならんでいる。むかし八丈島でカツオもとれるし、トビウオ漁にも活躍する「ケンケン」漁船というめずらしい船形の船を教えられたことがあったが、そのなつかしい漁船もみえた。こういう低空飛行をするとジェット機とはちがったスケールでひとびとの生きた生活がわかって手にとるようにわかり、これもいい勉強になった。大阪湾を堺から千里丘陵までヘリで飛んだときには京都盆地から奈良盆地までみえて、古代からの交通路を、なるほど、という思いで見つづけた。ヘリからジャンボまで、いろんな飛行機にのってみると、まるでカメラのレンズを広角や超望遠にとりかえるように、いろんな視野での人類学が可能なのである。せっかく飛行機というあらたな交通手段を手にいれたのだもの、これをつかってむかしのひとにみえなかった世界を見物しないのはもったいないではないか。

あとがき

この稿に興味をもたれた読者には宮本常一先生の『空からの民俗学』(岩波書店)を一読されることを強くおすすめする。名著である。なおわたしの「空中人類学」のくわしい一篇は「地の貌」をたずねて」という題で旧著『世間にまなぶ』(中央公論社・二〇〇六)に収録されている。これは写真家の濱谷浩さんといっしょにセスナで大阪から紀伊山塊をこえ、伊勢に出て伊那谷から松本へというコース。かなりスリルにみちたフライトであった。

走りながら書く——越後湯沢から秋山郷へ

鈴木牧之はわたしの敬愛おくあたわざる江戸時代の文人である。かれの代表的著作である『北越雪譜』は岩波文庫でくりかえし読んだし、老眼鏡をかけるようになって、文庫本が読みにくくなった矢先、一九八二年に活字の大きな「文庫特装版」でこの書物を読みやすくして、再刊されたときもまっさきに書店にかけつけて、この書物を買いもとめた。

『北越雪譜』にあるのは、こんにちの新潟県のもっとも雪深い地方での、冬のあいだじゅう雪のなかにとざされた人々の生活記録である。太平洋岸に住む者にとっては、雪が降るといえば、それはロマンチックな風景であり、かつ若い人々にとっては雪といえば、すぐにスキーをはじめとするウインター・スポーツを連想するような楽しげなものに変貌しつつあるようだが、鈴木牧之の時代の雪国の暮らしというのは、まことに艱難辛苦にみちたものであった。「雪蟄《こもり》」という見出しのついたつぎの文章などはなんべん読みなおしてみても、牧之をはじめとする雪国の人々の苦難を物語ってあますところがない。

「凡《およそ》雪九月末より降りはじめて雪中に春を迎え、正二の月ハ雪尚深し。三四の月に至りて次第に解《とけ》、五月にいたりて雪全く消えて夏道となる。年の寒暖により遅速あり。四五月にいたれバ春の花ども一時にひらく。されバ雪中に在る事凡《およそ》八ヶ月、一年の間雪を看ざる事僅に四ヶ月なれども、全く雪中に蟄《こも》るハ半年也。こゝを以て家居の造りハさら也。万事雪を禦ぐを専とし、財を費《ついやし》力を尽くす事紙筆に記しがたし。農家ハことさら夏の初より秋の末までに五穀をも収るゆゑ、雪中に稲を刈事あり。其忙き事の千辛万苦、暖国の農業に比すれば百倍也」

だからといって、この書物はつらい話、悲しい話ばかりを書きつらねているのではない。雪にすっぽりとつつまれて、じっと屋内にとじこめられているのであるから、牧之はたとえば、キツネについての博物学的な見解を述べたり、あるいはサケという魚についての語源的研究をしたり、雪中にあってあれこれと思索をめぐらしたりもしているのである。また、その文章のスタイルからいっても、たんなるドキュメントというだけではなく、ときにはユーモアをまじえ、またときにはその観察はロマンチックですらある。そして、雪国の生活についての、そうした雑談めいた長短さまざまな文章の集大成としての『北越雪譜』は、わたしにとっては生活というものを学問の対象としてとらえた、いわば「生活学」の古典の一冊という深い意味をもつ。

その牧之は文政十一（一八二八）年九月、秋山をたずねた。このことは『北越雪譜』のなかにも簡単に記録されている。すなわち、

「信濃と越後の国境に秋山といふ処あり。大秋山村といふを根元として十五ケ村をなべて秋山とよぶ也。秋山の中央に中津川といふありてすゑハ魚沼郡妻有（つまありの庄をながれて千曲川に入る川也）川の東西に十五ケ村あり」（「秋山の古風」）

そして、この秋山村について、かれはこんなふうにも書いている。

「里俗の伝へに此地ハ大むかし平家の人の隠たる所といふ。牧之謂《おもえ》らく、鎮守府将軍平の惟茂四代の後胤奥山太郎の孫城の鬼九郎資国が嫡男城の太郎資長の代まで越後高田の辺《ほとり》鳥坂山に城を構え一国に威を震ひしが、謀叛の聞えありて鎌倉の討手佐々木三郎兵衛入道西念としく〵戦ひて終に落城せり。此時貴族の落人などの此秋山に隠れしならんか、里俗の伝へに平氏といへるもよしあるに似たり」

この見聞録は、岩波文庫版でも十ページあまりだが、このときの牧之の観察は別に「秋山記行」として精密な記録がのこされている。かねて、中央公論社から『鈴木牧之全集』が刊行され、そのなかに「秋山記行」が完全に収録されたのを機会に、わたしはこの秋山というところを訪ねてみようとおもいたった。

もっとも牧之が秋山をおとずれようと決心したのは、たんにここが人里離れた「秘境」であった、という好奇心だけにもとづいていたものではなさそうである。というのは、牧之の江戸における友人のひとり、十返舎一九が二度にわたって越後に足をはこび、しきりにこの僻地のことを知りたがっていたからである。牧之は地元の人間だから、それまで伝聞で耳にしていた秋山の歴史や習俗について、知っているかぎりのことを一九に語ったらしいが、じっさいに現地に足をはこんではいない。いっぽう一九のほうは、この越後の文人からより多くこの秋山という「秘境」についてもっと詳しくおしえてくれ、という問い合わせがくる。その事情を「秋山記行」はこう書いている。

「茲に武陽の旧友十返舎一九うし、一とせ予が葊《いおり》を訪ひ、連日遠《おち》こちの茶話の端に、秋山辺地の趣をあらかじめ伝へけるに、元来地口の達者なる戯作者故、胸にとゞめて、今年水無月の始つかた、来れる丑のとしにハ、必秋山珍説を桜木に上し、普《あまねく》四方国に笑を轟さんとの消息に、けふや翌やと、隙往駒《ひきゆくこま》に、其水無月・文月・仲秋も夢幻の如く、浮世の業繁きに打過侍りぬ」

と書いている。いわば、一九のための戯作の材料を提供してやろう、という友情が牧之の心をうごかした、ということにもなるのだろう。やや事情はちがうが、牧之と一九の関係は、『遠野物語』における佐々木喜善と柳田國男の関係に似ている、といえないこともない。さいわい、桶屋団蔵という商人が秋山に行くというので、この桶屋を案内人として行くことになった。

さて、こんにち秋山への旅行はきわめて簡単である。上越新幹線に乗って、大宮からわずか一時間で越後湯沢の駅に到着する。上越国境というのは、古来、交通の難所であったが、上越新幹線のなかでもっともその距離の長い総延長二十六キロメートルの第一清水トンネルを通過すると、そこが越後湯沢である。わたしはこの駅前でレンタカーをかり、国道一七号線をまっすぐ北上する。その快適な道路を約七キロほど北上し、それを左折すると、三五三号線にはいる。牧之があゆんだ道もおよそこの三五三号線沿いの道であった。ただ、このあたり現在では石打、岩原といったようなスキー場がつくられており、西洋風のスキーロッジの赤い屋根が山腹に目白押しに並んでいる。牧之のころ、このあたりは上野村とよばれていて、まったくの寒村であったらしいが、現代の越後湯沢の駅には「ようこそスキーと温泉の湯沢へ」などというポスターがいっぱい貼られている。要するにこの地方はいまではスポーツとレジャーの大集積地に変貌しているのだ。

さて上野村をすぎた牧之は十二峠という難所にさしかかる。その記述を引用すると、こうである

「上野村の西なる十二峠ハ一としほ行路難々たりと云ども、道の程近しと、ひた登りに雲霧を攫んで攀《よじ》上り、やゝ絶頂に至れハ露霜のみ。四方雲霧晴渡りければ、上田・妻有の二庄、頸城郡迄、巍々たる山々の眺望に暫《しばし》杖を駐め、庄の境の十二山の神を拝礼し、是より片降りに倉下村となん山家に湯水を乞ふて息つきあいぬ」

なにしろ、正面にみえるのは標高千メートルクラスの壁のような越後山脈である。そしてこの道路はいまでも充分に整備されているとはいえない。左に右に屈曲しながら、わたしは山道をはしりつづける。だが、牧之が経験した十二峠越えは、いつのまにやら十二峠トンネルによっておきかえられており、わたしはあっという間に十二峠の向こう側にでてしまった。トンネルをぬけるまで越後湯沢駅からキロ数にすると、十キロあまり、時間でいうと、わずか二十五分しかたっていない。便利といえ

ば便利だが、牧之が経験したような峠の上からの眺望をたのしむというわけにはゆかないのである。

このあと、牧之はいくつもの山を越え、谷を越えて、見玉にでた。こんにち、牧之のこのコースをそのまま通ることはできない。道路地図をしらべると、牧之の通過した道路は山裾で行き止まりになっている。また、この「秋山記行」の主たる部分は、見玉からさきであるから、わたしはこの道路をまっすぐ中里村まで走り、そこから見玉に出ることにした。さいわい晴天にめぐまれ、夏山の緑が目にしみるようだ。山ウグイスの声が緑のあいだから、絶え間なくきこえてくる。

中里村でこの道路は一一七号線につきあたる。これを右にとれば、十日町から新潟にいたり、左にとれば、飯山から長野ということになる。当然、わたしはハンドルを左にきり、そこから数キロを走って津南町に到着する。りっぱな商店や銀行のたちならぶ山間の小都市たる津南町のはずれで、道路標識にしたがって左折する。ここから秋山郷まで二十二キロと標示してある。鈴木牧之は秋山郷にはいるにあたって、十二峠から山を越えて直行してきたのに、わたしはいわば中里、津南、と、その道をコの字形に大きく迂回して「秋山記行」の入り口にむかっている、ということになるわけだ。

細い屈曲した山道にさしかかる。ギアはほとんどセカンドにいれっぱなし。道路が狭いから対向車があると、路肩すれすれに車をよせたり、ときには道幅のやや広いところまで逆戻りしたり、といったような状態がつづく。だが、こんなことに苦情をいっているのは筋違いというものであろう。牧之は、この道を桶屋団蔵という案内人をたよりに、しかも自ら食糧携行で歩きつづけたのである。かくしてわたしは、牧之の出発地点たる見玉の集落にたどりついた。

見玉についた牧之は長旅につかれ、「長途に空腹となり、飯もうまく、味噌汁も松魚も沢山に入たる心持に、何れも三膳づゝ心能く進み（ぬ）」と書いている。到着したのが夕刻であったから、かれはここに一泊して見玉不動尊への参詣を翌日にのばした。この不動尊についての牧之の記述はつぎのとおりである。

「霊像ハ御長一尺余にて、黒尊仏、行基菩薩の御作にて、当院の本家、中沢清左衛門と申方の守り本尊にて、往昔《むかし》ハ今一軒の百姓と二軒切りなれども、ほし霜移り替り、今ハ三十四軒と成る。此清左衛門宅へ遠近より参詣ノ者繁く、剰《あまつさえ》色々霊験ひとかたならず、民家に勧請する事勿躰なしと、此法印を分家にして、渓水の下た流、清滝の其頂へ移し奉り、四季寒暖の厭なく、籠り人夜々堂内に通夜し絶る事なし。今宥抔《など》も大分籠り人ありて、何れ此院に参詣の者ハ立寄る故、多少居ながら知ると云」

このお不動様は現在も当地の名所であって、駐車場には平日の昼間だというのに、車が四台ほどとまっていた。仁王門から不動堂までの石段は、おそらく牧之のころとかわってはいないだろう。「秋山記行」には、そのスケッチがのこっているが、全体の様子もこのスケッチとことなるところがない。わたしも牧之にならって、行基が開基したといわれるこのお不動様のまえで手をあわせた。

右に引用した文章からあきらかなように、牧之がたずねたころ、見玉の集落は三十四戸の家があった。それでは現在、見玉の集落にどのくらいの戸数があるのか。タバコ屋にはいって、そこの主人にきくと、三十七戸であるという答がかえってきた。二世紀をへだてて、集落の大きさはたいしてかわっていないらしい。牧之とおなじようにわたしもやや空腹をおぼえ、ここで昼食をとることにする。

道路沿いに小さな食堂があるので、そこにはいって山菜どんぶりというのを注文する。文字どおり、このあたりの山でとれた山菜が山盛りになって、それに味噌汁、漬物がついて、六百円という破格の安さである。山菜といえば、牧之はこの秋山旅行中いたるところでさまざまなキノコが食膳に供されるのにびっくりしているが、中津川をはさむ両側の山々をみれば、ここが山菜の宝庫であって不思議なはずはない。

山菜どんぶりで腹ごしらえをしたわたしは、秋山郷にはいる。道路はいよいよ狭く、また傾斜も急になってくる。いつのまにやら、中津川の渓谷が眼下数十メートルのところにみえる。さきに見玉の集落をでた牧之は、この途中の道路の風景をつぎのように書いている。

「古木道路に生茂り、或山の中腹や、又ハ平ラを焼払畑となし、粟・稗・大豆様のもの耕作し、弓手にハ幾重ともなき山重なり、西の山の尾崎に、秋山村々の入口下結東村見へ、其中央を清津の谷川涓々と流れ、又両岸の大磐石突出し、或千巌万木往処として屏風を開くが如く、目枯れせぬ詠に、丹梯《さかみち》の嶮《けわしき》も是が為に忘れ、やゝ秋山の入口清水川原となん（云ふ）村近く、いよ〱老樹枝を交え、白日の光りを覆」

この風景はたいしてかわらない。こんなふうにして、牧之は秋山第一番の入口清水川原に到着した。ここでかれはおどろくべき発見をした。この村はわずか二戸で、それも壁のない家がひっそりとたてられているのを目撃したからである。つまり、柱や壁をつくるのでなく、たんに材木を三角形に土に埋めこみ、そこに茅をかけただけの住居なのだ。この建築様式をかれはこんなふうに書いている。

「抑《そもそも》秋山の惣村々、四五十年以前迄ハ皆掘立家にて、剰《あまつさえ》柱に貫穴杯もなく、又ある木の先きに丸木の桁を渡し、欅《ぬき》は細木を縄にて結附ぬるも、堯代・舜世の聖代二百年余打続、かゝる深山の奥迄も奥住栖もなく人の世となり、自然に村里の風俗行届きて、近頃新らしき家は大小に限らず地幅を居へ、昔の俤《おもかげ》の茅壁こそ面白し」

もちろん現在の清水川原には、そんな風景はまったくみられない。茅葺きの家は多いが、なかには新建材をつかった住宅もある。簡単ながら、食堂もある。交通量はわずかだけれども、自動車はこの山道を行き来している。時代も人間もすっかりかわってしまったのだ。

見玉から約四十五分間、さきほどの清水川原を通過して、大赤沢の集落に着く。ここは魚沼郡の境であり、ここで牧之は左甚五郎作という伝説のある八幡宮を発見した。元来、秋山郷は平家の落人部落ということになっている。それなのに、なぜ源氏の神様である八幡様を祀るのか。牧之は大赤沢の藤左衛門という人物に会って、その由来をきいた。その問答の風景はつぎのように生き生きとえがかれている。

「予ハ、御老人しばしが間休足を頼むと、敷居に腰打掛れバ、是ハ〳〵、こんな山中へ能うちンなされた（といふ）。此家の者も山畑拵の留主居とて、主翁ハ薄き山菅織りの畳二枚敷いて、十歳余りの童を相手に煎茶杯と心を砕くやうに見請けれバ、是々咽も乾かず、腹も減らず、些々昔今のもの語り、謡でハないが、かたつて聞かせ候へと、頻に云ひながら、予ハ畳のうへに、土足ハ莚のうへに寐転んで法螺を耳に当て、先此方より忘れぬ内に問ませう、此村の入口に宮居あり、人に問ふに源氏の八幡宮のよし、都《すべ》て秋山ハ平氏の一族と心得たに、此義訝《いぶかし》と問ふ。老人の答に、こんたいハれる通りなれども、此大赤沢に限り平家にあらず、小赤沢より上、其外の村も平家の末葉にて、此処ハ八幡大菩薩が氏神と答ふ」

さて、この大赤沢だが、八幡宮は依然として健在であり、屋根は朱色のペンキがぬられているが、そのとなりには電電公社の中継所があり、コーヒーやコカコーラの自動販売機もある。このあたりの山から切り出した古木をテーブルや棚に加工した工芸品の大展示場もある。しかし、牧之の時代と同じく、この大赤沢はこんにちも新潟県と長野県の県境になっているのだ。日本人の地理感覚には、こういう、みごとな連続性が残っているのである。

牧之はこの大赤沢で中津川のほとりまで坂道をさらにすすみ、ここでもわずか二軒だけひっそりとのこっている住居を発見した。いたるところで人の話をきくことに熱心だった牧之は、その家をたずねて、「秋山記行」にこう書いている。

「扨も此処纔《わずか》に家二軒雪中抔ハ嘸や淋しからんと云に、女が答に、雪の内ハ里の人《ふと》ハ一人もこない、秋田の狩人時〴〵見え申迄だ。昔より此の村ハ増《タントニモナラズ》もせず、減《チットモナラズ》りもせない。惣秋山中の根本、大秋山とて川西に八軒あったが四十六年以前、卯の凶作に飢死《ヒダルシンデ》して一軒なしに盈《こぼ》したもう、其時も已が村二軒ながら、卯の難渋を兎や角凌いだりや（こそ）、今でハ楽々と食物《くいもん》に乏《はづみ》ない」

ここに「秋田の狩人」と書いてあるのが、わたしにはとりわけ興味があった。というのは、あの有名な秋田マタギは日光でマタギの免許をあたえられ、尾根づたいに日本国中を狩猟民として移動していた形跡がここにもうかがわれるからである。日本は山の多い国だが、マタギのような山地民はいったん尾根にあがってしまえば、あたかも平地を行くがごとく、日本列島は自由自在に移動できたものであるらしいのである。わたしはかつて秋田県の森吉山のあたり、マタギの村をたずねたときの風景を思いだした。

八幡様や工芸品の展示場の密集する大赤沢をはなれて、わたしはさらに南にむかって牧之のたどった道をおいかけることにする。つぎなる目的地は小赤沢だが、大赤沢をすぎたところで道路標識があり、そこには「これより信州秋山郷」とある。おなじ谷ぞいに生活している人々の連続的な生活圏がありながら、まえにもみたように行政というのは今も昔もかわらない。人々の生活とは無関係に峠だの川だのでばっさりと地域をわけてしまうのである。牧之も小赤沢にはいったときには、わざわざ「信濃国小赤沢」とことわりがきをつけているのだ。

そうした俗世界のあれこれとはかかわりなく、風景は健在である。大赤沢をでると、まもなく正面に雲をかぶった鳥帽子岳（二二三〇メートル）や裏岩菅山（二三三七メートル）がぽっかりとうかびあがってきた。ちなみに、このあたりで牧之は甘酒という集落にたちよっているが、この村はいまでは完全に廃村となってしまった。道路わきに「旧甘酒村」という小さな標職がのこっているだけなのである。

小赤沢もどうやら平家の落人伝説と木工品を売り物にしているらしい。「平家の釜飯どんぶり」などという食堂もあるし、「秘境にねむる老木で平家の落人がつくる木工芸品」という看板をかかげた売店もある。

小赤沢の人家を牧之は「扶疎《まばら》に二十八軒の家」とのべているが、ここでもそれほど人口はかわっていないらしい。ただかわったのは人々の生活様式であり、また生活水準である。牧之はこの村で一番あたらしそうな家を桶屋に案内してもらって訪ねたが、その家の様子はこんなふうであった。

「六間・四間位の、此村に稀なる壁塗たる茅檐《かやや》の新宅にて、是や屈強の宿なりと、桶屋先へ進んで戸口へ入るに、能うちんなつたと云ふに、今宵一夜の宿の無心と頼むに、此処ハ米がない、粟飯に茸汁でもよいならと云ふに、米も、味噌も、野菜も持参せり、宿かして呉れバよいと、草鞋解き、秋山の風に土足洗ハねば衣類も穢る故、水盤に行に、莚のうへを泥足ながら爪立行て、洗足して家内を見渡すに、土間住居ながら、座敷と見へたる纔《わずか》の間、殻橡《かち》にして、又、其傍、閨か、もの置処かして、九尺四方の入口に古莚一枚垂れ、勝手ハ所せき迄取り散し、台所も一ッに続いて、切れ莚を敷」

ただ、牧之の観察によると、ここにはたしかに平家の落武者部落とみられても不思議のないような人物がいた。それはこの家にいた三人の婦人である。すこし引用が長くなるが、この家でみた三人の女性を牧之はこうなふうに記録した。

「此家に婦人三たり見へ、家の翁ハ我等より先へ山より帰れど、日落てもまだ当亭主らしきハ山挊して帰らず。倩婦女共の俤を見るに、髪ハ結ども油も附ず。いかにも裾短きブウトウと云ふを着、或、其うへに網ぎぬと云袖なしをも着。如之《しかのみならず》、帯様のものも綻《ほころび》是に順ず。実にや玉簾の内に育し王后も貞に醜あり、譬《たとえ》蓠垂の中に生まれても艶《みやびやか》ある諺の如く、二人の婦人は里にも稀なる面ざしにて、又、一人は肥太とりたる於多福なり。秋山とて、豈衣類・髪・体・言葉社品もやう替るとも、古歌の如く、植て見よ花の育ぬ里もなし心からこそ身ハ賤しけれ、と胸中に独吟して、主兄弟等が帰るを聞」

ここに「ブウトウ」とよばれている衣類は、ぼろの着物という意味であって、いかにも高貴なる祖先をもった一族が落魄した生活をおくっているありさまをえがいてあますところがない。さきほどわたしは見玉での山菜どんぶりにふれ、ゆたかな山菜についてのべたが、牧之があまりにもたくさんの山菜に辟易したのも、この小赤沢村においてであった。

小赤沢での人々の生業について、牧之が観察したところによるとこの村からは、

「粟・稗・荏・木鉢・木鋤・樫・檜・松の盤・桂板・搦檜・白木の折敷、秋ハ干茸・しな縄杯居《なんず》ながら商人が買に来る。又、里へも、庖瘡ある村や市町へハ恐れて売に行ず、其余の村々へハ、何ヶ売にも往となん」

と書いている。してみると、現代の小赤沢の人々がこうして木工品を製作し、販売しているのは、このような伝統によるのかもしれない。

ところで、ここに、この秋山郷の産物として粟・稗、というのが顔を出していることに注意しよう。日本じゅう、どこの山村でもそうであったように、ここでも、米などはつくっていなかった。いや、牧之が土地の人にきいたところによると、秋山郷の農業は焼畑に限定されていたようなのである。その伝統はついこのあいだまでつづいていた。そして、それを実験的に復元してみようというこころみが、昭和五十年、五十一年にわたって市川健夫氏らによっておこなわれた。この調査旅行に同行した胡桃沢友男氏の記述を引用すると、こう書かれている。

「いよいよ焼畑が始まるというので、山の中腹の現場近くに赴いた。傾斜地が約十アールほど伐採してあり、これを小さな谷を隔てて見学するという訳である。今回の計画は原始的な農業形態や技術、ひいては地域文化を形成した遺産を後世に伝えるために保存したいという市川博士の提唱に、この十年ほど前からほとんど焼畑をやらなくなっていた地元の人たちが協力して、昭和五十年から実験的に復活したもので、これが二回目であった」

「このために十日ほど前に伐開して、夏の強い日差しでよく乾燥させてあるとのことで、焼く当日も午後一時頃がよく燃えるのだが、われわれ一行の日程もあって午前十時頃火がつけられた。煙をあげてめらめらとよく燃えたが、それでも午前中は午後に比較して残った灰に、燃え残った木の幹や枝が多いとのことである。周囲の雑木林に延焼しないように、約三米程度は伐採した樹木や草が片つけられていた。約三十分程でほとんど燃えてしまったので、灰がくすぶり続けている焼畑の近くを通って山を降った。これでひと雨あった後に蕎麦を播くと、七十五日で収穫できるという。作物にとってはこの灰が肥料となる訳である」（胡桃沢友男〝私の秋山郷訪問記〟「あしなか」一五八号、昭和五十二年）

つまり、このあたりの人びとの食生活は、こうした焼畑耕作による雑穀類や山菜に依存しており、米を常食にするようになったのは戦後のことなのであった。じじつ、胡桃沢氏の文章に引用されている、長塚節から平福百穂宛に出された明治三十九年の手紙にはこんなふうな記述がみられるのだ。

「中津川の渓谷は越後より信濃へ掛けて秋山と申す地にて、奥へ進めば温泉宿なるに、砂糖も醤油もなく候。茲へ二泊して稗ばかりの焼餅、粟ばかりの飯を食べ申候。家のうちは煙のためにすすげて漆の如くにて候。いくら書いたとてどうしても直接に噺さねばやりきれ不申候」（「長塚節全集」第六巻）

だから、といって、秋山郷をはじめとする日本のかつての山村の人びとの生活が、ただ貧しかったのだ、というふうに断定することはできない。なぜなら、米のほうが粟やソバよりもいい、とする根拠はないし、あとでみるように、このような食生活にもかかわらず、牧之が訪ねたころ、秋山郷の人びとはおどろくべき長寿を誇っていたからである。いまでも、頑健そうなお年寄りが多い。

こんなふうに隔絶した山里に生活している人々にたいして、牧之はきわめてあたたかく、かつ尊敬にみちた言葉で叙述をつづける。牧之が一夜をすごしたこの家は貧しいながらも、村内きってのりっぱな家であったが、物騒な事件はこの村にはいっさいおきていなかった。かれはいう。

「都て秋山の家々に戸鎖なしと聞。当家杯でハ些用心ありたしと云に、此処盗人と云ふ事なく、内へ盗賊這入た例もない、畑もの取られたと云事もない。博奕の、酒の、色事も知らず、又、庄屋殿へ地論・境論の出訴杯《ねがいごとなんず》もない。只夜る昼挊を専とする所と云に、予も尚叉、秋山人の、身にハ拙《つたな》き俤なれども、追従軽薄もなく、里人にも附合ず、世を安く営其心の功、中々里人の及所にあらずと、感嘆骨に刻み、心に銘じ、赤白の旗の語り伝えへも知らず、蝸牛の角の諍もなく、実に知足の賢者の栖とやいはん」

いうなれば、いかに貧しくてもこの秋山の里は、牧之にとって桃源郷であり、またユートピアなのであった。

小赤沢をすぎると、また谷ぞいの屈曲の多い道路である。牧之の時代とおなじように、しばらくのあいだ人家はない。注意深くハンドルをさばきながら、やがて上ノ原につく。ふたたび牧之の文章と狂歌ふたつ。

「上の原となん云ふ家数十三軒なる、兎ある草の家へ立寄り、茶を乞ふにぞ、齢五十斗りの婦、破れたる衣をかゝげ居たるが、俄に、鉄の薬鑵より出流れの渋茶、茶碗にこぼるゝばかり、大なる白木の盆に乗せて出しぬ。

笠脱てしはし休らふ草の庵に蓑虫に似た女子茶を出す

何れ秋山は飲食共に里地よりも多き所なるべし。又、煙草の火を乞ふに、燃る火の附たる八九尺ある柴の先き差出しぬ。是や甚興に入、面白ければ、

たばこの火やりはなしにぞさし出す赤はだに似たほたの長さよ」

もちろんこんなことは昔話。いまの上ノ原は新建材でたてられた農家が十数軒、道路の左手にあたたかい日差しをあびてたちならんでいる。ここで右手をみると、鳥甲山がみえる。ちょうど北東斜面にあたる部分には、残雪がところどころある。その風景はまことにすばらしい。そうした美しい山々をながめながら、わたしはさらに牧之のあとを追って南下する。このあたりまでくると、中津川もほとんどその水源地にちかく、川幅がせばまって、そこに栃川橋というあたらしい橋がかけられている。いまをさる二世紀の昔、牧之があれだけ苦労してあるいた道もこんにちでは、けっして快適とはいえぬが、風光明媚なドライブウェイに変貌していたのであった。

牧之の旅はこのあと「湯本」という温泉でおわっている。とにかく、この温泉までぜひとも行ってみよう、という好奇心からかれは足をのばした。この温泉は川の西側にあり、東側からはいる人はめったにいない。したがって難路である。牧之は、「予ハ、二本の丸木に匍匐《はらぼう》て(渡るに)、水中の大磐石に、白浪砕散つて衣を潤し、西岸の大岩近く、水底藍にして、一処懸命也。哀《あはれ》踏はづさバ鱗《さかな》の餌食とならんと、矢猛《やたけ》心に漸々大磐石に把り付、蘇生したる様に溜息を」ついて、やっと温泉にたどりつき、旅のつかれをいやしたのであった。

わたしは、和山温泉で車をとめてひと休み。ここからさらにさきにすすめば、切明である。牧之はこのあたりまで来て、中津川の西岸づたいにふたたび塩沢にひきかえした。文明の皮肉というのはおそろしいもので、切明から牧之の歩んだ中津川の西側の道をもどる道路はこんにちでは車で通ることができない。わたしとしては、いまきた道をもういちどひきかえす以外に方法はないのである。数軒のひなびた温泉宿がたちならぶ和山の集落をあとに、わたしは方向を一八〇度反転して、おなじ道をもどることにする。

牧之はこの山里まで足をはこび、その風景のすばらしさに詠嘆のことばを惜しまなかった。中津川の奥までやってきたかれは山にのぼり谷間におりて、つぎのような感懐をもらしている。

「老木欝々として、常磐木の中に、時しも様々の唐錦織り交ぜたる如く、瞼岨の山路に衣を褰《かかげ》登る時に、蔓草、或木の枝に把り往に、怪巌奇石所せきまで積重なり、又ハ磐石連らなりて、浮世を忍ぶ中納言藤房卿の隠家もかゝる処なる覧と、勝景に転興を催し、又ハ千歳の古木、小途を塞ぎて、その下影を通り、或《あるいは》晩秋の霜茸朽木に生へて、誰れ狩る人もな麓是や往来の稀故にして、樵父だに逢ず。只錦繍の如き大樹の紅葉暉曜又ハ朦朧として、白日と云ども寂寥たる冷風徐《あもむろ》に吹、蕩々たる渓水徒に響。都て此川東より湯本迄行程二里斗りの処、魍魎《もうりょう》・鬼神の栖とも覚へぬ」

自動車道路の開通した現在でも、この風景に変化はない。ほとんど交通量ゼロにひとしい山道を、またあがったり、さがったりしながら、わたしもまた一日、仙境にあそぶ思いがしたのであった。和山温泉のあたりにくると、もはや高度は千メートルにちかい。植生もだいぶかわっている。夏のはじめだというのに、もう赤トンボがとんでいる。こういう世界のなかで生活していれば、気分もおだやかになるだろう。じっさい、小赤沢で牧之がきいたところによると、秋山郷で農業をいとなむには、それほど困難はないということであった。かれの文章を引用するとこうである。

「此秋山にて百姓に成るハ六ケ敷事哉と云に、家さへ作つて出れバ、九尺二間でも其儘《そんま》百姓になる。昔ハまだ家数も余程の所、去ル四十六年以前の凶年に多く飢死に、断絶《なくなつ》たるものあり。今でハ又相応に家も数々出来たり。故に年々山々も伐り広げ耕作致す也」

つまり、だれでもこの土地にきて家をつくれば、財産権がどうのこうのということもなく、どうにか生活できる一種の共産制のようなものが、いつのまにやらこの谷あいの山里ではできあがっていたようなのだ。

そのうえ、これまでみてきたように食物などは貧弱だったが、牧之は秋山郷に長寿のひとの多いのに驚いている。七十歳、八十歳の人もけっしてめずらしくはなかったし、帰りがけによった結束村では二十九軒の農家のなかに八十歳をこえた老人が四人いたし、九十八歳まで生きた人もいたという。かれのとまった家の老人も七十九歳で、暑さ寒さをいとわず山仕事にはげんでいた。そういうこころ穏やかな生活が長寿の秘訣だ、というふうに牧之はかんがえた。都会の人間すなわち「里人」とくらべて秋山郷の人々の生活全体を、牧之はこんなふうに要約している。

「里人ハ内に七情の気欝し、外にハ色欲を縦《ほしいまま》にし、山海の魚鳥の肉（を）𩩲《ただらか》し、諸々の患、万の悲に心を迷し、夏の虫の火に入り、流の魚の毒穢をハむが如く、胸三寸に煩悩の浪高く、真如の月も舎らず。少しも閑を得る時ハ、予が如く名利名聞の為に、十返舎が著述に（供せんとて）此辺境に奔走（する）も、皆命を削り、齢を縮る媒と悟らんとしても悟りがたきに、此秋山こそ神代の長寿の如く。是天賦を自然に守り来たり、此土地相応の栃の実・楢の実・粟・稗抔を、都鄙の飲食も同じく賞翫し」

「是則天より給る所の此地の産物にして、自仙術を学ぶがごとく、色欲・飲酒も恣《ほしひまゝ》にせず。正直一遍にして、夜戸さゝず。聖代の俤ありて、貢もの迚も九牛が一毛故に、手足叶ふ内ハ、山畑に雨露風霜も厭ず、恰《あたかも》鳥獣の如く馴て奔走す。宿の翁八順になん〳〵として、鶏鳴に起上り、暮秋の朝寒に、綴着ものゝ襟も袖も短かき山袷一ッ着、況股引などハ猶履ず、兀《はげ》たる親椀に盛り上たる粟餅四五盃、箸早に食する様子。或五障三従の訳さへ知らぬ女子迄も、自然に仙境に生れた人のごとく寿ハ長しとかや」

要するに、牧之は十返舎一九の参考資料を入手するために秋山まで足をはこび、そのことによってみずからの「命を削り、齢を縮る」ことになるのだ、という皮肉な自己反省までふくめてこの「秋山記行」でのひとびとの生活のすこやかさに感じ入っているのである。わたしにしても、結局はおなじことで、締め切り日にまにあうように次々と旅をかさね、あたらしい知識を吸収しながらも、なおかつ「七情の気欝し」、その結果、寿命をちぢめているのかもしれない。そこにもってきて、越後湯沢のレンタカー事務所に自動車を返す時間は午後五時ときまっている。こういう厳密な管理社会に生活しているわたしの境遇をおもうと、かつての秋山郷のひとびとの生活は、いっぽうで悲惨でもあり、他方では幸福であったようにもおもわれてならないのであった。

ところで、牧之のこの「秋山記行」には、あえて不幸とはいわないまでも、予期せぬ事件が待ちうけていた。はじめに紹介したように、牧之が秋山郷に足をはこんだのは、十返舎一九のための取材旅行。こんにち流にいうなら、牧之は、一九という流行作家の助手のごとき役割をみずからに課していたのである。だからこそ「予が如く名利名聞の為に、十返舎が著述に供せんとて此辺境に奔走」しているのだ、という自戒もあったのであろう。ところが、せっかく、こうして精魂こめて書きとどめた取材ノートは、一九の手もとに届かなかった。それというのも、一九は、牧之からのノートを心待ちにしながら、不帰の客となってしまっていたからだ。

完全主義者の牧之は、秋山郷での経験を整理し、文章を推敲し、きっちり体裁をととのえて一九のもとに送ろうとしていた。それればかりではない。いわば、ノンフィクションの「秋山記行」を素材として、もうひとつ、一九もどぎの戯作紀行文まで牧之は書いた。だから、一九に約束してから、あしかけ三年の時間が経過してしまった。完成したのが天保二(一八三一)年。牧之はその跋文に「此実録の記行と戯作の二本を一九うしに贈る」と書いている。だが、以上のようなわけで、受取人たる一九は、もはやこの世の人ではなかった。牧之は、跋文に追記して、こういっている。

「此両冊、十返舎へ贈り、開板を急がんとせしが、嗚呼悲しい哉、一九子、此晩秋帰らぬ旅に赴きしよし海内に轟く。其俤、頻りにゆかしく嘆息に堪へず。実にや王侯の尊きも黄金の鎖にても繋ぎ難きは魂の緒なりけり。跡式のものより三九といふが十返舎になるよし知せありしも、未だ其器を知らず。此工夫空しくなりぬ」

一九も、おそらくは「胸三寸に煩悩の浪高く」、すなわち、ストレスの多い江戸の生活のなかで神経をすりへらしてしまったのであろう。だが、わたしは、牧之が「此工夫空しくなりぬ」といってい るのは、けっして正しくないとおもう。なぜなら、この秋山郷の記録はそれじたいすばらしい作品だし、またここにのべられているような当時の生活の事実そのものが、一九への弔辞であるかのようにもみえるからだ。わたしも、「夏の虫の火に入」るような生活をしないよう、みずからを戒めなければなるまい、とおもった。

あとがき

この文章は一九八三年に雑誌「歴史と人物」(中央公論社)に一年間連載した「紀行を旅する」という記事のひとつである。東北地方から沖縄まで、かつて江戸時代の作家たちが残した紀行文を片手にそれらの旅人がたどった足跡をもういちど訪ねるというのがその趣旨で、わたしは毎月、旅をしながらこのシリーズを書いた。そしてこのシリーズでは「それなりの調査法」にしるしたような技法をふんだんに使ってみた。わたしはこの旅行では行く先でレンタカーを借り、シガーライターを電源としてテープレコーダーをまわし、小型コンデンサーマイクをシャツの襟にとりつけて運転しながら目にはいる風物を録音し、助手席には原本を置いて、ときどき停車してはそのたんびにその古典のその部分を読み上げたのである。こうしてむかしの紀行文といまのわたしの見聞とを織り交ぜた録音ができあがり、それをあとで筆記して、さらに推敲するという趣向。だから

「走りながら書く」という題名にしてみた。交通妨害にならないように場所をえらんで停車し、資料を整理していると、ときどきパトカーに「なにしてるんですか？」と問われることもあったが、おまわりさんにはなかなか趣旨が通じなくて往生した。

3　大学をめぐって

「道楽」としての学問

明治四十四年二月、夏目漱石は文部省から授与されようとした文学博士の学位を辞退した。なぜ彼が学位を辞退したか、についてはいろいろな説があるようだが、それはさておき、おなじ年の八月にかれは兵庫県明石で『道楽と職業』という演題で、この事件と関連のある話題をとりあげ皮肉とユーモアをふんだんに駆使して活気にみちた名講演をおこなっている。これは平易な公開講演だが、かれの晩年の「学問論」としておおいに注目すべきものだった、とわたしはおもう。このなかでかれはこういう。

「あなた方は博士というと諸事万端人間一切天地宇宙のことを皆知っているように思うかもしれないがまったくその反対で、実は不具の不具の最も不具な発達をとげた者が博士になるのです」

かれによればそもそも学問だの芸術だの、およそ文芸の領域での人間の活動は、本質的に「道楽」

なのであって、

「芸術家とか学者とかいうものはこの点においてわがまま者であるが、そのわがままのために彼らの道において成功する。他の言葉でいうと、彼らにとっては道楽すなわち本職なのである。彼らは自分の好きなとき自分の好きなものでなければ書きもしなければ、こしらえもしない。いたって横着な道楽者であるが、すでに性質上道楽本位の職業をしているのだからやむをえないのです」

「本来からいうと道楽本位の科学者とか哲学者とかまた芸術家とかいうものはその立場からしてすでに職業の性質を失っているといわなければならない。じっさい今の世で彼らは名前には職業として存在するが、実質の上ではほとんど職業として認められないほど割に合わない報酬を受けているのでこの辺の消息はよくわかるでしょう。現に科学者哲学者などは直接世間と取引しては食っていけないから大抵は政府の保護のもとに大学教授とかなんとかいう役になってやっと露命をつないでいる」

つまり学問というものは「自分のためにやっているもの」なのであってこれは「道楽」以外のなにものでもないというのだ。このような漱石の哲学は『吾輩は猫である』の中に登場してくる「高等遊民」たちが暇をもてあましてまったく世俗と関係のないのんきな会話をたのしんでいる姿からもわかる。かれらはべつだん世間のためになろうなどという高邁な精神などまったくもっていない。漱石の年譜をみると『猫』が書かれたのは明治三十八年。そしてこの年にかれは大学をはなれ、文筆業者として生きてゆく決意をかためたわけだから、この「道楽論」はかれの精神の軌跡を追ううえでも興味深い。

じっさい、歴史をふりかえってみれば、近代社会成立期の「学者」というのはべつだん「職業」ではなかった。たとえば徳川時代に活躍したおおくの学者をかんがえてみよう。たとえば山片蟠桃《やまがたばんとう》は大阪の商家の番頭。本名は升屋小右衛門。番頭だったからペンネームが「蟠桃」というわけ。ところが、かれは学問が好きで、懐徳堂で勉学にはげみ、その結果商売のかたわら『夢の代』のような名著をのこした。海保青陵《かいほせいりょう》は家老の家に生まれたが、三十五歳のときに宮津藩の職を辞して自由人になり、日本各地を巡歴して、豪商、豪農を訪ねながら「飢寒を凌」いだ。時代とジャンルはちがうが、松尾芭蕉の『奥の細道』を成立せしめたのも東北各地に散在する俳諧を「道楽」とする豪商たちがスポンサーになってくれていたからである。いまでこそ、これらの名前は偉大な思想家、俳人としてのこっているが、かれらは例外なく「自営業」であって、べつだん定期的な収入があったわけではなかった。かれらはみずから学問や文芸を愛好してやまない「道楽者」であり、またありがたいことにこれらの「道楽者」をひそかに支持してくれる「大衆的道楽者」もすくなくなかったのだ。べつだん「官」に勤めて禄をもらう身ではないから、かれらの立場はまったく自由であった。

べつなことばでいえば、そもそも学問、芸術というのは自発的な精神のいとなみであり、それが「職業」になる、などということじたいがおかしいのである。漱石流にいうなら、すべては「道楽」。それでいいのである。ケンペルは日本を旅行して農民たちが俳諧をたしなむのをみて、「日本では農民も詩人である」と感嘆したが、農民にとっての俳諧は趣味、道楽であって、そんなものを「職業」

にしていたわけではなかった。

ところで、漱石がこの講演をおこなった明治四十四年というのは西暦では一九一一年のことなのだが、ほぼ同時期、正確にいえば一九一九年に西欧では漱石とは関心領域も哲学もまったく対照的なひとりの人物が「道楽論」とはまったく正反対な講演をおこなっていた。マックス・ウェーバーである。そしてその講演の記録が、あの有名な『職業としての学問』であった。

おぼろげな記憶をたどってみると、わたしが学生時代にこの書物を読むことになったのはウェーバーの有名な「価値判断からの自由」やら、「理論と政策の分離」やら、あるいは「天職」の概念やらを勉強するためであったらしい。しかし、いま読みなおしてみると、これは「学者」の学問についての方法論を説いた書物ではなく、大学という「職場」の中で教職につくことを念願している「職業的大学教授予備軍」にむかって「大学教授」たる者の心得を説いたマニュアルのようなものであるような気がする。

たしかに、ウェーバーはこの書物の後半で学問の方法論やみずからの哲学を説いているけれども、冒頭の十ページほどは助手の身分の者は主任教授にたいして出過ぎたことをしてはいけないとか、隣接領域には手をだすなとかいったことをことこまかにのべ、そもそも大学で「職」を得ることがいかに難しいか、そして大学での就職は「僥倖」以外のなにものでもない、といったきわめて世俗的なはなしばかりなのだ。そしてかれはくりかえし、教職にある者が「給与をもらっている身」であるという事実を強調し、ドイツの若手学者が「私講師」という不安定な身分なのにアメリカでは「助手」という給与生活者の身分が保証されていてうらやましい、などといっているのである。こんなことをいうとウェーバー学者からは叱られるだろうが、いま再読すると、この書物は、一見したところきわめて禁欲的、倫理的なきびしい学問論のようにみえるけれど、これは「大学」という「職場」の中での「職業としての学問」論なのである。

だからといって、わたしはべつだんウェーバーを批判しているわけではない。むしろ、二十世紀の初頭にこの『職業としての学問』という表題の書物が発行されたことじたいに象徴的な意味を感じてしまうのである。ちょうど漱石が「道楽」を論じ、学者たちが政府の保護のもとに「大学教授」という「職業」につきはじめたことを皮肉たっぷりに論じていた時代は、まさしく世界的規模で大学がその組織化を大々的に展開し、「学者」のおおくが自由人であることをやめて「大学組織」の中に組み込まれはじめた時代だったのである。漱石はその潮流に疑惑をもってみずから大学教授の職を辞した。それに対してウェーバーは、あらたな知的集団としての大学組織の中で「学者」が「大学教授」という肩書のもとでどのように行動すべきかを説いたのである。漱石とウェーバーという取り合わせは奇異な感じをあたえてしまうだろうが、わたしはこのような意味でこの二つの講演を対比してみたくなってしまったのである。

そもそも「大学」というものがいつはじまったのかについては、すでにたくさんの研究がある。西洋では中世のはじめにボローニャにはじまったというし、また日本の歴史をふりかえってみても、すくなくともことばのうえでは律令時代から「大学寮」というものが存在していた。

しかし、われわれが現在目の前に見ている「制度」としての「大学」はあきらかに二十世紀になって成立し、おどろくべき速度で成長してきたものであるようにおもわれる。そして、この「成長産業」の背景には、近代国家を支えるためにはすぐれた人材が必要だ、という国家の「政策」がはたらいていた。じじつ、日本の大学の歴史をかんがえてみても、大学の「目的」はそもそも「国家有為の人材」を育てるための機関として法律にも明文化されていた。漱石が「政府の保護」によって大学教授という「職業」ができあがったとのべたのは、その意味ではただしい。とりわけ理工系の学問では、近代産業技術を迅速かつ効率的に発展させてゆくための「人的資源」の大量確保が必須の条件だったから、おびただしい数の科学者や技術者を育成するために、おおくの教授たちが大学に「職」を得た。

さらに、一九五〇年代以降は世界的にみて「大学インフレ」の時代に突入し、高等教育は一部のえらばれたエリートのためのものではなく「大衆」のためのものとなった。数字でこれを見ると、一九九七年現在、日本での大学進学率はほぼ五〇パーセントに達し、かれらを収容するために大学、短大をあわせて合計一千をこえる高等教育機関が全国に散在している。またこのおびただしい数の学生を教える全国の大学教授の数は合計二十万人を突破した。こんな状況の下では、もはや「道楽としての学問」などすっかり影がうすくなるのは当然だ。天下の大勢としては、大学や研究所で「給料をもらう」人間たちが「職業としての学問」に従事することになってしまったのである。べつなことばでいえば、現代社会では「学者」と呼ばれるひとびとはかつてのような「自由人」ではなく、ことごとくが「サラリーマン化」した「組織人」になってしまったのだ。

マックス・ウェーバーはその点では先見性があった。かれは当時の大学を論じてそれが「金権主義的」「官僚主義的」であること、そして高度の理工系研究所などが「国家資本主義事業」であることを明確にとらえていたからである。つまり、日本だけではなく、いま世界のおびただしい数の大学で教壇に立ち、あるいは研究室で研究をつづけている「学者」たちは何らかの形でまさに官僚主義組織の中に組み込まれるべく宿命づけられているのである。

そのことは現代の大学教授諸氏の口にする不満からもわかる。かれらは教育や研究といった本来の「職務」のほかにいかに「雑用」が多いか、に悲鳴をあげている。ここに「雑用」というのは、要するに組織の運営管理にかかわる行政事務処理のことだ。そして「大学の自治」といえばキコエはいいが、かれらはつねになんらかのかたちで「組織」としての大学の一員としておおくの仕事に従事しなければならないのである。「好きなときに好きなことをやる」という「道楽者」としての学者の姿などはもはやありはしない。なにしろサラリーマンなのだから、いやなことでもやるのが「義務」なのである。「職業」である以上、こればかりはしかたがない。

ふつうのサラリーマンのことを世間ではやや憐憫の情をこめて「会社人間」とよぶ。そして組織化が進行した社会のなかでの人間の実態についてはすでに一九五〇年代から、たとえばウィリアム・ホワイトの『組織の中の人間』などが論じてきた。しかし、大学教師たちもまた「大学」という組織のなかの人間であるかぎり、かれらと「会社人間」とのあいだにたいしたちがいはない。かれらもまた「大学」という名の官僚組織のなかに組み込まれた「大学人間」なのである。

ところで、ここで注意しておかなければならないのは「大学」というものが、すでにのべたように、もともと西欧では同業組合から発生しているという事実である。同業組合だから同業者仲間はその結束が固く、外部の世界にたいして、きわめて閉鎖的かつ排他的であるのが特徴だ。その西欧の大学の伝統は、不幸なことに近代日本の大学にも伝染した。そしてその同業組合的伝統は現在の学問の世界では「学界」という名でよばれる閉鎖集団としてうけつがれている。この「学界」という閉ざされた小宇宙は、さらにそれぞれの「専門」によってもろもろの「学会」という極小宇宙に細分化され、それらを基礎にして日本のばあいには「学術会議」という名の「同業者組合連合会」のようなものをつくりあげている。

かつての学問はその点ではかなりひらかれた性質のものであった。アメリカの社会学者ロバート・ベラーが発見し、評価した石田梅岩の「石門心学」などは一般の町人たちだけでなく男女をとわず、庶民を相手に形成された学問の流派だったし、さきほどあげた山片蟠桃の学んだ大阪の懐徳堂もきわめて平等主義的な市民の学問であった。ところが、近代組織としての「大学」はそれと逆行するかのように、学問を閉鎖主義的な組織のなかで独占するという傾向をもちはじめたのである。現在世界にはおびただしい数の「学会」が存在しているが、そこに入会するための入会資格は、おおむね大学や研究所で「職業」をもっているということだ。「無職」の人間はその会員になることがゆるされない。同業者組合はその独占的権益をまもることにおいては他のもろもろのギルドとまったくおなじなのである。

こうした国家の庇護によってできあがった独占的な「学問」の組織は一般に「アカデミー」ということばでよばれる。たしかにその語源からいえば、古代ギリシャでの「アカデミア」はプラトンのつくった私塾のようなもののことであったらしいが、近代国家の成立、そしてこれまでみてきたような国家権力の保護による高等教育や研究施設の完成によって現代語としての「アカデミー」とは、おおむね「官学」のことを意味する。そして「アカデミズム」とは大学を中心とする学問の総称として理解してもいいだろう。国立大学は、そもそもの定義からして「官学」だが、私立大学もその経営のすくなからぬ部分を国家からの補助金によってまかなっているわけだし、なによりも日本の「大学」はことごとく文部省の認可のもとに設置され運営されているのだから、これも「準官学」であり、大学教授という名の「学者」たちは、ひとりの例外もなくなんらかの形で国家官僚組織の末端に位置しているとみるべきであろう。この事実はこのさい、はっきり確認しておいたほうがいい。

こんなふうに「学界」が成立し、かつ肥大したおかげで、ついこのあいだまで「学問」がもっていたのびやかで真摯な精神は、「職業としての学問」に従事するせまい意味での「学者」たちの勢力のまえに影がうすくなってしまった。そしてアカデミー、すなわち「官学」に所属しない学問は「在野」の学、あるいは「民間学」といったような名前で区別されることになってしまった。

たとえば明治維新以後、日本の医学はことごとく西洋医学に統一されてしまったから、それまで十世紀以上にわたって日本の医学と薬学をささえてきた東洋医学や本草学は「学界」の仲間になることができず、それは「民間薬」だの「民間療法」だのといった「民間」のアヤシゲな習俗というふうに解釈されるようになったのである。

「天文学」も実態からいえば、今や「民間学」の側面がつよい。たしかに国立天文台という施設があり、そこですぐれた天文観測がおこなわれていることをわたしは知っているが、日本の大学のなかで「天文学」という講座が開設されている事例はかぞえるほどしかない。この学問はいくつかの大学の理学部のなかでわずかな研究者がのこっているだけなのだ。その結果、たとえば新星の発見のおおくは、大学と関係のない天文学者によっておこなわれている。奇異なことに、そういうひとびとのことをジャーナリズムは「アマチュア天文学者」というが、冗談ではない。「アマチュア」どころか、これらの人物こそが真正の「天文学者」なのである。これを「アマチュア」というのは、かれらが「大学」に所属していない、というだけのことなのではないか。

なによりもわたしなどにいわせれば、「民間学」などという表現じたいがおかしい。事例を挙げていけばキリがないが、たとえば南方熊楠がのこしたあの巨大な博物学的業績は日本近代が誇るべき偉大な知的遺産であったが、かれが「大学」や「学界」に所属していなかったがゆえに、その業績は現在も「民間学」としてしかとらえられていないのである。牧野富太郎の植物学におけるあの業績も、結局は「民間」のものであって、大学を拠点にする「学界」からはほとんど無視されてきている。じっさい、牧野は独学の植物学者だが、東京大学の植物学教室では完全に冷遇されつづけた。

また、いまでこそ諸橋轍次の『大漢和辞典』は最高の権威をもつ辞典としてその地位を確立し、また諸橋は牧野とならんで文化勲章を受章してその功績は認知されたが、あのすさまじい作業も「学界」とはあまり関係がなかった。たしかにかれは文部省から派遣されて中国で勉学の機会をあたえられてはいたが、その生涯を大学とはかかわりのないところでおくった。

もうひとつ事例をあげておこう。日本各地を巡歴し「常民」の思想と行動をこまやかに記録した宮本常一の学問もまた「民間学」である。そして宮本などを頂点として、日本各地にしっかりと根をおろした「郷土史家」たちもまた、栄光ある「民間学者」だ、といってさしつかえあるまい。これらのひとびとによって、日本の風土や地理、歴史は刻々と採集され、記録されて、われわれにおくのことがらをおしえてくれているのである。それなのに、かれらは「学界」の成員でないがゆえに「学者」としてその正統性をあたえられていない。

しかし、これは本末転倒というものであろう。そもそも学問というのは勉学熱心な人間がその内発的な知的好奇心のおもむくままにつくりあげてきたものであって、それこそが学問の正道であったはずなのである。その正道をゆく学問が「学界」の支配する社会のなかではむしろ少数派、ときには異端者となって「学問」としての評価をうけることができなくなってしまってきたのがここ一世紀の知的世界の歴史だったのではないか、とわたしはおもっている。

日本だけではない。世界各国で「民間学」は「学界」から正当な認知をうけていなかった。たとえば『昆虫記』の著者アンリ・ファーブルの名はだれでも知っているが、ファーブルもまた独学者だった。南仏アビニオンに生まれたファーブルはひたすらちいさな生物の生態に興味をもち、あのこまやかな観察によって精密な記録をのこした。その甲斐あって、かれは博士の学位を手にいれることはできたが、大学に就職することはできず、その生涯を南フランスの中学教師としておくった。

『森の生活』で自然と自我との対話をつづり、アメリカの瞑想的哲学をつくったヘンリー・ソローはその本職は測量技師であった。いちど教職についたこともあったが、当時の教育制度に疑問をもち、大学とはまったくかかわることなく思索をふかめ、『市民の反抗』によって「不服従運動」を思想の問題としてとりあげた。かれのこの書物がマハトマ・ガンジーやキング牧師にまでつよい影響をあたえたことはいうまでもあるまい。

こんな事例をあげていったらキリがない。「大学」に所属しない学問を「民間学」とよぶなら、近代から現代までの思想や科学技術をささえてきた人物のかなりの部分は「民間学者」だったのである。

いや、もしもここにトマス・エジソンだの、ヘンリー・フォードだのといった人物を「民間学者」のなかにかぞえるなら、近代産業は「民間学」の所産であった、とさえ断言できるのではないか。

すでにマックス・ウェーバーが明快にのべたように（いや「告白」したように）「職業としての学問」に従事する「大学人」は「給与をもらう」サラリーマンたちである。しからば、「民間学」のにない手たちはどのようにして生計をたて、研究をつづけていたのであろうか。かれらはさまざまな苦労をしなければならなかった。いま、ここにあげたファーブルやソローのように大学のそとで世俗的「職業」をもち、かたわら、それぞれの心のおもむくままに「学問」の道を追究するということはごくふつうだった。「郷土史家」のおおくも、その研究に専念することはできず、おおむね「本業」をもっている。漱石はこともなげに「道楽」というが、他に「本業」があり、その合間に「本業」とかかわりのない学問をするのだから、「道楽」といってもこれはなかなかきびしい。

幸運にめぐまれた「民間学者」は、中世以来つづいている公益事業家によって保護、奨励されることもあった。わかりやすくいえば、パトロンによる援助である。宮本常一のばあいは、小学校の教師をしていたが、やがて渋沢敬三の「アチック・ミュージアム」から援助をうけてあの膨大な民俗の事実を集積し、比較検討することができた。櫛田民蔵、大内兵衛、森戸辰男、笠信太郎といった社会科学者たちが、その研究の場をあたえられたのは倉敷紡績社長、大原孫三郎のつくった「大原社会問題研究所」においてであった。

じっさい、ハウザーの古典的名著『芸術の社会史』をひもといてみるならば、およそ学芸という一見不要のものに理解をしめし、おもしろそうだ、というので学者や芸術家を庇護し、援助してきたのはパトロンという名の援助者たちであった。中世では王侯貴族だったが近代社会では大富豪。ブルジョアである。西洋ではメディチ家をはじめとする巨大な資産家。その伝統はアメリカのフォード財団、ロックフェラー財団から、いまではビル・ゲイツの財団などにつながり、日本ではいまみた渋沢家や大原家をはじめ大小さまざまな財団がある。財団とまでゆかなくても、本業とまったく関係のない研究所をつくったり民間の学術団体だの探検隊だのに多額の寄付をしている事例はいくらでもある。いや、そういう学問を援助する行為こそが「選ばれた者の義務」(ノーブレス・オブリージェ)というものなのであろう。学芸のパトロンになる、ということは「道楽」を援助するということである。そのためには「道楽」というものがどれだけだいじなものであるか、についての深い理解と洞察力が必要だ。そういうパトロンによって「民間学」は支えられてきているのだ。べつなことばでいえば、政府権力とかかわりのない民間の力が「民間学」に結集しているのである。

そうしたパトロンとならんで、「民間学者」たちをだいじにしてきたもうひとつのスポンサーは新聞、出版社など印刷メディアだった。冒頭に引用した漱石のばあい、かれがあれだけのびやかに「道楽論」を展開しえたのは、近代出版業が軌道にのり、文筆業による印税収入があったからであり、また明治四十年、朝日新聞から招かれてその「社員」としての収入も確保されるようになっていたからである。諸橋のあの『大漢和辞典』は十五年にちかい歳月をついやし、助手九十名、出版関係者の総労働時間は延べ二十五万日という大事業だったが、これを終始援助したのは大修館書店であった。すぐれた著者をもてば、出版事業は利益をうることができる。その利益の一部は当然、著者にも還元される。そこで著者が手にいれることのできる金銭は「給料」ではないが、収入であることにまちがいはない。漱石はその事情をこんなふうにいっている。

「幸いにして私自身を本位にした趣味なり批判なりが、偶然にも諸君の気に合って、その気に合った人だけに読まれ、気に合った人だけから少なくとも物質的の報酬を得つつ今日まで押してきたのである。いくら考えても偶然の結果である」

たしかにこれは「偶然の結果」かもしれないが、すぐれた学問の結果は書物になる可能性がたかい。もちろん、学問の分野によって、その可能性にはかなりのバラツキがあるけれども、出版社と編集者は「学問」や「芸術」の世界での「目利き」という役割をもっている。近代日本は、その先駆者として蔦屋重三郎のような有能な出版人にめぐまれ、明治以降はたとえば岩波茂雄、滝田樗陰、下中弥三郎、野間清治といった名出版人、名編集者にめぐまれてきた。いや、そもそも出版社というものは「営利事業」でありながら「志」によってはじまった企業だから、学問の成果の発表の場を用意することをその使命としてきた面がすくなくない。たとえ、その発行部数がわずか千部であろうと、「いい本」をだすことに生きがいを見いだす編集者はたくさんいた。いまでもそうだ。営利的大衆出版に徹しているようにみえる出版社でも、その利益の社会的還元として赤字覚悟の学術出版をおこなうことがしばしばである。そういう使命感をもった「目利き」もまた民間学の支援者として銘記されなければならない。

しかし、「民間学」というもの、さらにその根本にある「道楽」というものは金銭的な損得勘定とは無縁な性質のものであった。学問をするから、といってその報酬をもとめたりするのは道楽の趣旨に反するのである。いや逆に身銭をきって、ソンを承知でなおそこによろこびを感じるのがそもそも「道楽」というものだ。高価な釣り道具をそろえて、わざわざ遠方まででかけて好きな釣りに興じて、しかもいったん釣った魚をそのまま渓流にもどして一日をすごす、というのは道楽である。なんのトクにもならない。ソンである。ムダな出費である。時間だってムダ。なにもかもムダを覚悟でやるから道楽はたのしいのである。それにだれにも迷惑をかけるわけではない。

なぜ、こんなムダなことがたのしいのか。それは「道楽」というものに「目的」がないからである。もちろん結果として、その道楽の結果がなんらかの社会的・文化的貢献につながる、といったことはあるだろう。だがそれはあくまでも結果論であって、道楽者はひたすら目的感覚などもつことなく、おのれをたのしませているだけなのである。そしてそのことは、人間の行為のなかでの「目的論」というものへの疑問にもつながってくる。

これまで多くの学者が説いてきたのは、およそ人間の行動には「目的」がある、という一見したところ自明の前提であった。たとえば交通安全という目的達成の手段として法律をつくったり信号機をとりつけたりする。健康状態をみるための手段として血圧をはかったり血糖値を計測したりする。恋人の歓心を得たいという目標があるからその手段としてバラの花を贈る……人間のすること、だいたい「手段・目的関係」で説明できる。もろもろの「しごと」や「職業」だっておおむねおカネが目標だといってよかろう。したがって「目的論」というのはいろんな事象を説明するのに有効である。「家族のため」「会社のため」「老後のため」、このごろはあんまり流行らなくなったけど「お国のため」というのもある。こういうふうに「……のため」を連発するのは、いまこうして生きていることが「手段」だ、ということでもある。

だが、はたしてそうか。それがわたしの目的論についての疑問の根源なのである。だいたいこの地球上には何千万種類かの生物が生息している。ミミズもいるし、モモンガアもいる。アザラシがいるかとおもえばウジムシもいる。タンポポも咲くし、スギの木もそだっている。そのすべての生物はなにかの「目的」をもって生きているのであろうか。どうもそうではなさそうである。

ずいぶんむかしのことになるが、わたしは今西錦司先生が「生物」を「生きるために生きているものである」と定義なさっているのをはじめてよんだときすくなからず当惑した。なんだかことばのアヤみたいにきこえたからである。だが、「目的論」への疑問をもつようになってから、この今西先生の定義がだんだんわかってきた。うちの庭にでてみるとおびただしい数のアリが地面をウロウロしている。コケや雑草があちこちに生えてきている。このアリや雑草はたしかに「生きて」いるが、はたしてこれらの生物に「目的」があるのか。そんなものありはしない。しいていうなら今西先生のおっしゃるように「生きるために生きている」としかいいようがあるまい。

生命現象は自己目的的なのであって、べつだん「手段・目的関係」で説明できるものではないのである。昆虫がタマゴを生むのは「種の保存のため」などというひとがいるが、トンボやカマキリがそれぞれ子孫繁栄をねがって、その目的達成の手段としてタマゴをのこすわけではあるまい。しいていえば、これは神の摂理というしかない。その摂理は「目的論」などという小ざかしい理屈とは関係なさそうである。

こんなふうに考えるとほっとした気分になる。じぶんのすることなすこと、ことごとく「道楽」だと観念すればよろしいのである。読書などもそうだ。わたしはこどものころから本をよむのが大好きで、講談、落語はいうにおよばず小説から学術書、専門書、手あたりしだいになんでもよんできた。いまでもその習慣はかわることなく、だいたい毎日なにかを読んでいる。簡単な新書だったら一日一冊。なにをよむかはその日その日の気分しだい。たとえばおとといは三田村鳶魚『御殿女中』、きのうは安藤更生『銀座細見』、そしてきょうはとどいたばかりのアメリカの総合雑誌「ハーパーズ」の今月号といったぐあい。なんの系統も原理もありはしない。おもしろそうな本を手当たり次第によむのである。よんでみて、ああおもしろかった、といって一日がおわる。いうなればわたしにとって読書とは「読書のための読書」であって、それ以外のなにものでもない。現役の教授だったころは、講義の準備のための「手段」としての読書に忙殺されていたときもあったが、いま隠居の身になってみれば、読書に「目的」などあるはずがないのである。

音楽もきく。演奏会にゆくこともしばしばである。まことに気分がよろしい。なんのためにきくのか。たのしいからである。これも自己目的。なにか目的あっての手段ではない。カメラをもっていろんなものを写真にとる。とった写真はコンピューターで処理してプリントしたりディスクにいれて保存したりするが、これも「写真のための写真」である。プロの写真家なら、シャッターを押すことはそのまま職業であり、生計の「手段」だが、われらアマチュア気まぐれ写真は、どこかに発表するためのものではない。シャッターボタンを押すことがたのしいので、あとはどうでもいい。ときに、あんまりしたしくもないのに家族の写真などをひとにみせたがる人物がおられる。でもそういっては失礼だが、そんな写真、みせられたって、べつだんなんの感興もない。はっきりいって、はなはだ迷惑である。

釣りの好きなひとは「釣りのための釣り」をたのしみ、陶芸をやるひとは土の感触を感じながら「陶芸のための陶芸」をやっている。俳句、スケッチ、登山、その他もろもろ、ふつう「趣味」といわれているものはことごとく自己目的である。特別の「目的」があるわけじゃない。ぜんぶ「道楽」である。園芸、短歌、茶道、ダンス……いろんな「趣味」があって、それぞれにたのしんでおられるのは結構なことだが、すべて「道楽」すなわち目的なき行為、とみるのがよろしい。「趣味」というとなにやら高尚なことのようにきこえるが、その意味するところは「道楽」と同義である。

そんなことをいうと、ウォーキングは健康の維持と向上を目的にしてあるいているのだ、とおっしゃるかたもおられるだろう。絵を描いたり読書したりするのは教養を高めるという崇高な「目的」があるからなんだ、と力説なさる向きもあろう。だが、そんなにがんばって「目的意識」なんかもたないほうが気楽である。学問だっておなじこと。「学問」ということばをきくとたいそうなことのようにおもうひともすくなくないようだが、やさしくいえば「学ぶ」ことである。その「学ぶ」ことはべつだんおカネとは関係ない。近所を散歩して、路傍の雑草の写真をとり、それがなんという名前の植物なのかを図鑑でしらべるのも「学問」だし、夜空をながめて星座の関係を観察するのも「学問」だ。なにも肩肘張る必要なんかありはしない。「学問」はヒマ人のヒマつぶしであっていっこうにさしつかえないのである。いや、そこにこそ「学問」の醍醐味があるのではないか、とわたしなどはかねてからかんがえている。

さいわいなことに、高齢化という人類史上、予想もしなかったようなあたらしい社会がやってきた。男女を問わず、無職の隠居がおびただしく増加したのである。べつなことばでいえば世間と利害得失のないヒマ人がおどろくべき勢いでふえてきたのである。ヒマな人間とは「道楽」をたのしむことのできる「道楽者」である。「道楽」なのだから、なにをしたって遠慮するにはおよばない。そしてその「道楽者」の大軍のなかに、じつはたいへんな数のひとびとが「道楽としての学問」をたのしみはじめていることにわたしは気がついている。それというのも、日本各地、どんなちいさな町村をたずねても、そこにはかならず郷土の地誌や歴史にくわしい研究者がおられるからだ。もちろん、むかしから「古老」とよばれ、ときには「郷土史家」とよばれるひとびとがいた。しかし、その数がここしばらくのあいだに増加しているのである。男女を問わず、その土地の学校で定年をむかえた先生などはもちろんのこと、熱心な老人たちが旧家の蔵にあった古い文書などをさがしだしてそれを会読したり、神社仏閣の由来を研究したりしておられる。わたしなどは若いころからほうぼうの村をまわって年寄りのはなしをきくことにしてきているが、いまでは当時とはくらべものにならないほど物知りの老人がふえた。ヘタをすると大学の先生など太刀打ちできないほどしっかりした史料で研究しているグループもあるし、これだけコンピューター化がすすむと「機関誌」などもすぐにできあがる。みごとである。

万葉集研究会、源氏物語を読む会、など古典文学はもとより、英独仏などのことばを勉強しているサークルもある。ちゃんとみなさん「道楽としての学問」をなさっているのである。なにしろ「道楽」なのだからヒマつぶし。損得も責任もありはしない。そして、これこそが「学問」のあるべきすがたであろう、とわたしは力強くおもっている。

結局のところヒマというのはそれじたい完結した行為なのである。なんとかの「ため」になにかをする、という「手段・目的関係」でややこしい理屈をいわないのがヒマの本質であり醍醐味なのだ。旅にでたけりゃ旅にでる。本を読みたきゃ本を読む。あとは野となれ山となれ。

というと無責任といわれるだろうが、ヒマというのは無責任であってよろしいのである。もとよりひとさまにご迷惑をおかけしてはいけない。ご迷惑にならない範囲内なら、だいたいなにをしようとかまわない。なにしろ道楽というのはすべてじぶんのためにすることなのである。

こういう無目的のヒマな人生について、バートランド・ラッセルはその名エッセイ『怠惰への讃歌』のなかで、こうしるしている。

「ひまをうまく使うということは文明と教育の結果出来るものだといわなければならない。生涯、長い時間働いて来た人は、突然することがなくなると、うんざりするだろう。だが相当のひまの時間がないと、人生の最もすばらしいものと縁がなくなることが多い。多くの人々が、このすばらしいものを奪われている理由は、ひまがないという以外になにもない」

ヒマという「人生の最もすばらしいもの」のひとつは「道楽としての学問」であるに相違あるまい。そうかんがえると高齢化社会もまんざら捨てたものではないのである。

あとがき

この文章はもともと雑誌「本とコンピュータ」（一九九八年秋号）に書いた「電子時代の「民間学」を論ず」というエッセイを加除訂正し、それに「ヒマもなかなか忙しい」（『隠居学』講談社・二〇一二）をあわせて新規に作成してあらたな題名をつけたものである。漱石のあの講演は、なんべん読んでもおもしろい。内田百閒はあの講演をきいて感動し、それを契機に上京してから漱石門下に加わった。

大学の人類学

いまこうして同時代を生きているわれわれにとって、一九六八年から七〇年にかけて全国的なひろがりで展開したいわゆる「学園紛争」は記憶にあたらしい。その余波はすくなくとも心理的・精神的にわれわれのあいだにのこっている。さらに、わたしなどの世代の人間なら一九五〇年代の熾烈な学生運動のことなども心のなかに沈潜しているはずだ。しかし、あれだけ吹き荒れた「学園紛争」にもかかわらず、大学はついにかわらなかった。かわらぬままに何十年かが経過し、こんにち大学をになっている人びとにとってはそもそもむかしの「紛争」など歴史のなかに埋没しているのかもしれない。

大学をどうにかしなければならない、という気分のようなものはあるけれども、それは要するに「気分」であるにすぎず、「思想」としてはどこかへ消えてしまったようだ。これまで数十年を、大学というところで生きてきたわたしなどにしてみると、大学というのはいつも騒然としており、あちこちに立看板やポスターがいりみだれている場所、という固定観念があるのだが、このごろほうぼうの大学に足をはこんでみると、えらく静かになっている。学生も教授たちものびやかだ。そこにはなんの「問題」もないようにみえる。しいて「問題」があるとすれば、それは入学試験にかんする改革問題であったり、あるいは受験生人口の減少にどう対応していったらよいのか、といった問題であって、大学というものの本質にかかわることがらを思想の次元で論ずることはほとんどなくなってしまったようなのである。

それをよろこびとすべきか、また悲しみとすべきかはあえて問わない。だがかつての基準からすると、これほどに「正常化」し安定した大学というものをこのへんで客体化し、それをひとつのフィールドとして研究の対象にしてみることにも意味がありそうな気がする。そもそも、大学とはどういうところなのか。そこで生活している人間たちにはどのような行動特性があるのか、それをあきらかにしておくことは人類学にとっても社会学にとってもひとつの大きな課題であるようにおもわれる。

とはいうものの、大学を対象としたフィールド・ワークをおこなうことにはいくつもの難点がある。まず第一に、こうした研究をおこなう研究者じしんがおおむね大学人であり、したがってそれはみずからについてのブーメラング効果、あるいは自虐的効果をもつことが多く、しかも参加観察法というにはあまりにもどっぷりと対象につかりすぎてしまっている可能性が高いからだ。大学研究は自己批判をふくむことなくしてありえないのである。さらに、それはみずからのみならず多くの同僚を対象とするものとならざるをえず、したがってあとでみるように大学研究はギルドへの裏切りをほとんど宿命的にふくむ。かつてスタールが『アメリカ医学の社会的変貌』でおこなったように、たとえば医学部といった学部や学問についての社会学的考察は一種の内部告発的性質をもたざるをえず、したがってわれわれにとってひとつの不可触的聖域になっているようなのである。つまり、大学を客体として研究することはその研究者にとって不利かつ危険な作業でもありうる。じっさいむかし、わたしが医学部の「構造」を分析してその親分子分関係を実証してみようと口にしたら、そりゃやめといたほうがいい、医者連中からイジメをうけてロクに診察してもらうこともできなくなる。と真顔で先輩から注意されたこともある。そんなこともあったけれど、もうあんまり遠慮しないでいい年寄りになった。だからこれまでの体験をふくめて大学というものを検討しておこうとおもう。

さて、学校教育法によれば、大学とは「学術の中心として、広く知識を授けるとともに、深く専門の学芸を教授研究し、知的、道徳的及び応用的能力を展開させることを目的とする」と定義されている。ほかの関連法規をみても、表現こそちがえ、おなじようなことが書かれている。屁理屈をいえば、たとえば、わたしがいまこうして参考書などを手元において文章を書いているという「行為」じたいもこの定義をみたしているから、わたしというひとりの人間が「大学」である、と名乗ってもさしつかえあるまい。じじつ、堀口大学といったように「大学」をその名とした人物だってこれまでたくさんいたではないか。

ただ、大学設置基準といった施行規則があるから、通常の「大学」はまずその基準をみたす土地建物、さらに一定の数の教員や図書などのほか、それを運営する制度をもつことがその条件になっているわけだから、さしあたりここでは設置基準にのっとって許可された大学について論ずることにする。だが、ここで考察の対象にするのは、「大学」という名の組織のなかで生活している人間たちに限定しておこう。その「大学」にかかわる人口は合計すれば三百万ないし五百万人と推定される。内訳でいうと、いちばん多いのはいうまでもなく学生であり、それら学生の教育や研究指導にあたる二十万人ほどの教育職、すなわち助手以上の教員や研究者がいる。このほかに大学の組織をささえる事務職員が数十万人いて、本当は大学というものを実質的に機能させているのはこれら事務職員なのだが、ここでは教室という場で対面する学生と教員だけを「大学人」という社会集団の成員としての考察の対象にしておくことにする。控えめに推計してこの人口の総計を二百万と仮定してみても、それは日本の全人口の二パーセントほどにおよぶ。もしもこの集団が単一組織であるとするなら、それはおどろくべき巨大職業集団といわなければならない。

この「大学人」という人間たちの地理的分布は日本全国におよび、現在のところ日本には一千にちかい大学があり、数は減ったが短期大学、それに専門学校、専修学校をふくめるとおよそ三千をこえる高等教育施設がある。さらに、毎年、新設だの学部増だのといった申請があとを絶たないから、さきにのべた大学人口も増加の一途をたどっているし、それらの人口の分布もまた高密度化してきた。もとより、歴史的にいうならば明治政府が全国を八大学区にわけたのは明治五（一八七二）年九月のことであったが、それはあくまでも構想にすぎず、じっさいにさいしょの「大学」として東京大学が発足したのはそれから五年後のことで、それがさらに京都大学をはじめとするほかの大学の設置におよんでゆくにはさらに年数がかかった。なによりも「大学令」ができあがって「大学」が社会的に定義されたのは大正七（一九一八）年のことであって、その時代の記録をたどってみると大学は東京、京都といった大都市に集中しており、これが各地方都市にまで浸透していったのは昭和二十（一九四五）年以降のことにぞくする。俗に「駅弁大学」などといわれながらも大学が全国化したのはごくさいきんのことなのだ。いうなれば、われわれはいま「大学現象」とでもいうべき社会現象を体験しているのである。

人口、およびその地域分布のほかにこの集団の属性として特記すべきことは、もともとこの集団にぞくする人間たちが、定義からして高学歴であるということであった。いや、よりただしくいうならば、大学とは高学歴層を形成してゆくことをその目的とする社会集団なのである。むかしの大学令はまえにのべたように一九一八年、臨時教育調査会の審議を経て、同年十一月六日にその成文をみたがその第一条は有名な「大学は国家に須要なる学術の理論及応用を教授し……」ではじまる文章で大学の規定を明記している。この大学令が廃止されて、さきに引用した学校教育法がそれにかわることになるのだが、いずれにせよすくなくともその結果において大学教育を終了した人材は社会の指導者層を形成することが期待されていた。だから、大学と大学人の研究はとりもなおさず社会におけるエリート形成過程の研究という側面をもたざるをえない。もとより、十八歳人口の過半数が大学に進学するようになった現在、ラスウェルがかつてのべたような「エリート」と「マス」という二分法はもはや成立しえないけれども、「大卒」という学歴はその人間にとって有利にはたらく。だから、ここに対象とする集団は社会の中核的役割をになっている。

さらに重要なことは、こんにちの日本では大学が人間の一生のなかで通過儀礼の場になっているということだ。さきに大学の構成員の最大多数が学生であることにふれたが、この「学生」という名の人口はその人生の一部、通常は四年間だけこの集団のなかに身をおくフロー人口なのである。ということは、とりもなおさず、大学が現代社会における通過儀礼の時空間である、ということだ。教員は教員であることをその「職業」としている人間たちであって、この部分が「大学人」の基幹になっているが、学生という人口はつねに流動している。したがって、大学という社会の構成員は極端に流動的な部分と極端に固定化した部分とが並存しているのだ。この両者のあいだには共通の利害なんかありはしない。いっぽうの大多数は通過儀礼として臨時にこの集団に所属し、他の少数者は半永久的にこの集団の成員として固着しているわけだから、ここにあるのは一見、共同体のごとくにみえて、じつのところは擬似的かつ幻想的な共同体なのである。

じっさい、わたしじしんの経験を語ることがゆるされるなら、わたしはながいあいだの教員としての生活のなかで学生との根本的なリズムと哲学の落差をつねに感じつづけていたような気がする。たとえばゼミでの指導をしているとき、そこには共通の関心があり、また話題がある。だから、議論も白熱するし連帯感もうまれてくる。しかし、深層部分でふりかえってみるならば、そのゼミでの勉強の文脈はまったくちがう。学生にとってある村での調査は青春の一時期における貴重な体験であり、ときにはロマンである。しかし、わたしにとってはその村での知見は自分の学問の流れのなかでの一里塚である。師弟のあいだには、その立場上、埋めがたい溝があることをみとめなければならない。教員にとっては、学生はたえず目のまえをすぎてゆく水の流れのようなものである。学生にとってはそのおなじ時間の経過はリニアーな人生の一局面にすぎぬ。たとえていうならば、教員は固定した席にすわっているひとりの人物だ。そのまえを学生という名の行列が四年間をサイクルにしてえんえんと通過してゆくのである。このようにことなった構成員がつくる「大学」とはいったいどのようなものなのだろうか。

まず手はじめに「学生」というものをかんがえてみよう。「学生」と呼ばれる人口は、まえにみたように大学人のなかで圧倒的多数をしめる部分である。しかし、くどいようだが、かれらは大学という場所を通過儀礼の場としている流動人口であり、いわば大学という組織のなかではパート・タイマーとして一時的に滞在するにすぎぬ。会社組織でいえば、正社員ではない。四年間という期限つきアルバイトである。かれらの性格をさらにくわしく吟味してみよう。

かれらはたしかに大学人であるけれどもみずからを「大学人」などというたいそうなものだとは露ほども感じていない。しかし、かれらがいないと現代の大学は存立できない。なぜなら、このつかの間のパート・タイマーたちこそが大学にとっての「顧客」であり、財源であるからだ。国立大学、公立大学のばあいでもその経費のうち二〇パーセントほどはこれら「顧客」が納入する入学金、授業料などに依存しているし、私立大学でも国庫補助をうけながら収入の七〇、ひどい場合には九〇パーセントちかくを学生から徴収することによってはじめてその経営がなりたつ。したがって、大学という組織は学生という名の「顧客」をそのなかに成員としてかかえこんでいる「売り手」組織であるといわざるをえない。わかりやすくいえば、大学とは売り手と買い手が同居している契約社会なのである。なにしろ売買の問題なのだからそれぞれの利害を一致させるにはくふうが必要だ。

学生というものを「顧客」といったことばで呼ぶことにはひょっとすると抵抗があるかもしれない。とりわけ、こんにちの日本のように、あれだけはげしい入学試験を通過してやっと学生たちは特定の大学の構成員になるのだから、一見したところ大学と学生とのあいだの関係は大学にとっての買い手市場のごとくにみえる。しかし、二十世紀末からの十八歳人口の激減を考慮すれば、需給関係はじつに微妙である。はっきりいっていまや学生のほうが主導権をもちはじめているのだ。かつてリースマンはその『高等教育論』のなかで大学の選択にあたって、入学希望の娘と父親が各大学のカタログをとりよせ、それぞれの大学の品定めをしている風景をえがいたが、それと似た状況がそろそろ日本でも出現しはじめている。大学に「入れてやる」のがかつての大学がわの姿勢だったが、いつのまにか若者にむかって「どうぞウチの大学に入ってください」と懇願するようになりはじめた。大学はそれぞれの知恵をしぼって市場調査をはじめる時期にさしかかっているのである。新聞広告でみずからの商品価値を宣伝する大学も出現しはじめた。

しかし、そういうパート・タイマーであり、かつ顧客であるにもかかわらず、あるいはそうであるがゆえに、学生たちのなかには大学の構成員として、しきりに学問の自由だの大学の自治などについて論じかつ行動する者がある。といっても、それはかれらが学生という身分をもっているわずかな期間だけの一時的なはなしであって、いったん卒業してしまえば大学のことなどかんがえもしない。学生というのはどっちみち大学組織における臨時構成員なのだから、もともとあんまり本気ではない。学生運動はなやかなりしころ、昨日まで赤旗を振り、マイクをにぎって絶叫していた「大学人」が就職がきまった日から別人になるのはふつうであった。その変身ぶりはまことにあざやかだったし、それはことがらの性質からして当然というべきであった。

もとより、かれらのつくっている独自の組織、たとえば学生団体だのサークルだのといったものは一種の法人格として連続性をもっている。しかし、これらの法人格のメンバーはつねにいれかわる。それらは、フローとしての学生がほんの一瞬だけ通過するフィルターのごときものであるにすぎない。

しょせん、フローはフローであり、パート・タイマーはパート・タイマー以外のなにものでもありえない。これが学生というものの本質的性格であるならば、結局のところかれらに実質的かつ永続的な責任をもとめることはできない。一九六〇年代のおわりに団交を教授会にもとめ、ヘルメットをかぶって学長をつるしあげた人物がいまでは一流会社の部長になり企業社会の先兵になっている例をわたしなども知っているが、かれらにとっての学生「時代」の経験はしょせん青春の「思い出」であり、あるいは「若気のいたり」であるにすぎぬ。その瞬間的な「若気のいたり」のゆえに、被害者となった教員のなかには過労の結果、死亡したひともいるし、自殺したひとまでいた。そのことにたいして、当時学生であった人物がなんらかの責任を感じているか、といえば答えは否である。大学人としての学生の特権は「無責任」の一語につきる。

なによりも、学生というのはひとつの「身分」であっても「職業」ではない。職業という観点からしいていえば、かれらは「無職」の範疇にはいる。無職だから「自由」ということばを容易に口にすることができる。「職業人」にはときに「余暇」という名の「自由時間」があたえられることはあっても、通常はもろもろの拘束をうける。「自由」が学生身分の特権であるのはかれらが無職だからであり、それゆえにかれらは「責任」からも「自由」でありうるのであろう。フローの人間たちは無責任であることをゆるされているのだ。かれらは常時「余暇」をすごしているのである。

さらに、かれらはさきほどみたように、大学にとってはいやしくも「顧客」である。小売業では「消費者は王様」などともいう。学生は授業料を払っているかぎりにおいて「消費者」としての権利を主張できる。あるいは主張する権利をもっている。明治以来の日本の大学をふりかえってみると、そこには学生運動史があるし、また大学騒動史がある。早稲田でも京大でもあるいは一橋でも学生たちはしばしば紛争をおこした。そのことについてわたしはべつだんここでうんぬんしようとはおもわない。いや、それぞれの大学事件を記録に即してみるかぎりにおいては、たしかに学生という集団がはたした役割は大きかったとおもう。常識的な表現をつかえば、それぞれの紛争や騒動によって「学問の自由」や「大学の自治」がまもられた、ということになるのだろう。たしかに、大学生というものがほんとうのエリートであった時代には「大学人」としての学生にはそれなりの功績があった。

しかし、こんにちのように「高度大衆消費社会」に突入した時代の「顧客」はかなり様子がちがう。かれらにとって「自由」とはしばしばわがままということだし、「権利」とは欲張りということだ。あの学園紛争のころ、学生の一部は授業をボイコットしたうえに単位を出せ、と要求した。他の一部は大学院生に専用のコピー機械をよこせ、といった。わたしじしんは、そのいずれをも拒否したけれども、これはまことに身勝手な「消費者運動」であったとしかおもえない。かれらは、時として教授たちとともに利害をわかちあうような擬態をしめしながら、じつは無理でわがままな要求をくりかえす人間たちだったのである。くりかえすようだが、かれらにとって大学とは人生の一時期をすごす臨時の時空間にすぎないのだから、あまりかれらの主張を本気になってきく必要はまったくない。無責任な人間の発言を責任をもってうけとめることはできないのである。

無責任な学生とちがって大学の教員（国公立大学では「教官」という）は大学を生涯の職場とする人間たちであるからその立場はおのずから別個のものとならざるをえない。なにしろ、学生という名の「顧客」からいただいた金銭によって教員の身分と給料が保証されているのだから、教員という大学人がその顧客たる「学生さん」に依存するところはきわめて大きい。はじめにのべたようにいまの日本で教育職についている人間が合計二十万ほどいる。明治三十（一八九七）年に大学教授という肩書きをもった人間はわずか三百人であったから、かれらは社会的畏敬の対象であった。神様のような存在であった。だが、これだけ教師の数が増加した現在、これはひとつの職業集団としてとらえることができるし、そのメンバーが持つ社会的文化的特性についてかんがえることは、現代日本社会でのひとつのケース・スタディということにもなるだろう。そして大学教員こそが大学という社会集団の中核であり、せまい意味での「大学人」とはおおむねこのグループを指す。それでは、いったいこの「大学人」のつくっている文化とはどのようなものなのであろうか。

まず第一に「大学人」はたしかに職業人でありながら、かれらのつくっている集団は他のもろもろの組織と基本的にちがうことに注意しよう。なぜなら、大学という集団は通常の意味での組織を形成していないからである。通常の組織、たとえば企業組織などのばあいには指揮・命令系統が明確化されており、社長、部長、課長、係長、といった職掌分担がある。責任の所在もあきらかにされている。ところが、教育職についている大学人のなかには、そうした組織的秩序がない。もちろん、法規上、大学の意志決定機関として評議会があり、またそれぞれの学部の決定は教授会がおこなうということになっている。しかし、大学学長が会社の社長のごとくに最終的意志決定をする権限はないし学長の命令に学部長がしたがう、ということもない。命令の権限もなく、服従の義務もない。そして、評議会であれ教授会であれ、そこで決定されたことがらの責任はそれらの「会」にある。「会」というのは実態のごとくにみえて、じつは抽象である。「教授会の責任」という表現はあるけれども、「教授会」なるものが抽象である以上、その責任は特定の個人または複数の個人に帰属するものではありえない。

そのうえ、それら意志決定機関の長、つまり学長や学部長も通常の組織における責任者ではない。一般の組織、たとえば会社ではたとえ部下が反対しても経営者が最終的にみずからの判断によって決裁することができる。権限とそれにともなう責任というのはそういうものだ。だが、大学における「長」というのは権限もないし、したがって責任もない。そして「会」はそれがどのようなレベルのものであれ、多数決をその唯一の原則とする。大学教授はしばしば日本の議会のありかたを批判し「数による強行採決」などというが、多数決だけをよりどころにする大学教授会などはつねに「強行採決」で作動している。そういう小学校のホームルームのごとき多数決が民主主義というものだという素朴な原理のなかで生きている大学教授が政治批評などしないほうがよい、とわたしはおもう。わたしは、一九六九年から七十年にかけての学園紛争でなんべんも集団団交という場にひっぱりだされた。そのときのわたしの行動が正しかったなどとはいわない。おもいだすと、恥ずかしい経験しかない。だが、あのとき、学生たちが教授会成員のひとりひとりに意見をもとめたのは正当であったとおもう。なにしろ、すべてのことがらを「教授会決定」という抽象によって正当化しようという論法は結局のところ、なんらの実態をもみちびきださなかったからである。学生たちが「教授会」なる抽象の世界に疑問をもち、ついに怒りを爆発させたのは当然であった。

それにくわえて、教授会の成員、つまり大学教授という人間たちは世間というものをまったくといっていいほど知らない。かれらの多くは十八歳のとき大学生として大学にはいり、大学院にすすみ、助手、助教授、というコースをあゆむ。そして、六十歳あるいは六十五歳という定年までおなじところに毎日かよいつづける。ふつうの人間は大学を卒業してから「実社会」という修羅場にほうりこまれて試練をうける。人間というものがどういうものであるかを経験のなかで学びとる。そして、その試練のなかで、よきにつけあしきにつけ、「おとな」としての人格形成をとげてゆく。ところが、十八歳から定年まで生活の場所がかわらない「大学人」は世間のきびしさを知らない。小学校のホームルームの思想がそのまま四十歳、五十歳になっても持続しているのはそうした特殊事情による。じっさい、かんがえてみても、五十年以上にわたっておなじ場所に足をはこんでその人生をおえる、などというのはいささか異常でグロテスクな風景ではないか。ついこのあいだまで、山村にはいると、生まれてこのかた村から一歩もそとにでたことがない、という高齢者に会うことがすくなくなかったが、「大学人」というのはそれに似ている。はっきりいって、大学というのはひとつの部族社会なのである。あるいは部族社会連合なのである。

さらにおもしろい、というよりは深刻なことは、大学の教員になるためにはいっさい資格試験がないという事実である。小学校でも中学校でも先生になるためには「教育職員免許法」の規定するところにしたがって教職課程を修了し免許を持つことが義務づけられている。しかし大学教授になるためにはなんら免許は必要とされない。そこにも「自由」という美名にかくれたトリックがある。

もとより、資格試験や免許がないということじたいが欠点なのではない。才能のすぐれた人物が大学で研究や教育に専念することによって得られる利点はたくさんあるし、一九八五年の文部次官通達が「……各界にあって、優れた知識及び経験を有し、教育研究上の能力があると認められる者について、大学の教授等の資格を認める……」としていることにもじゅうぶんな意味がある。しかし、それはこうした趣旨が善意と良心によって運用されたときにはじめて効果を発揮するものであって、これをよしんば悪意ではないにせよ、簡便に運用しようとすればまったく学問的業績のない人物が大学教授に任用されることもありうるし、そうした事例は全国いたるところの大学で散見する。

もとより、理学部、工学部、医学部、いわゆる「理工医」の三学部については、ちゃんとした素性の学者でなければ教授になれないが、文学部、とりわけ社会学などという素性のタシカでない「学問」はかなりインチキで、博士号はもっているものの、あんまり業績のない人物が教員になっている事例もすくなくない。それどころかテレビ出演で有名になった評論家だの、元新聞記者だの、さらには芸能人までもが、いとも簡単に大学教授に採用される。有名人なら客寄せになるだろうという大学経営者の魂胆が見え見えである。大学に身をおく人間ならそのような不適格な教員を何人かは知っているはずだ。有名テレビ局でプロデューサーをやっていた、というだけで「放送学」やら「コミュニケーション理論」やらの講座を担当している事例などいくらでもころがっている。これが「学問の自由」であり「大学の自治」なのであろうか。

さらに専門学者のあいだでは学閥という「閥」というものが猛威をふるう。明治時代の例でいうと、「大学派」と「茗渓派」がふたつの閥をつくった。すこしその事情を説明しておくと、明治三十六（一九〇三）年、文部省廃止論というのが登場し、「大学」つまり東京大学が独立して「教育科」を設置しようとこころみたのにたいし、高等師範学校を中心とする「茗渓派」が対抗した。この対立がついこのあいだまで、東大対教育大というかたちでつづいていたことは多くの大学人が知っているとおりだが、特定の大学はその卒業生を保護し、それぞれの城壁を構築してきた。さきほどみたように大学入学のときから教授として定年退職するまでおなじところに通勤しつづける、という異常な事態が発生するゆえんである。

そして、ここでだいじなことはこのような閥ないしは人脈の形成もまた「自由」の一部になっているという事実なのだ。大学教授会というものがもっとも活気をもち、またもっとも論争をくりかえすのが人事問題であることは大学関係者ならだれでも知っていることだが、ここでの人事の「自由」とはしばしば閥の保全を意味する。とするならば、「大学の自治」とは「教授会の自由」ということにほかならず、さらにそこでは有力な学内政治家あるいはそのグループが主導権をにぎるのがふつうである。そこにもってきて、学内政治なるものが例のホームルーム的要素のつよいものであるから、小学生的な人情や正義感、それに優柔不断と幼稚な陰謀とがまじりあってしばしば醜態を演ずる。西部邁さんが一九八八年春、東大教養部での人事について、公開の場でその経緯をあきらかにされたことはわれわれが知っているところだが、あの「事件」と似た問題はどこ大学のどの学部でもつねに発生している。

それもまた「自由」なのである。そして、その「自由」に責任がともなうか、といえばけっしてそうではない。なにしろ、教授会というのは密室だから部外者にはなにがおこっているかさっぱりわからない。「情報公開」はゼロなのである。そして、人事はまえにのべたように「教授会」という抽象的な「会」が決定するものであるから、採用にせよ解任（ということはめったにないが）にせよ、その究極的な責任者はすくなくとも個人としては登場しない。「教授会の責任において」といった言い回しはよく耳にするけれども、この表現はおよそ「責任」というものを教授会成員全員に分散させ、特定の人格に「責任」をあたえない、という狡知の産物である。すべては匿名の「教授会」の問題ということになる。こういう組織がはたして常識的意味での「組織」であるかどうかは大いにうたがわしい。すくなくとも、通常の組織、たとえば企業組織などにぞくしているひとからみれば、想像を絶した無責任体制がそこにはある。

すでにわたしは学生というパート・タイム大学人の無責任についてふれた。だが常勤スタッフとしての教授たちもまた、じつのところ無責任なのである。その無責任体制が「大学の自治」というものの正体なのではないのか。かつて丸山真男は「軍国支配者の精神形態」のなかで戦時内閣の構成員のうち「責任をもつものがひとりもいない」という極東軍事裁判の記録を引用しながらそこに「日本ファシズム支配の膨大なる〝無責任の体系〟」をみる、と論じた。「無責任の体系」が存在するから大学がファシズムだ、などという短絡的な論理は成立しえないが、丸山が克明に分析した軍事裁判の被告たちの証言を読むと、それが教授会内部での、また教授会対学生のやりとりのなかでの表現形式といかに酷似しているかに気がつかないわけにはゆかない。大学もまた「無責任の体系」そのものなのではないのか。

そうした無責任体制は大学人事においてもっとも明白にあらわれる。なによりもここで留意しておかなければならないのは大学教授という身分ないし職業については、いっさい考課がおこなわれない、という事実だ。通常の組織体であれば人事はかならず考課をともなう。たとえば自動車のセールスマンを例にとってかんがえてみよう。かれのしごとは、いうまでもなく自動車を売ることである。一台売れるたびに、固定給のほかに歩合がつく。ボーナスの査定も本人の業績によって公正に行われる。成績がよければ幹部社員として登用されることもあるだろう。すべては実力主義なのだ。もとより上司による評価がつねに正しいとはかぎらない。しかし「人事の公正」から逸脱する人物はそもそも管理職になれないのである。そうした公正さによって昇進もするし逆に降格もする。月給も変動する組織というのはそういうものだし、そうあらなければ組織はその目的を達成することができない。企業活動を最大限にあげ利益をうむためには人間を容赦なく考課の対象とし、評価することがおこなわれなければならない。それがあらゆる組織の人事原則というものであろう。

官庁人事もその例外ではない。国家公務員上級試験に合格した人物はたしかにエリート組である。しかし、合格したということはその人物にとっての出発点であってそれからあとは熾烈な競争がはじまる。同期入省の複数の人間たちへの評価はきびしい。中央の局長になり、さらに次官になれる人物というのはごくかぎられている。課長どまりで外郭団体に転出する人間もいるし、ある一点で立ち往生する人もいる。考課はここでもきびしい。国立大学のばあいだと、そこには多くの事務官がいるが、かれらもまたつねに評価され、いくつものハードルをこえて「出世」してゆく。そうした「立身出世主義」がいいことがどうか、といった議論はここでも問題ではない。わたしがいいたいのはおよそ組織というものには人事考課が不可分のものとしてある、という事実なのだ。

ところが、大学教授には考課というものがない。人事はさきにのべたような矮小な学内政治によって「自由」にとりすすめられる。学問的著作や業績をあげることがもしも教授の義務であるとするならば、当然それらの業績審査がおこなわれるべきなのに、審査は人事採用のときにあるだけで、いったんその職につけば、あとはいっさいの評価を受けない。講座制によって運用されている大学のばあいだったら、教授が定年になったとたんにその講座の助教授がそのあとを継ぐ。「継ぐ」という表現をつかい、つかってしまったが、よほどのことがないかぎり講座制人事というのはそういう構造になっている。あとを「継ぐ」人物が不適切であるとおもっても、それを問題にすることはめったにない。なぜなら、そのようにして人事に口をさしはさめば、そのあとでかならず復讐をうけるからである。別言すれば、「講座」というのはひとつの教授会のなかでの独立部族であり、その「講座」人事への介入は独立主義への干渉ということになりかねないのである。もちろんすべての講座がそうであるというわけではない。ここで論じているのはひとつの典型的モデルであるにすぎぬ。だが、明治以来、講座制を導入した大学ではしばしばこうした講座閥が形成されてきているのだ。

わたしはまえに、大学というところをひとつの部族または部族連合にたとえたが、このようにみてくると大学とは「講座」という小集団の連合体なのである。大学を微分すれば講座になり、講座を積分すれば大学になる、といういいかたをしてもよいだろう。とすれば、部族主権は他部族によって侵されてはならないし、諸部族連合体としての教授会は各部族の主権を尊重しつつ調整機能をはたす酋長会議のようなものだとおもったらよいだろう。そこでは、礼節の問題として相互の評価などしてはならないのである。

その結果として一生のあいだに考課というものをうけることなく月給をもらう、という不思議な人間たちが誕生する。さきほどのべた「理工医」では実力主義が作用し、三十代で教授、といった事例もすくなくないが、人文学ではすべていいかげん。著書をたくさんもち、授業科目も毎週五コマ以上でゼミにも熱心、学生からの評判も上々といったすぐれた教育・研究者も、しょっちゅう休講つづきで、何年も論文ひとつ書いた実績のない怠け者も、年齢がおなじで勤務年数がおなじなら、同額の月給をもらう。だれもその不公平と不合理を疑わない。それどころか、「怠け者」などということばをつかっただけで叱られる。そういう学者先生にかぎって、これから一生かかってライフ・ワークをとりまとめる予定である、といったようなことをおっしゃる。むかしふうにいえば燕雀いずくんぞ鴻鵠の志を知らんや、というわけだ。たしかに研究などというものは永遠のものだから、そういわれればなるほどごもっとも、としたがわざるをえない。そのようにして人生をおくる「自由」もまた「学問の自由」の範疇にふくまれているのである。

このように、公式な評価をいっさいうけることのない大学の教員は、非公式には相互のゴシップとしてのうわさばなしや陰口については卓抜な能力をもっている。教授会では極端なほど神経をつかい紳士的にふるまう教員たちがそれぞれのぞくする閥ないしは小集団のなかで、同僚をどれだけ非難し中傷しているかはおどろくべきものがある。わたしは企業組織での非公式の飲み会などでずいぶん不平や不満をきいたことがあるけれども、大学社会におけるそれはおそらくもろもろの集団のなかでもっともけたたましく、かつ陰湿である。

ひとことでいうなら、学生の成績評価などについては厳正でときには苛酷な大学教師はみずからの評価、同僚間の評価などはいつのまにやらわすれているようなのである。それが必要だということを自覚している大学人もいるけれども、なにしろ上記のような部族社会ではそんなことは口にすることもできないし、へたをすればじぶんの生活問題がおびやかされる。だから、評価などという自縄自縛の行為はいっさいしない。それが大学部族社会の無言のオキテなのだ。

大学が閉ざされた社会である、ということはこれまで多くの識者によって指摘されてきた。本稿でもそのことについてはすでにのべた。

だが、あらためて別な角度からながめてみると大学社会がじつはそれぞれに完全な鎖国体制をとっていることに気がつく。ひとつの学部、ひとつの大学はそれぞれに部族連合である。その内部事情についてはこれ以上くりかえさないが、これら日本各地に散在する部族連合は相互に鎖国体制をとりつづけている。具体的にいえば、たとえば人事交流などはあまりおこなわれていない。もちろん、それが皆無だとはいわない。某大学から某々大学へ転任する、といった例もこのごろではめずらしくなくなってきた。とりわけ、定年が比較的若い（といってもいまでは六十五歳だが）国立大学から定年七十歳あるいはそれ以上の私立大学への転任というのはごくふつうのことだ。だが、大多数の大学教員はさいしょの就職先から移動することがない。およそ日本の給与生活者で転勤、転任を経験しない人はどちらかといえば少数派だ。小企業ならともかく、支店や出張所をもっている中規模以上の会社ならたいてい転勤がある。官公庁でも事情はおなじだ。国立の大学事務官などをみていても、およそ三年くらいを区切りにして転勤して行く。地方公務員だって、任地はかわってゆく。小中学校の先生たちもその所属する自治体のなかで転勤がつづく。

ところが、大学の教員は転任というものを一生のあいだ経験することのない例外的人物たちである。わたしの手元の住所録などをみても、官庁や企業に勤務する友人知己の住所や電話番号は毎年といっていいほど変動する。ついこのあいだまで東京本社にいた人が福岡支店に転勤したり、東北大学にいた事務官が本省に転任したり、とにかくほうぼうに移動する。四月のはじめの人事異動の時期にはそうした転勤のご挨拶状がごっそりと配達される。それが世間一般の慣行というものだ。それにたいして、大学の先生たちは勤務先が永久的だから、助教授が教授になったり、教授が学部長に任命されたり、といった学内異動があるだけである。あまりにもかわりばえがしないから、そうしたご挨拶状などはめったにいただかない。それだけ安定しているからこそ落ち着いて学問ができるのだ、という意見もあるし、それももっともだとおもうが、その代償として大学教員はおしなべていえば「ローカル」人間である。「学内」という小宇宙のなかのことはことこまかに知っていてもその外にある世界のことはいっこうに知らない田舎者である。

むかしから「学者馬鹿」というし、「学者かならず間抜け面」などともいう。それは多分に真理であって学者先生とよばれるひとのかなりの部分はまえにもふれたように世間のことをあまりご存じではない。もちろん研究一筋、わき目もふらずに本の虫になっている先生たちが世事にうといのはあたりまえだ、という見方もできよう。それがノーベル賞クラスの自然科学の領域でのはなしであるなら納得もゆく。大学などというものといっこうにかかわりをもたず、むしろ大学を軽蔑しながらあれだけの学問的業績をのこした南方熊楠などは、俗世間の常識からみてまことに不可解な変人であった。そういう学者をわたしは尊敬するにやぶさかでない。

しかし、現実の社会・文化事象を研究対象とする社会・人文学者が世事にうといというのはおかしいのではないか。「世事」ということばは別言すれば現実社会ということである。対象について知ることなく研究ができるはずがない。だが、そうした常識的な解釈が通用しないのが大学社会というものなのである。

ふたたび、丸山真男にもどるが、丸山が日本の大学のもっている「タコツボ」型構造を論じてから、すでに半世紀が経過した。だが、この「タコツボ」という名の講座あるいはその講座を担当する個人はいまになってもなかなか「タコツボ」のなかからでてこないのが現状ではあるまいか。タコの身になってみれば「タコツボ」の住み心地は快適だし、なによりもほんもののタコとちがって、つかまる心配がない。快適なところからわざわざ世間という荒波のなかにでてくる必要もないではないか。それぞれの部族および部族連合はけっこういまのままでしあわせなのである。そして、そのことについて外部からなにをいわれても「学問の自由」と「大学の自治」という錦の御旗をかかげることができるのだから、これら部族社会が鎖国体制をとりつづけることは当然であろう。この体質ないし文化特性はこれまでもいっこうにかわらなかったし、これからもかわることはあるまいとおもう。

これまでのべてきたのはいうまでもなく「日本の大学」の体質である。わたしの知見などたいしたものではないが、よその国ではだいぶ事情がちがう。だいいち、卒業した大学にそのまま教員として就職する、などという奇妙な風習はあんまりみたことがない。たしかにハーバード大学の教授の半分くらいはハーバードの卒業生である。しかし、母校での教職を手にするまえに、かれらはおおむね複数の大学や研究所で「他流試合」を遍歴してきている。いや有能な学者ほど引く手あまただから、よりよい処遇を提示していろんな大学が競っていい学者を招聘する。このあいだまでスタンフォードにいた先生が、いまはケンブリッジで教壇に立っている、などというのは西洋の学者社会では日常茶飯。むしろ転職数がその学者としての格付けになる、といってもいい。国内はおろか海外勤務もふくめて転勤数の多いビジネスマンが将来の役員を期待される人物であるのとそれは似ている。それと対照的に、これまでみてきたように我が国の、我が同僚たる人文系の大学教授諸君はいったん教職についたら、それにシガみついて離れることをしない。国内はもとより、外国の大学で研究したり教育にたずさわったりという人生をかんがえてみたことすら絶無である。それがわたしにはもどかしい。

はじめからあきらかにしているようにわたしは本稿で「大学」という名の社会集団を対象にして、その集団の文化にいささかの照明をあてることをこころみてきたつもりである。わたしは「大学の改革」などというものにはほぼ絶望的になっているし、そうした政策的なことがらをかりにうんぬんするとしても、それはべつな場でおこなうべきだとおもっている。

ただ、さいごに強調しておきたいのは、もろもろの社会集団をとりあつかうのが現代の人類学や社会学の任務だとするならば、大学という集団についての研究がこれから必要であろうということにつきる。政策的になることなく、また道徳的になることもなく、冷静な目で「大学」をかんがえることを次の世代の研究者にのぞみたいし、わたしもまた旧世代の大学人のひとりとして自戒をこめながらこれからも勉強してゆきたいとおもっている。

あとがき

「大学の大衆化」がうんぬんされてからひさしい。わたしなどは旧制高校のさいごの卒業生だから、「新制大学」になってからの学生生活など体験したことがない。「旧制」の時代の大学進学率は数パーセント。だからわたしの同世代人の大部分は旧制中学校卒、あるいは小学校卒である。「大学生」というのはこども時代のわたしにとっては特別なエラいおとな、という認識であった。大学生は少数のエリートだったのである。それがいまのような「大衆化」をとげた原因は第二次世界大戦だった、とわたしはみている。というのは戦勝国アメリカが戦闘に従事した数十万の兵士たちに「GIビル」と俗称される法律によって大学への無料進学の機会をあたえたからである。戦争がおわって無事帰国したのはいいが、兵士たちにはじゅうぶんな民間の就職先がなかった。あったとしても、あんまり安定したものではなかった。そこで若い兵士たちを大学に進学させて、かれらの功績に報いるとともに、人的資源を増強しようということになったのである。その結果、この法律による学生がおどろくほどふえた。とりわけ各州の州立大学などは州民の「権利」を尊重して復員兵に大学教育をあたえることにしたのであった。わたしがはじめてアメリカの大学に留学したのは一九五四年のことで、すでに終戦から十年ちかくがたっていたが、それでも「GIビル」で勉学につとめている学生たちがすくなくなかった。そんなふうにアメリカで人為的な政策として生まれた「大学の大衆化」が全世界におよんだのである。その結果として、いまわれわれが眼前にしている「大学」がある。そして「大学人」もむかしとは比較にならないほどの変貌をとげた。もはや「大卒」などというのは珍しくもなんでもない。「大学教授」もそんなにエラくはない。その事情をわたしは「半端なエリート」(『常識人の作法』講談社・二〇一〇)というエッセイでのべた。戦争に投資された厖大な予算は、のちジェット機をつくり、コンピューターをつくったが、同時に高等教育の普及という無形の遺産をものこしたのである。

松本清張の「大学」

松本清張は一九五〇年に「週刊朝日」が募集した「百万人の小説」という懸賞に応募し『西郷札』で入賞。その作品は直木賞候補になり、その後かれは推理作家として多くの読者を獲得し、現代日本を代表する人物のひとりになった。かれはみずからを『半生の記』という自叙伝にとりまとめた。だが、雑誌「文芸」に連載したこの文章が単行本になったとき、そのあとがきでかれは「連載の終わったところで読み返してみて、やはり気に入らなかった。書くのではなかったと後悔した」といっている。なぜ、松本がみずからを語らないか、いや語ろうとしないのか、それにはふたつの理由があるようにみえる。

その第一は文学者としてのかれが近代日本の小説の主流をなしていた自然主義と「私小説」に疑問をもっていたからだ。文学にしたしみはじめた青年期に、かれはさまざまな文学作品に接したが、「志賀直哉の『暗夜行路』もそれほど魅力を感じなかった……それから『網走まで』『小僧の神様』『城の崎にて』などはどこがいいのか分からなかった……いわゆる私小説というのは私の体質には合わないのである」と松本はいう。かれは志賀直哉のような叙情的作品ではなく切実な社会の現実との接点をもった文学によりふかい真実を感じていた。「ゴリキーの『どん底』をよみ、その陰惨な生活が当時の自分にはひどく近親感を持たせた憶えがある」し、また「ポウを読んで『アッシャー家の没落』に描かれたような荒涼たる山野を一日中彷徨していたときもある」というのが文学青年としての松本だったのだから、私小説はもとより、自叙伝のようなものを書くことにはすくなからず抵抗があったにちがいない。

だが、それにもまして、松本がみずからを語りたがらないのはその生い立ちがあまりにも変化に富んでいて、整理しにくいからではないかとおもわれる。たしかにみずからを回顧して松本は「自分の半生がいかに面白くなかったかが分かった。変化がないのである」と述懐している。かれの父は職業を転々とし、露天商までやっていた。家庭は複雑で、不安定で、また貧乏であった。かれは、高等小学校を卒業するとすぐに九州のある電気会社に給仕として就職したが、その会社も人員整理にはいる。「文学書ばかり読む給仕を会社が便利と思うはずはない。やがて第一回の整理でほかの社員と共に私はお払い箱になった」

そのあと、かれは小倉の町の裏通りで「画工見習募集」という張り紙広告をみて印刷所に就職する。もともと小学校のころから図画が好きだったからこのしごとは魅力的だったが、労働条件はわるかった。手に職はついたけれども、過労で肺炎にかかって寝込んでしまう。しかもその松本の肩に一家の生計がかかっていたのだから、この時期はたいへんだった。それでも病気が快復してから、松本は版下職人として腕をみがき、やがて朝日新聞の西部本社の広告部で版下をつくった。正式に社員として採用されるまで四年かかったが、その後二十年間にわたってかれは朝日新聞に勤務した。戦争中は徴兵をうけ朝鮮に渡り、敗戦後は新聞社にもどるが、実質的なしごとはあまりなく、副業として箒の行商をしたりもした。

新聞社でのかれの日常はけっしてたのしいものではなかった。はっきりいって、鬱屈した毎日がつづいた。有名新聞社の社員といっても花形の記者ではなく、まったく人目につかない裏方の版下工である。かれには文学への興味は若いころからあったが、じぶんで小説を書こう、などとはおもってもいなかったが懸賞小説に応募してみよう、とかんがえたのは、「生活の苦しさからの逃避」であり、ひょっとして入選したら三等でも賞金は十万円という金銭的魅力からであった。とはいうものの、かれには「作家」としての事前準備などなにもなかった。「そのころ、私は万年筆を持っていなかったから、ペンシルと紙の悪い手帖とを買い、家や社で暇々に草稿を書きはじめた。そのため、私は手帖とペンシルを洋服のポケットにいつも入れて通勤していた。……私は自分の小説の勝手が分からないので同じ社にいる文学好きの若い同僚を外に誘い出しては、電灯会社の電柱置き場に腰を下ろし、進行した文章を朗読して聞かせた」締切までわずか二十日という短時間に、このようにして『西郷札』は書かれた。それがかれのその後の人生の大転換点になった。新聞社の下積みの版下職人が突如として流行作家に変身したのである。

このように不運のなかで青年期をおくった松本清張の人生経験はその文学作品のなかに投影されてゆく。なによりもかれがその半生のあいだに学んだ最大のものは現代社会のなかでの「学歴」の問題であった。かれが高等小学校卒業ののち、すぐに就職したことはさきほどみたとおりだが、それはおおきな心理的葛藤をともなった。当時を回想して松本はこういう「その頃の辛さといえば、中学校に入った小学校時代の同級生に途上で出遇うことだった。私は詰襟服を着て、商品を自転車に載せて配達する。そんなとき、四、五人づれで教科書を入れた鞄を持つ制服の友だちを見ると、こちらから横道に逃げたものだった」じぶんでも、どうにか中学に進学したい、という希望をもって、松本は早稲田大学の中学講義録などを購入したりはしたものの、それは「学歴」にはつながらなかった。十八歳のころ、新聞記者にあこがれていた松本は、小さな地方紙の社主に会いその希望をのべると「年老いた社長は鼻で笑って相手にしなかった。新聞記者というのはみんな大学を出ている、君のように小学校しか出ていない者は、その資格がないといっぺんに斥けた」印刷所に就職するまえの失業時代に職をもとめても「小学校しか出ていないこと」がつねにハンディキャップになった。

新聞社に採用されてからも、そこに学歴による差別の障壁があることを松本はつねに感じつづけた。あきらかな「身分制」が組織を支配していた。「当時の新聞社の身分といえば、社員、準社員、雇員の三段階に分かれていた。大学を出て入社試験を受けて入った者が社員試用で、別名練習生ともいった。これが一年の期間を経て正社員になる。準社員は高等学校（旧制）または専門学校卒程度で、同じく入社試験を受けて入った人だ。中学（旧制）卒は全部雇員」そうした制度のなかでエリート組の「練習生は初めから幹部候補生的な教育を受けていた」。松本は版下工としての能力が買われて正社員になることができたが、大学卒のエリートとの懸隔はこえることができなかった。九州の西部本社での人事異動を観察しながら松本はこういう「若くして転勤し、九州に二、三年もいるとすぐに東京なり大阪なりに呼び戻される社員たちだ。いうまでもなく彼らは幹部候補生として実務見習いのための一時の腰掛けにやってくるだけである。これは有名大学を出た練習生出身者が多かった。年輩者は次の段階への出世のために九州に箔を付けにくる」「転勤者の中で最も頻繁なのは部長の交替だった。昇進の段階として九州にくるのは格好なワンクッションだった。大阪本社の次長は部長になってくるが、やがて大阪の部長となって戻ってゆくのである」そして、そういう人事異動のたびに駅頭で歓送会がおこなわれるが「現地採用組にはそんな資格も希望もない。一生九州の外に出ることのない立場は、そのまま生涯の運命を象徴している。この侘びしさは、見送りを終わった人々が妙に沈黙してひとりで映画館に入ったり、パチンコをしたりする姿になるのである」松本がそうした「現地採用組」のひとりであったことはいうまでもない。

組織のなかで「学歴」のゆえにさいしょから差別され、将来のおのれのすがたまで見えてしまっている、というのは屈辱的でもあり、また不合理な経験でもあった。皮肉なことにかれが一種の解放感をおぼえたのは軍隊であった。一九四二年に召集をうけた松本は、すでにみたように朝鮮に送られるが「この兵隊生活は私に思わぬことを発見させた。ここにくれば、社会的な地位も、貧富も、年齢の差も全く帳消しである。みんなが同じレベルだと言う通り、新兵の平等が奇妙な生甲斐を私に持たせた。朝日新聞ではどうもがいても、その差別的な待遇からは脱けきれなかった。……ところが兵隊生活だと、仕事に精を出したり、勉強したり、又は班長や古い兵隊の機嫌をとったりすることでともかく個人的顕示が可能なのである。新聞社では絶対に私の存在は認められないが、ここではとにかく個の働きが成績に出るのである。私が兵隊生活に奇妙な新鮮さを覚えたのは、職場には無い人間存在を見出したからだった」このような軍隊経験はたとえば野間宏の『真空地帯』に描かれているようなインテリ兵士のそれとは対照的である。松本によって代表される一般の男たちは「学歴」がつきまとうことのない軍隊のなかで心理的に解放されたのである。

敗戦後、新聞社に復職しても、社の体質はかわっていなかった。紙の生産が軌道にのり、本格的に新聞が発行されるようになっても「新聞社の空気は一向に私を愉しませなかった。活発な動作で歩き廻っているのは出世を約束された学校出の人たちだけだった。その人たちは、大阪からやってきては、二、三年くらい九州で腰掛けの生活を送り、やがて大阪か東京に帰ってゆく。そのたびに一階級ずつ上がっていった」のである。「学校出」という名のエリートの世界と松本のそれとはちがっていた。そのあいだの壁は高く、また堅かった。

そんな松本をたのしませたものがひとつある。それは考古学という学問だ。その契機をつくってくれたのはおなじ職場でデスクをならべていたAさんという校正係主任であった。このAさんは「気の弱い人で、若い部下からは多少軽く見られていた」が戦前の「ある日、彼の家に遊びに行くと、考古学関係の高価な本が四畳半だかの押入れにいっぱい積み上げられている。ほかに訪ねてゆく者がないとみえ、Aさんはいかにもうれしそうに蒐集した石器や土器の破片などを次々に出して私に見せた」そして、このAさんの影響で松本じしんも考古学に興味をもつようになった。さいわい、九州は考古学の対象になる遺跡がおおい。だから松本は「社のいやな空気から逃れるため北九州の遺跡をよく歩き回った。小遣いをためて京都、奈良を歩いたのもその頃である」とかれは回想する。このアマチュア考古学研究はおおむね休日を利用した日帰りの旅だったが「それでも憂鬱な気分が一日でも忘れられて、どれだけ救いになったか分からない」経験であった。復員のあと、ブローカーをしていたときも、取引先の近くの古社寺や遺跡を訪ねることがしばしばだった。もとより、それは松本にとってはひとつの趣味だったが、じっさいに遺跡を見学したり、専門書を読んだりしているうちにこの学問のとりこになった。「学歴」のない松本はアマチュア考古学者として勉強をつづけていたのである。そして、その間に、かれは日本の考古学だけではなく、学問、ないしは制度としての大学というものがどのようなものであるかを垣間見るようになった。それがかれの一連の「大学文学」の基盤になった。

おもしろいことに、制度ないし組織としての「大学」を主題にした近代文学はそれほど多くはない。それにはいくつかの理由を想定することができるが、なによりも、近代の作家はほとんど例外なしに「大学出」のインテリであったからである。もとより、かれらのなかには「無頼派」を名乗るものもあったし、社会的にみずからが脱落してゆく過程を「私小説」の形式で発表するものもいた。デカダンを標榜する作家もいたし、ロマン派の詩の世界に没入してゆくひともいた。だが、有名作家はおおむね一流大学を卒業するか、あるいは中退していた。在学中から文学に志した作家はおおいが、そういう「文学青年」たちにたいして教授たちは寛容であった。いや、大学の教師じしんが作家であることもめずらしくはなかった。だから、大学という組織を客観化し、対象化することがかえって困難をともなった。漱石の『猫』などは「高等遊民」としてのインテリ世界を描いてはいるが、それはべつだん大学批判、といった社会的な指向性をもったものではなかった。佐々木邦のいくつかの作品も、いうなれば大学教授を主人公にしたユーモア私小説であって組織としての大学を対象にした作品ではなかった。「大学出」は、まさしく「大学出」であるがゆえに「大学」を「問題」としてとらえることができなかったし、しようともおもわなかったのである。

さらに、大学という組織は一般的理解によれば「象牙の塔」であって、とうてい常人の接近できるところではない、とされてきた。この「塔」のなかには深淵な学問の世界が展開しており、それは宗教の世界とおなじくひとつの「聖域」としてとらえられてきたのである。もとより学生運動などが社会問題として登場したことはいくたびもあったが、それは文学の対象にはならなかった。作家がインテリであり「大学出」である以上、母校に弓をひくことなどかんがえられもしなかったし、学問をしている人間を描くためには専門知識をもっている必要があった。「専門家」という名の大学人はしばしば奇矯だけれども、それを題材にするには覚悟が必要だった。へたをして「学問の自由」だの「大学の自治」だのといった「聖域」からの声がきこえてきたら、作家には迷惑だし、作家の書く作品を批評する「文学者」のかなりの部分は大学教授、あるいは大学関係者である。いうなれば、大学人と小説家とはある種の利害関係を共有する集団なのである。だから、大学や学問の荒廃といった社会的事実を作品の主題にすることは作家にとって自殺行為にちかいし、だいいち、文学者にとっては大学などどうでもよかったのである。

しかし、わかいころから「学歴社会」での差別をうけてきた松本清張にとっては、「大学」はひとつの攻撃目標であった。「大学出」ではないから、友人のなかに大学教授もいない。「大学出」の作家たちが形成している「文壇」をおそれたり、それに気がねしたりする必要もまったくない。職場で「大学出」のエリートがどんな行動をとっていたかを松本は実感をもって知っている。またアマチュアの考古学者として古墳などを訪ね、書物を読んでいるうちに「学界」というもののなかにどのような権謀術策があるかも見当がついていた。大学のなかの陰湿な人間関係も推測できた。社会派の作家として登場した松本清張がその初期の名作『点と線』や『眼の壁』などのすぐれた推理小説を書くかたわら、大学を舞台にした作品に手をつけようとしていたとしてもふしぎではない。

そうした事情から松本は「大学」と「学界」を対象とした作品をいくつも発表することになる。その結果、かれは一九五四年から一九七三年までに合計十篇におよぶ「大学小説」を書いてきた。とりわけ五四年から六五年までは、ほとんど毎年のように大学を主題とした小説を発表している。かれの作品のなかでいうと、これらの小説はベスト・セラーには名をつらねていない。どちらかというと、すべて地味な作品だし、読者が松本に期待している殺人事件や推理的要素がすくないから、よほど熱心な読者でもこのすべてを記憶してはいないだろう。とりわけ『断碑』から『火の路』にいたる長編、短編あわせて十篇のうち松本がアマチュアとして熱心に研究した考古学や歴史学を主題にしたものが半分ちかくになり、そのなかには学術論文からの引用などもあるから、通常の読者には退屈でもあろうし、また難解でもあろう。しかし、松本があの『半生の記』で記録したかつての鬱屈がこれらの作品のなかに投影されている、とみるならば、それも当然のことであった。

この膨大な著作のすべてについて分析することは不可能だし、それがこの稿の目的ではない。およその物語の展開を知ったうえで、ここでは松本の「大学小説」シリーズのなかに三つの系譜をとらえ、それを考察することにする。

まず第一にとりあげなければならないのは「官学」の構造批判である。それを代表する長編『小説東京帝国大学』が発表された時期はちょうど一九六八年から七〇年にかけての「学園紛争」がはじまる直前であった。その「紛争」をこの小説が予知し、あるいは予告していたとはおもえないが、発表のタイミングは象徴的であった。この作品は明治三十六年に起きた実話、いわゆる「哲学館事件」を主題にしたもので、ここに登場する工藤雄三という学生は哲学館の後身である東洋大学が刊行した『井上円了の教育理念』で言及されている加藤三雄という人物をモデルにした「実録小説」である。

物語は、工藤が倫理学の卒業試験の答案にムイアヘッドの教科書そっくりの文章を書いたことからはじまる。ムイアヘッドの書物は、当時、かなりひろく使用されていたもののようだが、このなかには人間の行為のうち、その結果だけをみて善悪を判断するのは正しくなく、問題はその動機にある、という命題があった。つまり「自由」という動機が純粋であるならば「弑逆」も善である、ということになろう。この答案をたまたま文部省からの視学官隈本有尚が見た。担当講師の中島徳蔵にたいして隈本は「弑逆」というのは皇室にたいする反逆ではないか、と問いただす。それが「哲学館問題」の発端であった。中島は当時の東京帝国大学総長であり、また教科書検定委員長であった山川健次郎をたずね、事情を説明するが山川は「弑逆という文字は、日本においては畏くも天皇に対して奉って考えられる言葉です。このような字句を教科書にそのまま用いているのは不都合ではありませんか。外国人がどんな倫理学をつくろうと、それは勝手です。しかしその著書を教科書に採用し、弑逆も可なりという引例をそのままになしおいたのは不穏当どころではありません。実に、大不都合であろう」という。そこに、追い打ちをかけるように文部省から公式の文書がくる。「貴館教育部第一課の倫理学では、動機と行為との関係を如何なる趣旨のもとに教授せられているか」という文面だ。

それは些末のことのようにみえるが、事実は文部省が官立大学を手厚く保護し、私学に圧力をかける意地悪い陰謀のあらわれのごとくにもみえる。当時、哲学館はまだ私立大学として認可されていいない。いや、この年の四月、井上円了は「哲学館大学部開設予告」を発表したばかりであった。「大学」としての認可をもとめようとした矢先の事件だから、これは文部省からのいやがらせ、ととられてもふしぎではなかった。新聞も「哲学館事件」をはなばなしくとりあげ文部省を批判した。

この有名な事件を冒頭において松本はその時代の大学と文部省、さらに政治の世界に肉薄してゆく。そもそも、東京帝国大学は第一次伊藤博文内閣のころ、文部大臣森有礼の手によってつくられた。「森の考えによると、帝国大学は生徒その者を教育するのでなく、国家の須要に応じる人物の養成機関であり、すべては国家のための人物を生み出す機関ということになる。その教育思想は、憲法制定と照応した絶対国家主義から出ている。したがって、学政の目的も専ら国家の為でなければならない」つまり、ここでは政界、文部省、そして帝国大学というトリオが確実な権力構造を形成していたのだ。松本の文章によれば

「げんに帝国大学総長からしてそうである。最初の総長だった渡辺洪基は衆議院議員となるために去ったが、そのあとは加藤弘之が襲った。しかし、加藤は明治二六年老齢のため激務に耐えないとしてこれを辞したが、そのあとは大学に縁故の深い浜尾新であった。浜尾は明治三一年文部大臣に移り、そのあとは文科大学長外山正一が替わった。まもなく外山は浜尾のあとをうけて文部大臣に転出し、そのあとを理科大学長菊池大麓が襲っている。そして菊池もまた三四年に総長から文部大臣に移っている。このようにながめると、東京帝国大学の総長は何度か更迭されたが、総長から文部大臣に移るというコースが不文律化したために、帝大総長は大学の行政官なのか、文部省の行政官なのか……区別があいまいになっていたの

である」

そればかりではない。帝国大学と高級官僚のあいだには密接で、あからさまな関係があった、と松本はいう。「憲法・国法の教授は宮内官僚、刑法・刑事訴訟法は司法官僚、国際法は外務官僚とそれぞれに交流したため、帝国大学と政治との一体化がみられた。さらに東京帝国大学の外山正一、菊池大麓、穂積陳重、浜尾新が、いずれも帝国議会が二三年に始まるとすぐに貴族院議員に勅選された。これが文部行政をして帝国大学を唯我独尊的にもりたてたのである」

そのことを教育学者の潮木守一はべつな視点からつぎのようにいう「たしかに明治期の新興国日本にとって、それほど多くの人材がいた訳ではない。大学教授はその数少ない貴重な人材であった。……政府は大学教授の知識・経験を必要としていた。そうした状況のなかにあって、大学教授が同時に行政官を兼ねることは必然的なことであった」「少なくとも今日的な大学教授という枠組みで彼らを把握したならば、我々は誤りをおかすことになろう。彼らは単に大学教授であったのではなく、むしろ行政官だったのであり、もしかしたら行政官であることの方に、より多くのアイデンティティをもっていたのではないかとさえ思える」その結果、東京帝国大学の教授たちは心理的に、あるいは思想的に一種のジレンマにおちいる。「一方において〝大学の独立〟〝大学の自治〟を主張しながら、その反面、当時の帝大教授の内面には、行政官としての出世を願う〝拝官主義〟が脈々と波うっていた」

このように、文部省によって代表される政府権力と密着した「官学」の立場からすると、私立大学などは、大学の権威を落とすもの以外のなにものでもなかった。げんに、教育改革をおこなおうとした久保田譲は「大学派」から抵抗をうけた。「要するに、帝国大学は、東京と京都しかない二つの大学以外には「大学」と名のつく学校をこしらえないで、あくまでも狭き門の、最高学府の権威を保持したかったのである」と松本は解釈する。事件の契機となったムイアヘッド倫理学にはじまる「哲学館事件」は「私学の撲滅を意図するもの」としてとらえられたのだ。

すでにみたように、この「事件」は新聞紙上でも論争をひきおこした。当事者たる中島も政府当局、とりわけ文部省の横暴をつよく非難した。松本は当時の新聞「万朝報」のつぎのような記事を現代語になおして引用している。

「周知のように、元来、文部省は官立学校に重く、私立学校を継子扱いにしてきた。このためにわが国の学事の進歩にどれだけ阻害を与えたか分からない。先年の松方内閣のときは尾崎行雄が文部大臣の椅子に座ったが、尾崎氏はさすがに文部省慣例の偏狭な政策を是認せず、私立学校を奨励しようとの考えをもって、慶応義塾、早稲田専門学校、国学院、並びに哲学館の四私立学校に、その卒業生には無試験で中学校および師範学校の教員免状を与えるという特権を以てした。ところが、尾崎氏が退職して大学派の人が再び文相の位置に就くや、文部省は忽ち旧方針に戻り、私立学校の迫害をはじめた」

また、私学を代表して慶応義塾もその機関誌のなかで「哲学館対文部省事件は、いよいよやかましくなってきた。私立学校といえばとかくにケチをつけ勢力をそぎ、頭の上がらぬようにするというのが政府の本願である。かかる思想が一国教育府たる文部省の基礎となりいる間はわが国の教育はとうてい駄目なりと覚悟せねばならぬ」と論じた。

以上の引用からもあきらかなように、この作品は「小説」というよりも、ノンフィクションであり、あるいは「史談」である。じっさい、松本じしん、この作品のあとがきで

「勝手な書き方をしてきた小説である。〝国家ノ須要ナル〟人材を養成する目的の東京帝国大学の性格を明治後半期から小説にしてみようと思い、とくに主人公はつくらなかったが、史的事実の叙述によって想像による描写の世界が圧迫された」

と率直に文学作品としてこれが熟していないことをみずからみとめているが、なぜ、このような実録的作品を執筆したかは「欧米先進国に早く追いつけ主義の帝国大学の教育」が「天皇制と衝突」し、「そのたびに〝学問〟は萎縮し、帝国大学は当初の溌剌性を失い、次第に蒼古たる殿堂と化してゆく」過程をあきらかにすることにあった。だから、これを通常の意味での「文学作品」としてみとめることにはいささか無理がある。だが、ここに読みとることができるのは、日本の「学歴」社会の原点ともいうべき「官学」、とりわけ旧制の「帝国大学」、とくに「東京帝国大学」の実態を史実を正確にたどりながらその後の日本の学界と官僚社会の構造をあきらかにしよう、という松本の執念であったのではないか。印刷技術職員として朝日新聞の下積み生活を送っていた松本がおなじ職場でみていた「学校出」の社員への怨念が、帝国大学の歴史をこれだけ克明に調査させた原動力になっていた、

ともみることができる。

よきにつけあしきにつけ、東京帝国大学はその後の日本の大学のひとつのモデルになった。それにたいして、多くの私立大学は、帝国大学への批判者として設立された。それぞれの私立大学は「国家須要ナル人物」を養成することを目的とした官僚養成所のごとき「官学」とはちがった「建学の精神」をもっている。しかし、その私学を認可し、監督するのはもっぱら帝国大学出身の行政官僚群である。私学は文部省とのあいだで、なんらかの妥協折衷を余儀なくされてきたのである。官学のもつ権力構造は、すくなくとも日本近代化の初期の段階では松本が『小説東京帝国大学』でえがいたとおりなのであった。いや、残念ながら、いまもなおその痕跡はのこっている。

松本清張がその関心をむけた第二の問題領域は「大学の自治」であった。じっさいその「自治」という特別な理由によって「学園紛争」のさなかに大学構内で暴力衝突が発生し、死者や負傷者がでても、その「自治」のゆえに、通常の市民生活のなかではあきらかに刑事事件になるような事件にさえ警察は立ち入ることができなかった。まえにみたように、大学は近代社会が生んだあらたな「聖域」でありつづけてきたのである。

しかし、それでは「自治」とはなにか、ということになると、解答はむずかしい。大学の教授や学生が「言論の自由」をもつのは当然だろうし、その自由がないかぎり学問研究の進歩はない。『小説東京帝国大学』のなかでも、久米邦武が「神道は祭天の古俗」という論文を発表し、それが国粋主義者たちを刺激したために久米が罷免されたことや、戸水寛人をはじめとする七人の教授たちが対ロシア強硬論、すなわち日露戦争不可避論を展開し、結果的に戸水が休職処分になったことなど、大学内での「言論の自由」が守れなかった歴史的事実がいくつも紹介されている。さらに喜田貞吉の南北朝論が論争を呼び、かれもまた休職処分になったという有名な事件にも松本はくわしく触れている。そして、戸水事件のときには、「学問の自由」を擁護するため、帝国大学の教授たちは連名の辞表を提出して山川健次郎総長を辞任にまで追い込んでいる。だが、松本は、はたして帝国大学に「真の意味の大学の独立と学問の自由がありうるだろうか」と問いかける。

「帝国大学はいうまでもなく国家予算で運営されている。簡単に云えば、初めから政府のヒモつきだ。また総長は親任官、教授は勅任官という高級官僚だ。すでにそうであるなら、法律上、彼らは官吏服務規定に最初から拘束されているといわなければならない。逆に云えば、そのことを承知で彼らは帝国大学教授になったのだ……帝国大学の経営が国家予算で賄われている以上、どこに真の意味の〝大学の独立〟があり得ようか。教授が官吏である限り、どこに〝学問の自由〟があろうか」

と松本はいう。

このような議論は帝国大学が解体されて国立大学になり、また新憲法が施行されてからあとの現代の大学についてはあてはまらないだろう。しかし、重要なことは、これら一連の「事件」がかならずしも全学的な問題にならなかった、という事実である。事件の当事者やその周辺の同僚は「学問の自由」のために議論し、抵抗する。しかし、学部がちがい、学科がちがえば大学教授たちは冷淡だ。時代がかわり、昭和になってからも「森戸事件」だの「滝川事件」だの思想・信条にかかわる「事件」

がつぎつぎに発生したが、それはせいぜい学部単位の問題であって、最終的には当事者とその周囲にいる何人かが辞職した、ということで決着がついている。とすると、それは教授個人の「自由」であって「学問」一般についての「自由」ではなかったようにおもえる。いや、むしろ、特定の教授や学科が守ろうとする「自由」は他の教授にとってはいちおう同情の対象にはなるものの、かえって他の「自由」の保障であった。具体的にいえば、特定の教授の辞任はそこで空白になったポストが「自由」になるのである。

ということは、べつなことばでいえば人事権という重大な「自由」を大学が、さらに正確には教授会がもっている、ということを意味する。それは「学問の自由」などという高尚な哲学ではなく、「人事」というきわめて卑俗な「自由」なのだ。そのことを松本はいくつかの作品のなかでえがいている。

たとえば『真贋の森』のなかに登場する本浦奘治教授がそうだ。東大の美学の教授である本浦は政治家や上流社会を手がかりにして出世した古美術界での大ボスである。「各校の教授、助教授、講師の任免は、彼の同意なくては実現することが出来ない」のである。この小説の主人公たる「俺」は本浦の学説や鑑定眼に疑問をもち、本浦に批判的な立場に立つ津山孝造教授に近づいたため教室のなかでポストを得ることができなかった。

「俺は卒業と同時に東大の助手を志望したが容れられなかった。俺は美術史研究の学徒として立って行きたかったのだ。……俺は京大でも東北大でも九大でも拒絶された。……仕方ないので博物館の鑑査官補を志望した。最初から無理なら雇員でもよかった。然し、東京も奈良も駄目だった。あらゆる官立系の場から俺は弾き出された。本浦奘治の勢力は、文部省系といわず、宮内省系といわず、それほど全国的に行き渡っていた。官立系ばかりではない。私立の大学にも彼の弟子や子分が布置されていたのだ……もし、俺が本浦奘治の嫌忌をうけていなかったら、今ごろはどこかの大学の美術史の講座をもち、著書もかなり出している。さらに、かりに教授の知遇を得ていたら……東大や美校の主任教授として学界の権威になっているかもしれない」

ところが、現実はそうではなかった。「俺」ほどの実力をもっている人間のかわりに本浦教授は岩野祐之という学生を助手に採用した。すくなくとも「俺」のみるところでは岩野は

「頭脳の悪い男だ。俺は学生時代の彼を知っているから、自信をもってそれを云うことが出来る。ただ、彼はいわゆる名家の子弟だった。……こういう毛なみは本浦奘治が一番好むところである。……岩野祐之自身も……ひたすら本浦博士にとり入ることに専念した。それは殆ど奴隷的な奉仕であった。噂によると、広大な所有土地の半分はそれで喪失したという……こうした献身的な奉仕も本浦博士のような人には、大いに気に入るところであった。彼は遂にこの愛弟子岩野祐之に跡目を相続させたのであった」

そんな事情から「俺」は学界での勢力のない津山教授の世話で朝鮮総督府の博物館の嘱託になり、敗戦後はある民間の美術館の嘱託になったが、本浦と岩野の策動で、その美術館からも追い出される。

もしも岩野がほんとうに優秀な学者であるならそれでもよい。しかし東大の主任教授になった「岩野祐之には意見がないのである。彼には自信も勇気も無い。鑑別の基礎が養われていない。本浦奘治から教えられたのは、大まかな概説や大系的な理論であって、個々の対象についての実証が空疎である」それにくわえて岩野がその著書のなかで述べていることは

「師匠そっくりである。構成も同じ、云い方も同じで、本浦説の平凡な繰り返しであった。創意も見られず、発展もないから内容は寧ろ退化してふやけている。本浦奘治にはさすがに鋭いところがあったが、岩野には弛緩と退屈以外には無い。鑑識眼の無いことは師匠の本浦教授以下である」

そこで「俺」は贋作の美術品を岩野のまえにつきつけ、岩野がそれを本物だ、と鑑定したところで復讐し、大学の美学教授などというものが、いかに信頼できないものであるかを世間に知らせようとする。その場面を想像しながら「俺」はかんがえる「突風が捲き上ったような混乱が起こるだろう。その渦まくような煙が薄れるころ、岩野祐之が真逆さまに転落して行く姿が眼に見えるようだ。荘厳な権威の座から哀れげに落ちてゆく。アカデミズムの贋物が正体を剥がされて、嘲笑の中に墜ちるのである」この計画は結局のところ失敗におわるのだが、松本はこの小説を書くにあたって精密な調査をおこない、専門家からも取材している。その迫力がこの小説のなかにはみなぎっている。

大学の人事問題について松本は『失踪の果て』では殺人事件にまでその創作の筆をすすめる。この小説はQ大学地質学教授渡部荘太郎が赤坂のマンションの一室で死体となって発見されたところから

はじまる。だれが犯人なのか、証拠はなにものこっていない。だが、担当刑事はふとしたことからおなじ教室の白木講師が犯人である、という確証を得る。白木の共犯者であるかれの愛人はこう告白する

「いろいろな雑誌や本に文章を書くけれど、肩書きが講師では恥ずかしいといっていました。私が、それは学者だから勉強したらなれるではありませんか、というと、白木さんは、いやそうではない、大学には定員制があって欠員でもなければ、どんなに勉強して偉くなっても絶対に上には進めないものだといいました。そして、早く助教授になりたい、いつまでも講師のままでは居たくない、と苛立たしそうにいっていました」

教授がいなくなれば、その下にいる助教授が昇進して教授になり、さらにその下にいる講師が助教授になる。教授ポストを狙う、という発想にたてば、渡部教授の下にいた平田助教授があやしい。だが「頂上の誰かが退くと、順々に下の者が上がってゆく」という観点でみると、はやく助教授になりたい、という白木講師が教授を殺害することにもじゅうぶんな理由があったのだ。この小説は大学の講座制と定員制、そして順繰り人事の醜悪さと滑稽さをえがいてあますところがない。

おなじような教授人事をめぐる醜聞は『落差』のなかでもくりかえされる。この小説は教科書選定の利権をもっている島地助教授が女性関係と教科書出版社汚職で失脚してゆく物語だが、ここでの大学教授たちの会話はこんなふうに展開する。

「あそこは島地が助教授だが、主任教授なんか、島地の勢力に押されて影がうすくなっている。彼が事実上の教授みたいなもんだ。……順繰りで彼が教授になる、今でさえあのくらいだから、教授になったときの島地の威張り方はいまからでも想像できるよ……自分の後釜に誰をもってくるかだ。まず、彼の覚えの目出度いものが順繰りに、助教授、講師となるだろう」

その島地は予想どおり教授に昇格するが、かれは

「自分の後任に講師の一人を助教授に昇格させたが、いつも自分に反撥を持っている専任の講師は遂にそのままにしておいた。その男はほうぼうで島地の悪口を言っているから、ここで助教授にしてやってもその悪口が急に改まるということは考えられなかった。抵抗する後輩を優遇するいわれはないのだ……やはり世間の評価は教授と助教授では違って見えるのだ。これまで島地が雑誌や新聞に何か書くとその肩書が助教授と付けられているのを見て、いつも不愉快な思いをしていた。今後は、もう、一切あの劣等感をもつことはない」

このような教授会による陰湿な人事は当然、不幸な人物を生む。いったん教授になった島地は、安心したせいか他人にたいしては「民主的学者」として「Q大の柿村君なんか万年助教授だ。名声、実力ともに主任教授を凌いでいるのに、全くナンセンスな話だよ」などと余裕をみせるけれども、内心

は

「教授になれば、学内での政治的な発言が全然強力になってくる。助教授も教授会には一応出てはいるが、実力的な発言は何といっても正教授に握られている。これまでは島地も定年になった老教授を動かして操縦していたのだが、今度は自分が教授会で縦横の手腕が揮えるのだ。……島地にとってはこれが何よりの張り合いであった」

おなじような主題を松本清張は、他の作品でもしばしばとりあげる。大学人事はかならずしもトコロテン式に順々、ということにはならない。『火の路』にえがかれる世界もそのひとつだ。この小説では考古学上の解釈をめぐって、主人公の高須通子は師の久保教授の意見に疑問をもちつづけている。彼女は日本の上代の信仰のなかにゾロアスター教の影響があるのではないかという仮説を立てる。それは学界の主流に反対するもので、したがって、彼女は学界では異端だ。周囲の研究者はいう

「彼女は毛色が変わっている。学会誌にはあまり書いていない。高須通子の名は、在野の歴史研究団体の雑誌などで……見かける……彼女が上のほうへのゴマスリ助手だったら書いたものを見てもらったり学会誌に提出したりするだろうね」

だが、彼女は自説を実証すべくイランにまで足をのばす。久保教授は紳士的にふるまいながらも通

子にたいして疎遠な態度をとる。

彼女がイランに調査にでかけたい、というと渋々許可をあたえるが、久保の本心は「文学部史学科助手が海外旅行先で事故を起こして、それが日本の新聞に出た場合、指導の地位にある教授が責任を問われ、批判の対象になる。また史学科ぜんたいの名誉にもかかわり、助教授も講師もたいへん困惑する。いや学長や学部長にも大きな迷惑をかけることになる」という小心翼々たるものであった。通子は、帰国後、独創的な論文を発表し話題になるが「教授は自分の学問の傾向と逸れる助手を好んでいない。自分の鋳型に仕上がってくれる門下生を愛好する」したがって、久保のもとにいる「板垣助教授は久保教授にすこぶる従順だが、それは教授の席を無事にうけつぎたいからであろう。村田講師は教授にも助教授にも忠誠である」という典型的な日本の大学の講座制の悪循環が発生する。そのような状況のなかでは、通子の昇進は絶望的である。

その通子を、ある日、久保教授が呼びだしてこういう。「国立大学の定員制はきびしい……君も知っているように、男子でも万年助手というのがザラだからね、女性の場合はもっと不利だ」「ぼくも優秀な人をいつまでも助手にしておくのは忍びない」そして、じつは四国のある新設の女子短期大学に歴史担当の講師の推薦を依頼されているから、そこに赴任しないか、と語りかける「……女子大だからなるべく女性の講師を先方は希望している。……もし君に行ってもらえるなら（先方の）主事は君のどんなわがままでも諾いてくれるだろう。大学の許可を文部省から取るために図書館の本をだいぶん購入したといっていたが、まだまだ足りないはずだ。君の個人的な研究のためにもっと本や資料をどんどん買っていいよ」通子は、このことばのなかに矛盾を感じる。「だれを講師にし、助教授にするかはほとんどボスの胸三寸にあるといってよかった。……久保教授は私的行政を公的な組織名分にすりかえていた」だが、彼女には他の選択はありえなかった。有名国立大学から、通子は四国に転出する。

しかし、通子のように国立大学の講座のなかでの人事なら、まだましなほうだ。私立大学のなかで派閥のあるところでは抗争がはげしい。『地の骨』の舞台になる大和大学には有名国立T大学を定年退官したグループとこの大学「生え抜き」のグループとが目にみえない火花をちらしている。主人公の稲木助教授はそのT大学の先輩にあたる上条教授にすすめられてT大学講師からここに転出してきた。それにたいして大和大学出身の川西教授の一派がいる。かれは「反T大教授派の一方の実力者である。……表面では互いに慇懃な挨拶で接しているが、その底に激しい冷たさが潜んでいるのは誰の眼にも歴然としていた」そこに有田という専務理事がいる。かれは「学校経営の政策上、T大の古手教授や、T大にいてもウダツのあがらない助教授クラスを輸入し、和大出身のプロパーや他の大学系の教師たちには冷たい。T大のボス教授は和大をT大の下請けくらいに心得て、行き場のない先輩や子分たちの押しこみ場所にしている」だから川西は教授会の席上でも論争する「ことに、それがT大出身の委員だと、彼は心もち顎を上げ、口を尖がらして唾を飛ばした。ファイトが出るらしい」

事件は稲木が入学試験問題をタクシーのなかに置き忘れるという失敗からはじまる。そのことを上条一派は隠しつづけるが、川西は容赦なくそれを糾弾する「いうなれば、大あわてで一夜漬けにつくって間に合わしたという感じだね」と川西は教授会で稲木にいう。その語気の強さに「委員たちは、さすがに色めいた。これは、もう、問題の論難ではなく、侮辱だった。……普通なら、遠慮して柔らかい表現を用いるか、せいぜい皮肉程度なのだが、川西のは正面からの攻撃だった。日ごろT大系に鬱憤をもっているプロパー派の川西の挑戦ととれぬこともない」こうした学内事情があるから、稲木などは「やがては教授となり、さらに有名になってゆく途上で……自分の行為が相手側との相対として、どんな利益や損失になっているかを計算していた」「ことに和大のような大学にいると、すぐ上の上条部長はもとより、その直系の同僚や後輩たち、上条の上にそびえている有田専務理事やその閥の経営者陣、それに反有田や反T大の対立派などをそれぞれに意識していなければならなかった」最終的に、この小説では川西は入試汚職で追放され、また稲木は女性関係で大学を去る。いうなれば喧嘩両成敗、という結末になるのだが、派閥抗争は大学のなかで常態化しているのである。

権力と名声にたいする確執は、ときには師弟の闘争というかたちをもとる。たとえば『カルネアデスの舟板』がそうだ。歴史学者の玖村武二は、恩師の大鶴恵之輔を訪問する。大鶴は戦時中、国家主義的な史観で書物を書いたため、追放されて田舎で農業をしている。いっぽう、玖村は歳も若いし、戦後はさっそく史観を転向して左翼学者に変貌し「進歩的文化人」のひとりとなった。小中学校の歴史の教科書の監修者として、かれは名声をえただけでなく、莫大な収入も確保した。そのような玖村に、かっての恩師、大鶴はもうじき公職追放も解除になりそうだ、といって「どうだろう、僕はまた大学に帰りたいのだが、君が運動してくれないだろうか。君なら発言が有力だと思うがね」と懇願する。玖村は「そうですか、それは、おめでとうございます。先生はまだお若いのですから、そうなればぜひ、うちの大学にお帰り願わねばなりません。微力ですが、僕が学長に極力働きかけます」と約束する。それは「己を師弟愛の主人公に仕立てて古風な感動にちょっと陶酔させる」効果があった。

学長は大鶴の復帰に難色をしめすが、玖村が弁護したので大鶴はふたたび大学教授に返り咲く。大鶴は追放期間のあいだに生まれた遅れを取り戻すために懸命の努力をかたむける。そして、当時流行の左翼史観に転向しつつ、時期をまつ。文部省の方針がやがて変化し、左翼的な歴史の教科書が検定に通らなくなると、玖村の監修した教科書も文部省の検定で不合格になった。

「玖村の生活は膨張していた。抑えようとしても収入があれば、空気の詰まった袋のように生活のほうから膨れてくるものである……これを学校の給料とそこばくの原稿料だけの昔の生活に収縮することが出来るであろうか……玖村武二にとっては、教科書と参考書の喪失は致命的であった。清貧の学徒になれといっても、とても辛抱が出来なかった」

そのような玖村を大鶴はじっとながめている。やがて、教科書会社からは玖村のかわりに大鶴のところに依頼がくるだろう。「大鶴恵之輔は鮮やかに転回するに違いなかった。行動は彼らしい露骨さで出るであろう。身ぶりをほかに気兼ねする必要はなかった。誰も正面切って攻撃する者のない便利な立場に彼は居た」玖村は、その不安と嫉妬から、あらゆる手段を弄して大鶴を追放しようとする。それは、ついにひとりの女性を玖村が殺害するという刑事事件になり、玖村は犯人と断定される。冷静なころの玖村は「各界には絶えず勢力争いがある。女にも勝る妬心と、政治家も顔負けする陰謀がある」ことを承知のうえで「その陰謀に巻き込まれ、足を引っ張られることを極度に警戒していた」が、事態がこのように進展すると、みずから恩師を被疑者にするところまで陰謀を計画し、結局は破綻してゆく。
このような暗闘は小説のなかだけの架空の物語ではない。東京大学で教職についていた西部邁は事実としての大学問題をつぎのようにいっている。

「世間においては利益や権力がチェック機能をはたらかせて、常識外れの人物は逸かれ早かれ窓際にいく破目になる。そうした機能が親方日の丸の国立大学では皆無もしくは微弱なのである。もともと社会的不適応の素質をもった者が多い大学人たちが何十年ものあいだ大学という隔離部屋に閉居していれば、ましてやその部屋に東大という権威ある札が下がっていれば、不適応性格は学者たちの膏肓にどっかと居座り、彼らの心の鼓動そのものになりおおせる」

大学というところは、かならずしも神聖な「象牙の塔」ではない。そこには、地位や権力をめぐっての陰湿な人間関係と、不安や羨望が渦巻いているのである。
しかし、いくら教授や多数派から疎外されても、なんらかの教職につくことができるのは幸福なほうだ。たとえば、さきほどの『真贋の森』の「俺」のように、学問上の見解がちがうと、教授の絶対権力のもとに学界から完全に放逐されてしまうこともある。そういう人間たちを待ち受けているのは「俺」のように才能をもちながら大学とは無縁の世界に生きなければならない。『石の骨』に登場する中学校教師黒津もそうだ。かれは宇津木教授の業績にふかく感銘して考古学の道に入った。

「生前の宇津木先生は日本のどの考古学者をも認めていなかった。人は先生を狷介というが、そういう圭角のある性格に仕立てたのは日本の学界であった。……それでも先生は一時はT大の教授の席をしめた。先生の学問の実力であった。が、官学臭の権化であるT大がいつまでもその席を用意している筈がなかった。あることを理由に、陰謀にも等しい手段で先生を追放した」

その学風をつぐ黒津が大学にうけいれられなかったのは当然である。それでも、中学の教師をしながら黒津は考古学研究をつづける。そしてある日、海岸で一個の礫を発見した。それはあきらかに旧石器時代の象の臼歯の一片であった。かれはその付近を何年も調査し、おなじく旧石器時代の人骨化石をも発見する。興奮した黒津は、それらの標本を鑑定のため母校のT大に持参する。かっての同僚であった岡崎博士は「たいへんなものを発掘されましたなあ」と感心してくれたが、その鑑定作業の現場に名誉教授の竹中雄一郎博士がやってきて「どうも田舎の中学校の先生などが知ったかぶりで詰まらんことを書くから困るね。君、日本に旧石器時代があったなどという大問題がそんな人に簡単に分かってたまるものかね。そんな標本なんかいい加減なものだよ」とつよい語調でいった。岡崎はその竹中のひとことに圧伏されてこの化石を真正なものではない、と断定し「遺憾ながら積極的に旧石器時代の人骨とは認定し難く候」と葉書を送ってくる。竹中はかつて、岡崎の博士論文を審査し、学位を授与した人物である。さいしょは好意的に鑑定作業をひきうけた岡崎がこのような反応をしめしたのは当然であった。

何年かが経過した。黒津のところに、突然、人類学の権威水田博士から手紙がくる。「突然ながら、貴下ご発見の洪積期人類骨化石に就いて御高話拝聴したく、御光来を乞う」というのである。訪ねてゆくと水田博士はにこやかに黒津を迎え、発見当時の状況などをくわしくきいたうえで、数日後に「あれは結構だ。洪積期人類の遺骨と認めます。ついては学界に発表して私が命名します。構いませんね」と電話がかかってきた。黒津は「先生、有り難うございます」と感激する。だが、水田がこの人骨について論文を発表したとき、学名は Japananthropus hatsuenis Mizuta となっていた。発見者である黒津の名前など、どこにもない。学名を飾っているのは水田なのであった。学位をもち、大学にいる人間は、黒津のような在野の学者などは、完全に無視するのである。この小説で、松本清張は黒津という不遇な研究者を「己《おれ》」という一人称で登場させ、その胸中に去来するさまざまな思いを「己」に語らせているが、それはこうした無名の在野の学者の姿のなかに松本じしんの若き日の鬱屈した心情を投影させたかったからなのではないのか。「私小説」を松本は好まない。だが、これらの作品のなかでの「俺」や「己」は松本の分身そのものなのだ。

『断碑』も、おなじく在野の考古学者、木村卓治を主人公にした作品である。奈良県に生まれた木村は中学生のころから考古学に興味をもっていた。奈良県は古墳の宝庫である。畝傍中学の標本室には多くの出土品が陳列されていた。かれは大学に進学する余裕がなく、中学を卒業すると、すぐにちかくの小学校の代用教員になり、京都大学の杉山助教授の門をたたき、教えを乞うようになった。杉山も中卒で苦学した人物だから、木村は親近感をもったのであろう。しかし、杉山との関係はうまくゆかなかった。「それは中学校だけの学歴の彼の一種の劣等意識からくる反撥でもある。自分より高い教育をうけた同輩や齢下のものに彼は生涯、冷たい眼を向け通しであった」

やがて木村は東京の博物館の歴史課長で、おなじく考古学を専門とする高崎健二と接触をもつ。高崎は木村に好意的であった。かれの書いた論文も高く評価してくれた。そして、やがて高崎は木村を博物館の助手に採用できるかもしれない、と手紙をくれる。木村はさっそく勤務先の学校に辞表を提出し、上京する。だが、この人事は実現しなかった。

「博物館に彼が入れなかったのは、そこの事務官の一人が反対したからである。木村は中学の卒業だ。もう一人の候補者は大学の史学科卒である。どちらを採るのが至当か、とその事務官はいう。そして、高崎はどうも自己の勢力を殖やして困る、と呟いた」

傷心の木村は、その後も生活に困窮しながら考古学研究をつづける。かれはたんに学問研究にみずからをささげる、という学究的精神からだけではなく、かれを冷遇してきた学者たちへの復讐を決意する。かつてかれに同情的だった博物館の職員がたしなめにきたとき、木村は敢然としてこういう「分かりました。これから高崎一味の打倒を目標に闘います」その目標を達成するために、かれは寝食を忘れて研究に没頭する。その解釈はきわめて独創的であり、またすべてが実証的に難点のないものであった。「さあ、叩いてやるぞ、出てこい、出てこい、と彼は仁王立ちに構えているようであった」「それは悉く高崎健二たちの仕事に喰入り、それより新鮮で鋭かった……杉山道雄はとうとう日本の青銅器のことには沈黙して書かなくなった。……それは杉山が木村に畏怖して逃避したという人がある。高崎健二は病死し、木村卓治は、げらげら笑った」

だが、そのように考古学の世界で権威に挑戦しても、かれは無視された。そんな木村を京都大学総長の熊田良作が呼んでくれた「この温厚な考古学界の長老は卓治の窮状を見兼ねたのだった。彼の才能を前から認めていたのである」しかし京大には、まだ杉山がいた。木村は熊田の好意にもかかわらず大学への出入りを差し止められ、病におかされて三十四歳の若さで淋しく死去するのである。「今になって、木村卓治を考古学界の鬼才とし、彼が生きていれば今の考古学はもっと前進していただろう、とは学者の誰もがいう」けれども、それはかれが死んでから数十年あとのことなのであった。

『火の路』に登場する梅津信六という人物もそうだ。中学の歴史の教師をしていた梅津はT大学の山崎教授と文通し、助手として採用される。

「助手の先輩として梅津信六の上に折原さんがいた。ところが垂水助教授も折原助手も梅津信六にはかなわなかった。垂水さんは史料の読み方が荒いしね、折原さんは勉強家だがヒラメキがなかった。で、山崎先生は梅津信六を可愛がっておられたよ」

だが、山崎教授が死去すると梅津は大学から放逐される。「途中からの脱落で大成は見なかったが、研究の目のつけどころといい、深さといい、着想といい、鋭敏にして非凡、現在でも多くの示唆に富んでいる。ああいう天才的な人は、その後出てきていないね」と心ある学者はいう。梅津の論文を参考にしながら業績をあげている学者もすくなくないが、その出典はあきらかにしていない「そんな公明な心がけの学者はほとんどいない。自信のない人たちばかりだからね。それに梅津信六の論文名を挙げたら、それだけで自己のマイナスになる」「そういう正論が通らないのが学界だ。派閥がある。……ましてや梅津は若いときに脱落した学者だ。そういうのを出典として明記したら、ひどい目に遇う」それは、おおきな矛盾である。しかし「その矛盾がまかり通るところが学界の特殊性だね。要するに、梅津信六の考えをとらざるを得ないくらいに現在の学者、学部や研究所の教授、助教授、講師連の頭は貧弱なんだよ」梅津は、最後には保険の勧誘員としてその生涯をおえる。

これらの作品に共通しているのはいったん大学という制度、そして学界というギルドから追放された在野の研究者は、いかに有能であろうともその功績をみとめられない、ということである。おそらく、これら一連の創作活動のなかで、松本清張は、『半生の記』のなかでふれられている「気の弱い」校正係主任の家での会話だの、専門書を片手に北九州の遺跡を歩きつづけていたころの自画像を描いていたのではあるまいか。それは、日本の大学と「学歴社会」にたいする憤懣の爆発なのである。

大学はよくない。すくなくとも、その運営や制度は異常である。教授たちは権力闘争に熱心であり、いったん権力を手にすると、その既得権を最大限に行使して勝手気ままな人事をおこなう。権力の構造を熟知した若手の研究者たち、すなわち助教授、講師、助手から、ときには大学院学生までが権力者にひたすら追随し、その鼻息をうかがう。『真贋の森』の本浦にたいする岩野がそうだし、『地の骨』での上条にたいする稲木がそうだ。そのようにして大学は堕落し、学問は荒廃する。だが、それにくわえて、さらにおおきな社会的犯罪がいくつもある。さきにみた『カルネアデスの舟板』の両教授は教科書や参考書の印税で莫大な収入を得ていた。それは犯罪ではない。しかし『落差』の主人公、島地は大学教授というよりは商売人である。教科書の監修者として島地は出版社の編集長にこういう

「そう言ってはなんだが、今度の執筆者にも僕の教え子を二人入れてあるからね。両人とも地方では相当の影響力をもっている。全国には僕の学校の出身教師がずいぶんとふえている。……ひとつ、ビジネスライクでいこう。こういう点を考慮して、はっきり印税の率を示してもらいたいもんですね……ああ、それにウラの金も欲しいですな……定価八十円として、固いところ二百万部売れたとする。その七パーセントだから、ざっと一千百万円の印税だ。このうち自分が七割の七百万円をもらっておく。残りの三百万円を編集委員たちに分けてやろう」

しかし、島地としてはもう少し金が欲しい。かれは名案を思いつく。この印税率は他人にはわからない。他の編集委員にはこれまでどおり六%ということにしてみよう「六分で九百六十万円だ。税引きで約八百六十万。その三割だと二百六十万円となる。これに一分の隠し金のおかげで前の計算から比べると、約五十万円も余計になる。……悪くはないな、と島地は腹這いながらほくそ笑んだ」

しかも、このような印税の交渉や計算は温泉旅館の一室で、しかも芸者をあげての接待の席でおこなわれている。執筆者だけではない。小中学校の教師にもリベートが流れてゆく。その醜聞はやがて国会での問題に展開する。この物語はフィクションではなかった。その当時の現実の事件だったのである。松本清張は昭和三十七年の衆議院文教委員会の議事記録としてつぎのような問答を引用している。

「村山喜一委員（社）教科書会社八六社の中で今度は六社が警察の調査を受けたが、その中でＱ社が一ばん問題を起こしており、教科書の売れ行きもいい。聞くところによると、Q社は今回の教科書売り込みに一億円相当の金を買収費として使っているというではないか。……Q社はどう反省しているか」

「山口Q社社長（参考人）今度の事件についてはまことに恐縮している。今後はふたたび起こさぬよう営業関係の社員に伝える」

国会でのこうした展開にもかかわらず、小説『落差』のなかで島地は動転しながらも「進歩的文化人」として講演旅行をつづけ、さいごにはかれにふかい怨念をもつ女性に刺されて警察沙汰になる。教科書会社の営業係は事件が起きると、すぐに警察にゆき「いかがでしょうか、島地さんは教育界で有名な方ですし、大学教授です。これが公表されますと、先生にとっても大へん不利な状態になります。主催者としてのわたしどもも困っております」と事件の公表を差し止めるよう、署長に懇願する。署長はそれにたいしてうすら笑いをしめしながら「……しかし加害者にも同情すべきところがあるので、そう島地さんの言い分通りになってもいられません」「しかし、なんですな、教育界の大先生といっても裏からみるとひどいもんですな」と答える。

じっさい、この小説の主人公島地の女性関係はひどい。芸者、ホステスなどはもとよりのこと、親しい友人の妻ふたりをも犯す。この傷害事件の加害者はそのひとりであった。その点で、これは「大学小説」であると同時に『わるいやつら』など松本清張の他のピカレスク小説の系列のなかにかぞえたほうがよいのかもしれぬ。島地を刺した女性にたいして警察は同情的であり、釈放されることになるのだが、警察の保護室で彼女はかんがえる

「大学教授という彼のご自慢の地位も、進歩的学者という誇り高い評判もこの事件で葬り去られるだろう……虚栄心の強い人だけに、みなから一どきに攻撃されると脆いのだ。これまで声は抑えられていたが、島地に反感をもっている人は多いのだ。彼らは島地に襲いかかるかもしれない。没落は、島地にとって死より苦痛かもしれぬ。生甲斐を現在の虚名にだけつないでいる人なのである」

『地の骨』では不正入学が主題のひとつになる。この作品に描かれる私立大学では裏口入学は公然の秘密だ「いわゆる裏口入学について寄付する金は、ほとんどが教授会の当該有力者のふところに入るしくみになっている。これは他の有力教授も同じことで、つまり相互が暗黙のうちに了解して利益を共同のものにしている。たとえば二百万円出したとすれば、そのうち百万円ぐらいは頼まれた教授がふところに入れ、あとは他の二、三の有力教授に分配することになっている。少なくとも和大の場合はそうなっている」

そうした文脈のなかで、川西教授はじぶんと関係のあるバーの女性、啓子から友人、住吉初子の息子の裏口入学を依頼される。希望している大学は和大ではなくR大学だ。川西は彼女にいう「例の頼まれたことだがね、昨夜、R大学の男と会ってきた」「その人が言うには、まず三つ半は入り用だそうだよ」「少し高いようだが、近ごろは、あの学校もむずかしくなってね。この前の話では三百万円でよかったようだが。……なかには一千万円も出そうという金持ちもあるそうだ」そうして預かった金のうち百二十万円を川西は着服し、啓子を旅行に連れだしたうえ、旅先で盗難にあう、という二重の失態をおかしてしまう。残りの金はR大学の友人に渡したが、それにもかかわらず住吉初子の息子は不合格となった。川西は住吉に返金しなければならないが、そのかなりの部分を着服し、消費してしまったので返済することができない。苦しまぎれに百二十万円を来年のための準備に預からせてくれ、と川西は住吉にいうが、住吉は川西を訴える「住吉初子は川西教授を詐欺として地検に告訴すると弁護士を通じて発表した。初子は川西の斡旋でR大学に受験する子供に特別便宜を図ってもらうために三百五十万円渡したが、うち百二十万円戻っただけで、あとは返してもらえない。R大学に訊いてみても、そんな事実はないと否定された」「親心の弱点に乗じた悪質な詐欺なので黙ってはいられない。大学教授ともあろうものがこういうことをするのは許せない」という談話が各新聞に掲載された。川西はこれで絶望的な立場におかれてしまう。

汚職、背任はまだつづく。川西の勤務先である大和大学では、高名な学者として招かれた竹岡総長が息子のための不動産取得のための費用を有田理事に相談する。一千五百万円のうち五百万円は他から都合することができるので「一千万円ほど大学から貸してもらえないだろうか。月々の月給から少しずつ入れて、残りは退職金で支払いたいと、新渡戸稲造先生の風貌にも似たその高邁な顔が、きわめて卑俗な表情になった」理事は「かしこまりました」と答え、一千万円の小切手を用意する。名目は「総長交際費」となっている。それを知った川西は総長を攻撃しようとする

「こんな公私混同あろうか。一応、竹岡総長の退職金引き当ての借入金ということになっているだろうが、それはあくまでもごまかしで、実際は公金消費も同じである。その金は、大学の理事会の承認も得ず、また経理面に出ていない隠し金なのだ。有田には背任罪が成立するのではないか。もしくは公金横領罪だ。

また総長の竹岡も事情を知って借りたとすれば共謀になる」

みずからは不正入学に荷担しながら、反対派の有田理事の汚職にたいしてはおなじ人物が豹変して正義漢をもって任ずるのである。私学の理事者たちの権力抗争は相互の醜聞の暴露合戦というかたちをとることもある。

『混声の森』の舞台となる若葉学園では、その理事長大島圭蔵と石田謙一専務理事とのあいだに確執がある。圭蔵の兄にあたる大島重太郎は若葉女子専門学校の創立者であり、それを大学に昇格させるために用地をもとめていた。そこにあらわれたのが当時この学園の事務員だった石田である。かれはみずからの人脈で旧陸軍用地を入手し、重太郎の夢を実現させ、理事になった。そのかぎりでは、理事長と石田の関係はよかった。ところが、重太郎の死去にともない、その弟の圭蔵が理事長の椅子についた。圭蔵は、ある県の課長をしていた人物である。それが「遺産」としての理事長職を取ってしまったのだ。石田にしてみれば、学校経営などになんの知識も経験もない圭蔵を追い出して、じぶんが理事長になるべきだ、とかんがえている。「圭蔵は教育についてはズブの素人」であるにもかかわらず

「若葉学園の理事長になると、その権力を発揮したくなってきた。圭蔵によれば、学長は飾りもので、理事長の方針に従わなければいけないという。……この観念は当然に昔気質の学者意識を持っている学長と合うはずがなかった。学長は、教育と学校の経営とは全く別なもので、学園の教育行政に関しては理事

長は差し出口をすべきでないという。教育と経営は分離されるべきもので、理事長はむしろ教育方針に従って経営を行うべきだと主張する」

ところが「圭蔵は理事長という肩書きで全学生に講話を行う。それがすこしも面白くない、感覚のズレた話ばかりだった。さながら圭蔵は学長の上に自分を置いて学生に誇示しているようであった」その結果、気骨のある学長は辞任する。しかし、そうした理事長をどのようにしたら追放できるか。石田は事務職員の秋山千鶴子と理事長のあいだの醜聞を暴露すべく演出をくわだてる。理事長は当然、その石田を解任しようとする。大島は腹心の部下を使って石田の担当する経理の不正を理事会の席上で突然、公表して逆に石田の解任を議題にする。権力をめぐっての理事たちの暗闘だ。石田はその間、あたらしい学長候補者として京都の柳原博士に接近している。柳原は「何といっても明治の人ですからね。バックボーンが違います。今の学者のように、いろいろ他人から言われて動揺するような人ではありません。ちゃんとした信念を持っておられます」いっぽう理事長は元文部大臣だった前岡哲馬をたよって懇願にゆくが、前岡はそれを突き放した。

「理由はいくつも挙げられるが、公的なものとしては、大島があまりにも学園経営に私欲を持ちすぎたこと、彼に教育理念がないこと、経営が独裁的なこと、現在の椎名学長が大島のロボットで無能なことなどだった」

石田がわは、私立探偵社に依頼して大島の女性関係を徹底的に調査し、証拠をつかむ。この内紛は、そのようなわけで石田の勝利におわり、大島は「校主」という名目のポストに追いやられ、石田が念願の理事長の座をしめることになった。

硬骨の柳原博士が着任する。新理事長としての石田は柳原新学長とともに報道陣のまえに華々しく登場する。かれの陰謀は成功したのだ。しかし、このように執行部体制が確立すると、学長は大島をひとり呼び出してこういう「石田君。まことにお気の毒だが、本学の理事長を辞任していただきたいのですよ」石田が驚愕してその理由を問うと、柳原はしずかに「あなたは大島前理事長を策動をもって追い出しましたね。あなたのその策動性がぼくには気に入らないのです……恐ろしいのは前理事長を策略で追いだしたあなたの人間性です。清純な教育を考えているわたしは、学長とコンビを組む理事長としてあなたを信任できないのです」理事会の招集権をもっているのは理事長だ、と石田が反論すると、柳原学長は、石田が京都に博士を訪問したときに「こんご理事者は学長の方針に従う」という誓約書に署名、捺印したことをあげ、しかも今回の理事会は石田本人にかかわることだから、石田には招集権がなく、したがって先任の理事がすでに招集していることを告げる。「……全理事……事務局までが、柳原の側に結束しているという現実の前に、石田は自己の無力が思い知らされてきたのである。しかも、柳原学長の声望は教授陣を圧し、世間に迎えられている。その柳原を学長に迎え入れたのは敗者の自分自身ではなかったか」策謀の連鎖は、このようなかたちで終息してゆくのである。

松本清張の「大学小説」は、以上にみたようなさまざまな大学問題を容赦なく追及し、批判し、そして現代日本の大学がどのようなものであるのかを明確にしめしている。もとより、これらの作品は創作である。それと現実の大学とのあいだには、相違点もあるだろう。しかし、これを松本個人の大学にたいする怨念として片づけることはできない。大学の病理は、大学関係者よりも、むしろ大学に直接にかかわりのない作家の筆によってみごとに描かれているのである。

松本清張大学関連小説一覧

NO	タイトル	初出年月日	掲載誌	キーワード
1	断碑(1)	54・12	別冊文芸春秋43	考古学・学閥・学歴
2	石の骨	55・10	別冊文芸春秋48	考古学・学歴
3	カルネアデスの舟板(2)	57・8	文学界	歴史学・教科書・人事
4	真贋の森	58・6	別冊文芸春秋64	東京大学・美術史
5	失踪の果て	59・5・1〜59・5・29	週刊スリラー	地質学・人事問題
6	落差	61・11・12〜62・11・21	読売新聞朝刊	歴史学・教科書
7	地の骨	64・11・9〜66・6・11	週刊新潮	不正入試・スキャンダル文学部
8	小説東京帝国大学(3)	65・6・27〜66・10・23	サンデー毎日	東京大学・政策・私学への圧力
9	混声の森	67・	書き下ろし	私学経営・女子大学不正経理・理事会運営
10	火の路(4)	73・6・〜74・10・	朝日新聞	古代史・論争・人事問題・骨董品

あとがき

文学作品をつうじて社会をみる、ということをかなり若いころからこころみてきた。流行歌の歌詞から日本文化をかんがえてみたのはまだ学生のころだったが、やがて京都大学人文科学研究所の時代には桑原武夫先生の共同研究に参加して「小説の比較価値論」という論文を書いた。同先生編による『文学理論の研究』(岩波書店・一九六七)に収録されている。その後、学習院大学時代には一九七八年の通年講義に「文学と社会」を用意し、その講義録は『文芸の社会学』(ＰＨＰ研究所・一九七九)にまとめることができた。この論考はその続編ということになるが、わたしは松本清張さんの文学の底流にある主題のひとつが「大学問題」であることに気がついていた。いうまでもなく松本さんは『点と線』にはじまる推理小説作家として一世を風靡し、わたしはその熱烈な読者のひとりであったが、それとならんで松本さんは日本の学問のありかた、とりわけ大学という密室のなかで展開されている陰湿な人間関係につよい疑念、いや、もっと誇張していえば憎悪にちかい感情をもっておられた。この稿の末尾に作品一覧をあげておいたが、「東京帝国大学」などはノンフィクションといっていいほどの力作である。大学という場での権力闘争と、大学教授という空虚な権力。そして、そのまえに無残に敗北してゆく在野の「学者」へのはげしい同感。そこには松本さんじしんが「学校出」でなかったために新聞社のなかで版下工という下積みから脱出することのできなかった怨念がこもっている。わたしじしん半世紀にわたって「大学人」のひとりであったから、あの組織がもっている病理学的側面はいろんなかたちで見聞し、経験してきた。そして大学とは無縁にすぐれた貢献をした在野のほんとうの学者、たとえば南方熊楠、牧野富太郎、宮本常一といったひとびとへの憧憬を抱きつづけてきた。「大学小説」を松本さんの作品のなかで第一に注視すべきだ、とわたしはおもいつづけている。とくにいま「大学」という美名にかくれている組織のおどろくべき劣化現象には、ほとんど絶望的な気分になっているのである。

社会科学の消費者たち

およそ人間の知的生産活動はなんらかのかたちでその成果が結実するもの、とみていいだろう。そのことはとりわけ理工系の学問分野での研究者の研究成果をみているとよくわかる。たとえば工学者の研究成果はあたらしい半導体になってさまざまに応用され、化学者の合成した物質は薬品や化学繊維になる。それらの「知的生産物」は文字どおり物的、かつおおむね可視的であり、それはしばしば研究者の研究室からはなれて「商品」になり、ひろく大衆によって「消費」される。たとえば、わたしのコンピューターをうごかしているＣＰＵやＲＡＭボード、そしてもろもろのアプリケーションはハード、ソフトともに大学や企業の研究所などで開発されたものであろうし、また、わたしが身につけている合成繊維の一枚のシャツも、その素材から染色、縫製にいたるまでおおくの研究者たちの努力の成果としてとらえることができる。そのような知的生産の成果はだれの目からみても明瞭だし、それらのかなりの部分は直接的、間接的に商品化されて市場経済のなかで流通している。

しかし、ここに例示したのは理工系の学問のばあいの事例であって、社会科学や人文学のばあいに

〈人文書院・既刊書より〉

藤田嗣治 妻とみへの手紙 1913－1916

［上］大戦前のパリより／［下］大戦下の欧州より

●林洋子監修　加藤時男校訂
無名時代の画家・藤田が欧州滞在中に最初の妻とみへ宛てた179通の書簡を完全復刻！ 謎に包まれていた渡仏直後の動向を伝える。上下巻各¥8500

うたごえの戦後史

●河西秀哉著　民主主義はうたごえに乗って――。敗戦以降の「合唱」の歴史を追う、戦後史に新たな視角を切り拓く意欲作。
¥2200

レクチャー 第一次世界大戦を考える

カブラの冬

●藤原辰史著　―第一次世界大戦期ドイツの飢饉と民衆　ナチスを生んだ飢餓の記憶とは？ 食糧戦争としての大戦を描く。
¥1500

◎好評重版出来◎

1941 決意なき開戦

●堀田江理著　―現代日本の起源　太平洋戦争の開戦決定への過程を克明に辿る緊迫の歴史ドキュメント。
¥3500

TEL 075-603-1344 / FAX 075-603-1814　http://www.jimbunshoin.co.jp/

は知的生産はかならずしも物的、可視的なものとして結実するわけではない。もとより、学者がその研究成果を論文や書物にとりまとめ、それが「刊行物」というかたちで物質化されることはすくなくはない。それは紙とインク、あるいはテープやディスクといった「物」を媒体にして物質化するわけだし、書物は商業出版の流通ルートにのって販売される。そのかぎりでは電化製品や繊維品などとおなじように「商品」となり、市場原理によって「消費」されるといっていいかもしれない。出版社もまた、ひとつの営利企業なのだから、その売上は国民総生産のなかに計算されている。そのかぎりで、知的生産「物」は大衆によって「消費」されている、ということになるだろう。社会科学の成果もまた「消費」の対象なのである。

だが、機械工学、電子工学などの学問を基礎にしてつくられた一台の自動車をわれわれが「消費」するばあいと社会科学の書物一冊を「消費」するばあいとでは、かなりその原理がちがうのではないか。たしかに「消費」ということばはそのいずれのばあいにも適用できるだろうが、そこには相違点がたくさんある。

まず第一に、自動車の消費は物質的な「消耗現象」がともなう。いくら運転に注意し、維持・管理をおこたらないようにだいじに使用しても自動車はしょせん「消費財」であって何年かが経過すれば使用できなくなる。燃料系統にも問題がおきるだろうし、車体じしんにサビがでる。ドアにも狂いがでてくるだろう。さらに単純な商品を例にとれば、電球なども何万時間か使えば切れてしまう。要するにこれらの工業製品には寿命があるのだ。ましてや第一次産業の生産品、たとえば生鮮食品などは、さらにはかない生命しかもたない。水産学が養殖漁業を発展させ、農学が米の品種改良をおこなってさまざまな食品をわれわれに供給してくれるが、それらはわれわれの肉体の新陳代謝のために消耗されてしまうのだ。インスタント・コーヒーは「インスタント」にできあがるが、同時に「インスタント」にわれわれの消化器官のなかに送りこまれてそのすがたを消すのである。

それにたいして、社会科学の書物一冊は「消耗」することがない。わたしの手もとには学生時代に購入した書物がまだたくさんのこっている。買った時点から起算すると、すでに半世紀以上が経過しているが、書かれている文字はいっこうにかわっていないし、消耗もしていない。たしかに、六十年の歳月のあいだに、紙は変色している。ましてや戦後まもなく買った本だから、紙質は劣悪で、印刷もよくない。かなり古い本であることは背表紙をみただけでもわかる。だが、それにもかかわらず読むことはできるし、いまでもときどき書庫からだしてきてじぶんの記憶にまちがいがないかどうかをたしかめたりする。五十年間、おなじ自動車をつかうことはできないが、書物は依然としてつかうことが可能なのだ。いや、五十年どころではない。歴史学者は数世紀をへた古文書をつかって過去の史実をあきらかにしてくれる。書物という「物」は半永久的に保存されうるのである。

第二に、物質世界では人間の「消費」は「量」を尺度にする。たとえば農林水産物のばあいには、生物としてのひとりひとりの人間が消費する「物」の量は決定されている。成人男子が生きてゆくためには一日あたりおよそ二千キロカロリーの熱量が必要だ。それがなければ健康な生活を維持することはできないし、食糧が不足すれば死をまつ以外に方法はない。逆に、いくらご馳走がならんでいても、人間の消化器には限度がある。一定量をこえて飲食することはできない。

工業製品でもおおくのばあい、事情は似ている。たとえば一台のテレビには寿命がある。何年かたつと買い換えなければならぬ。さらに、家族がそれぞれにチャンネルを争奪するから、このごろでは一家に二台、三台のテレビがあるばあいもあるが、十台ものテレビ受像器は不要である。

ところが、それと対照的に書物という「物」は消耗もしないし、共有することもできる。わたしの手もとにある一冊の本は友人に貸すこともできるし、逆に友人の本をわたしが借りることもできる。しかも、そういう貸借をしたからといって書物の内容が減ったり変化したりするわけではない。「一冊の本」をわかちあうことですべての人間が知的にひもじいおもいをすることなどありえない。いい書物なら、すべての読者がその内容をわかちあい、ゆたかな刺激をうけることができるのである。とすると、人文学や社会科学の成果「物」は理学、工学の成果「物」とはまったくちがった性格のものであることに気がつく。そして、そのことはたぶん、物質と情報のちがいという根本問題とかかわっているようにおもえる。そのことをつぎにかんがえてみたい。

物質、エネルギー、情報という三分法はすでにわれわれにとっておなじみのものになっている。そしていわゆる「高度情報化社会」の到来によってわれわれは「情報」の「消費者」としてのみずからをかんがえるようになってきた。そして、その観点からみるならば社会科学・人文学の成果は結局のところもろもろの「情報」ということになるのではないか。安藤昌益が書き、ウェーバーが論じ、柳田國男が調査し、あるいはレヴィ・ストロースが解析して発表したことがらはことごとく情報なのである。あるいは社会科学という学問領域じたいがひとつの特定された情報の巨大な集積であるといったほうがよいのかもしれない。もしそうであるなら、社会科学の「消費」とは「情報の消費」以外のなにものでもあるまい。それでは「情報の消費」とはどういうことなのか。

市場原理からいえば、物財の「消費」はいうまでもなく「交換過程」をともなう。たとえばここにハミガキのチューブが一本ある。それは薬局やスーパーの店頭にならんでいたものだ。ハミガキを必要とする「消費者」としてのわれわれはその一本のチューブとひきかえに三百円という対価を支払う。そのハミガキはこの交換行為によってまず所有権が転移する。さきほどまでスーパーの商品であり、資産の一部であったハミガキは三百円を支払った瞬間からわたしの所有物になり、わたしが自由に使用するものになった。商取引の結果そうなったのだから当然である。それにたいして「情報」の交換は所有権の転移をともなわないのが特徴だ。たしかにわたしは書店で一冊の書物という「物」を入手する。書物にたいしては定価どおりの対価を支払った。だが、「物」としての書物、つまり紙とインクのかたまりはわたしのものになったが、わたしが買ったのはそこに書かれている「情報」である。もとよりその情報はあくまでも著作者の著作権の範囲に属する。著作権などというむずかしい問題に立ちいらないでも、情報の生産者はその情報を市場に流通させたからといって、じぶんが生産した知的所有物がどのようなものであったかを忘却することはできない。それはその著作者が生きているかぎり、その人物の頭脳のなかに記憶されている。そのような「生産物」を売ったから、所有権が消滅したということにはならない。所有権の転移をともなわない、ということは知的所有物が生産者と消費者によって共有されるということを意味する。いっぽうが生産者であり、他方が消費者であるというのはたしかなことだ。情報の生産者はそれがたとえば書物という物的な媒体のかたちをとり、それが市販されたときには印税をうけとり、消費者は対価としてなにがしかの金銭を払ってその紙とインクのかたまりを手にいれるが、その背後にはたらいている原理はハミガキの売買原理とはちがうのである。岩波文庫の発刊のことばは「真理は万人によって求められることを自ら欲し、芸術は万人によって愛されることを自ら望む」という有名な一句ではじまるが、「万人」が「求め」て「消費」しても「真理」は分割されたり消耗されたりすることはありえない。

物質的生産物は「交換」されるが、情報は「共有」されるのである。情報というものはそういう性質をもっているのだ。そこでは通常の経済学でいう市場原理は作用しない。俗に、大学教授は「知識の切り売り」をしているだけだ、などという批判をうけることがある。それは比喩としてはわかるが、現実問題として「知識」は「切り売り」できないのである。カツオや大根は「切り売り」可能な物質だ。しかしひとつの情報ないし情報体系はそのぜんぶを、すべての消費者が共有するのである。

それにくわえて、情報はその生産、流通、消費にあたっては原価計算ができない、という特徴をもっている。ふたたびハミガキを例にとれば、あの一本のチューブには開発研究費、工場の設備投資、材料の仕入れ価格、製造にあたって消費されたエネルギー・コスト、搬送費、包装代、などあらゆる製造原価がふくまれており、その原価に適正利潤が加算されて定価が設定される。ところが、情報の生産にあたっては原価計算ができない。ひとりの作家なり学者なりが苦節十年、調査や研究についやしたエネルギーとその金銭的支出はかなりの量になるだろうが、そのことと成果の市場価格とのあいだにはなんら関係がない。古今東西を問わず、赤貧のなかでおどろくべき業績をあげながらいっこうにその「原価」に見合う報酬を手にすることのできなかった研究者がおびただしくいるが、その対極には、たまたま一冊の書物がベスト・セラーになったおかげで予想もしなかった収入にめぐまれる小説家もいる。蓄積された知識がその基礎になっているとはいえ、ある瞬間に脳裏にひらめいた着想が大発見の原動力になって、おびただしい特許料収入が約束されたり、それが権威ある受賞につながったりすることもあるが、逆に中世の錬金術や永久運動機械のように、一生かけても成功しない知的活動もある。

原価計算ができないから、情報、あるいはその一種としての学問的成果の経済学的「価値」にはさっぱり算出の根拠がない。いきなり形而下的な話題で恐縮だが、たとえば大学教授や研究者の月給算出には根拠がない。製造業や小売業なら、その営業成績によって給与がどれだけであるのかを計算することもできるが、知的生産者のばあいにはその給与の金額がどのようにして算出されているのかわからないのである。企業の研究所のばあいなどは例外として、大学教授の給与などは、しいていえば、なんとなく世間相場で決定されているだけなのではないか。知的情報が商業出版だのテレビだのをつうじて流通するばあいには、原稿料や出演料が対価として支払われるが、その対価だって、算出の根拠はない。情報の「生産」といういとなみにはそういう宿命がつきまとっているのだ。

もうひとつ、すでにのべたことと重複するが、情報はたとえばおなじ書物をなんべんも読みなおす、といったふうに反復使用が可能で、しかも反復使用したことによる消耗や償却をともなわない。自動車は反復使用して一定のキロ数を走れば消耗する。だが、「読書百遍、意自ずから通ず」というふうに、なんべん反復使用しても情報はもとのままのすがたで健在なのである。

さて、これまでわたしは、情報が万人によって消費されうるものであり、しかもいくら消費されてもそのすがたに変化がないことをのべてきた。だが、それだけではない。さらに重要なことは他のもろもろの商品とちがって、情報にはそのただしい使用法、あるいは用途が特定されていないという事実だ。冷蔵庫は食品の保存や冷凍のためにつくられている。テープ・レコーダーは音声や音楽の録音のためにある。トマトは生食、加工をとわず食用であり、箸は食物を口にはこび、あるいは調理のために使用される道具だ。要するにたいていの商品は一定の特化された「目的」をもっているのである。いや、特定の「目的」があってはじめて商品は開発され、製造されるのである。

だからこそ、特定の目的以外に使用されるとぐあいのわるいこともある。髪を乾かすことを目的につくられたヘア・ドライヤーを濡れた衣料の乾燥につかう、といったようなこともあるだろうが、目的外の使用はおおむねよろしくない。海苔やクッキーなど湿気を避ける必要のある食品には乾燥剤の包みがはいっているが、それには「食用ではありません」という注意書きが印刷されている。「誤使用」による事故を防止するためにメーカーは最大の注意をはらう。電気器具などにはただしい使用法をこまかに説明した「説明書」がついているし、コンピューターなどには数百ページにおよぶマニュアルが添付されている。そのマニュアルどおりに使用しないと、精密機器は故障したりまったく機能しなくなったりする。「誤使用」は絶対に避けなければならないのだ。

そうした一般の商品にくらべると、情報はかならずしも「目的」をともなうとはかぎらない。もちろん、天気予報という情報は気象を通報するのが目的だし、株式市況は投資家に株価を知らせる目的をもっている。だが社会科学者が論文を書き、学会で発表するときに特定の「目的」があるだろうか。みずからの学問的知見や発見を同僚のまえであきらかにして批判をうけたい、という目的はあるだろうが、学問というものにはそもそも「目的」はあまりないのではないか。もとより、学者は「問題意識」をもっている。だが、その「問題意識」は「動機」であって「目的」ではない。すくなくとも商品開発にくらべると社会科学をふくめて学問には「目的意識」は希薄なのである。

たとえば、ここに内村鑑三の『求安録』という書物がある。その本の冒頭には「人は罪を犯すべからざるものにして、罪を犯すものなり。彼は清浄たるべき義務と力とを有しながら、清浄ならざるものなり」としるされており、さいごは「力なき我、わが能うことは祈ることのみ」という一句でおわっている。その内容はかれのキリスト教義解釈であり、それにもまして信仰告白である。それは、苦悩する内村の独自といってもよい。もちろん、この書物を執筆したとき、かれが心ある読者を想定し、かれなりの社会改革をねがっていたであろうことは想像できる。だが、おなじ内村の著書『地人論』が世界の歴史・地理教科書として目的的に書かれたのと対比すると、『求安録』は書かざるをえない内的衝動の産物であったかのようにみえる。書きたいから書く、それが知識人の「知的生産」の原点なのではないか。南方熊楠が大著『十二支考』をとりまとめたとき、その執筆にいったいなんの「目的」があったのか。なにもありはしない。かれはみずからの知見を記録し、解釈をくだしておきたい、という衝動からあの大部の著述にとりかかったのである。そもそも、学問研究と「目的論」とは関係がないのである。

「目的」がないだけではなく、知的生産の「産物」にはただしい使用法もない。いま引用した内村の『求安録』にしいて「目的」があったとすれば、それはキリスト教というひとつの宗教をひろく国民のあいだに伝道することであった。その内村の意図をすなおにうけとって、人生と世界を再検討しようとした読者もいただろう。だが、逆に内村の書物が反キリスト教感情の土壌になったこともありえたはずだ。情報はその「使用者」が自由に解釈し、独自の使用「目的」を設定してよろしいのである。この書物はこう読まなければならない、という「純正使用法」はない。今西錦司の進化論はダーウィン主義にたいする根底的批判であり、それは過去四十年ほどにわたって世界の生物学者たちの論争の的になった。だが、そもそも「論争」というのはことなった「生産者」や「使用者」たちのあいだで交わされる、さまざまな「使用法」についての論議なのだ。情報には複数の解釈、複数の「使用法」があるのが当然なのである。プラグマティックスという名で知られる記号論の分野は、この文脈でいえば「情報使用論」として理解してもよいだろう。

べつなことばでいえば、情報には「正解」がないことがしばしばなのだ。もちろん、数学の定理、公理などはうごかすことのできないものだし、数式の演算には「正解」がある。だが、人文学や社会科学のような記述的な学術情報をどう解読するかについての「正解」などありはしない。バルザックの小説をどう読むのがただしいのか、新井白石をどう解釈するのが「正解」なのか、はもっぱら読者、あるいは使用者の自由である。極端にいえば、こうした種類の情報の解読のしかたの数は読者の数だけある、といってもよい。いや、むしろ鶴見俊輔が「誤解する権利」で論じたように「誤解」こそが学問のあらたな展開を約束してくれるのである。

このような情報についての一般的特徴を前提にして、しからば現代日本での社会科学情報がだれによって、どのように「使用」され、「消費」されているかをかんがえてみよう。

社会科学情報をだれがもっともよく使用し、消費しているか、といえば、その独占的大手消費者は社会科学者たちである。というと、これら専門学者は「消費者」ではなく知的「生産者」である、という反論があるかもしれない。まことにもっともである。たしかに、かれらは専門書を書き、あらたな知見と解釈を提出しつづけている。わたしじしんもその末席を汚しているわけだから、「かれら」というよりは「われわれ」というべきだが、すくなくとも専門家を名のる以上、われわれは「生産者」であることを期待されてもいるし、本人たちもそうおもっている。だが、すこし待っていただきたい。われわれが「生産」とおもいこんでいるのは、おおむね「消費」なのではないか。

たとえば、ここに専門学会誌に掲載された一篇の学術論文がある。いささかさしさわりがあるので、その実物を引用することは避けて、以下はその文体模写としてお読みいただきたい。あるいは筒井康隆の『文学部唯野教授』ふうのパロディーとして一読していただいても結構である。

「パースンズはこの点にふれて人格形成にあたっての家族の役割の重要性を論じているが、同時に家族の定義についてマードックがその多義性を批判している以上、この問題に決定的な結論を求めるのは性急であろう。ミードもこの問題が諸文化間で多様な展開を見せていることに注目して留保的な見解を示している。事実、ファーズがティコピアで行った調査によればこの問題が決して普遍性を持つものでないことは明白である。とするならば、かつてガードナーなどによって代表される新フロイド派の学者が論じたパースナリティー決定要因についての見解にも耳を傾けなければなるまい」

こうした文体の博引旁証の論文はおたがいおなじみのものであって、そこでは執筆者以外の学者、とりわけ外国の学者が書いた書物や論文からの引用が文章ぜんたいのおよそ六〇パーセント以上をしめる。そのいちいちの出典が発行年、出版者名、ページ数まで書誌学的に整理されてえんえん数十ページを飾っていることは先刻ご承知のとおりである。こうした論文をみせられる門外漢は、この論文の著者がいかに博学な人物であるかにひたすら感動するだろうし、学界でもこの著者はよく勉強している、ということになる。だが、この種の論文はじつのところ他人の文献の断片のよせあつめにすぎず、あまり独創性をもっていないのがふつうである。ふたたびこの文体模写による「学術論文」のしめくくりの部分を再現してみよう。

「以上、現段階での人格形成論の一端に触れたが、今後のパースナリティー研究にあたって、多方面からの専門家からの協力がいかに強く要請されているかをあらためて痛感せざるをえないのである」

「痛感」なさるのはご自由だが、「痛感」することが学術的結論であるかどうか、すくなくともわたしは疑問をもつ。わたしにいわせれば、多少とも外国語の書物を読む能力と時間があり、日本語の作文が一人前にできれば、この種の「学術論文」を書くことはだれにだってできる。要するにこのような作文は俗にいう「ハサミとノリ」の作業であって、あらかじめ用意した引用文をいちおう論理のながれにそってならべてゆけは、おのずからできあがるジグソーパズルのようなものであるにすぎない。それに、むかしは「ハサミとノリ」であっても手作業労働をともなったが、現在ではコピー機やイメージ・スキャナーを動員すればそのペースト作業など簡単にコンピューター画面のうえでできあがる。現代語では「コピペ」というそうな。

六〇パーセントが引用文であるなら、それは「生産」などということばからはほどとおい。それは古今東西の文献情報の二次使用である。「孫引き」になれば第三次使用である。使用ということは、とりもなおさず「消費」ということだ。学者が「生産者」だ、などと錯覚しないほうがよい。かれらはせいぜい「加工業者」であるにすぎない。ところが、それがおおむねの「学術論文」であり、この種の「学術論文」が五篇もあれば、助手から講師への昇任人事などはたいていパスするしかけになっているのがふつうだ。

残念ながら、そのことは、とくに社会科学の領域で顕著であるようにおもわれる。高分子化学、数学、電気通信、半導体、霊長類研究、などの分野での日本の学問は国際的にたかい水準にあり、国際データ・ベースを検索してもおびただしい発見や開発が日本の研究者によって登録されているのに、社会科学での独創的研究成果はいっこうに見あたらない。それはわれわれがあまり「生産」することなく、「消費」に専念してきたことを如実に物語っているのではないか。

もっとはっきりいえば、日本の社会科学はもっぱら文献解釈学であり「訓古の学」なのである。ひとりの社会科学者はおおむね外国の社会科学者に密着し、その学説を翻訳し、紹介し、そして評釈をくわえる。要するにわれわれは輸入業者であり、たかだか輸入品を勝手気ままに加工しているだけなのではないのか。そのうえこの業界にはナワバリが確定していて、ウェーバー学者、マルクス学者、パースンズ学者、などの群れはそれぞれに他のナワバリを荒らさない約束になっている。日本の近代の学問は「蕃書調所」にはじまり、もっぱら学者は翻訳業者であり、外国、とりわけ欧米の学問の講釈師でありつづけてきた。いまでもそのおもかげはのこっている。この問題にはふたたびあとでふれることにして、他の消費者たちの状況をながめてみよう。

かつて大学生は社会科学の大消費者であった。私事にわたって恐縮だが、一九五〇年代、つまりわたしの学生時代にはご他聞に洩れず、マルクス主義全盛であったから、大学の講義もさることながら友人たちと勝手に「読書会」をひらき『ドイツ・イデオロギー』などというむずかしい本を読んだ。すくなくともわかったつもりになって半可通の議論ばかりしていた。読まなければ時代がわからず、また将来もわからない、とおもったからである。ふしぎなことに、その当時には専門ちがいの学生たちも社会科学に興味をもっていたようである。わたしのばあいは一橋大学だからいやでも社会科学につきあう義務があったが、他大学の理学部や文学部の学生もそういう研究会に参加していた。学生のあいだに、社会科学への自発的な「需要」があったのである。それにくらべると現在の大学生たちの社会科学への消費意欲はかなり減退しているようである。もしもこれまで一般教養課程のなかで強制的に履修が義務づけられていた人文、社会、自然の三科目の入門編が廃止されたら、おそらく社会科学を理工系の学生などが履修することはすくなくなるだろうとおもう。じっさい、一九九一年春の大学設置基準の「大綱化」によって大学のカリキュラムは「自由化」されたから、そういう日もちかいのではないか。ただし、一九九二年度現在、どの大学のどの学部でも「自由化」への移行期にあるので、いまのところ、学生たちはその関心や専門と関係なく依然として「社会科学入門」といった科目を履修しなければならないのが現状である。これから「大綱化」が本格的な実施段階にはいると、社会科学を一般教養として履修する学生はたぶん減ってゆくのではないか。

その理由はいくつかある。まず第一に、社会科学がかつてもっていたような、現実の社会「問題」が潜在的にはともかく、日本の社会のなかにすくなくなってきた、という事情がある。すくなくとも、経済的な不自由を若者たちは感じないようになってきた。身辺のことがらとしては、たとえば就職難などはほとんどないし、「ゆたかな社会」の出現によって、経済問題にも政治問題にもたいして関心がなくなった。社会福祉など、まだじゅうぶんでない部分が日本社会にたくさんのこされていることは知っていても、そういう分野に人生を賭けようというのは一部の風がわりな「篤志家」ないしは「ボランティア」でしかない。いい意味でもわるい意味でも社会科学の学習を基礎にした「活動家」がいちじるしく減少したのである。問題意識があれば、その問題について勉強しようという気にもなるが、問題意識がなければ学習意欲もおきないのがあたりまえだ。したがって、社会科学はあまり人気がなくなったのである。

それにくわえて、大学での社会科学はいっこうに魅力的ではない。そのことを知るには各大学が学生用に作成した「履修要覧」だの「モデル履修例」などをひもといてみるのがいちばんわかりやすい。これらの書類はどの大学でも教務部で配付しているから、そのいくつかをここで紹介するとこんなぐあいである。

A大学「経済学概論」講師〇〇教授「スミスに始まる近代経済学を概観し、その理論を解明する。テキストはその都度、指示する」

B大学「社会科学入門」講師〇〇助教授「この講義では社会科学とはなにかを初心者のために概説する。とくにマルクス主義の現代的意味を考察する」

C大学「社会思想史」講師〇〇教授「啓蒙期のフランス思想を中心にして近代思想、特に個人主義の成

立過程を論ずる。テキストは○○著『フランス啓蒙思想の成立』」（このテキストの著者○○とはもちろん教授本人である）

さしあたりの引用はこのくらいでいいだろう。「履修要覧」にはいずれも大同小異の退屈そうな講義科目と担当講師の簡単なことばがならんでいるだけだ。その教室がどんな雰囲気のものであるかは容易に想像がつく。熱心な学生は講義をきき、ノートをとっているが、うしろのほうには居眠りをしている学生もいるし、私語をかわしている学生もいる。なによりも、履修届では三百人いるはずの学生のうち、教室に着席しているのは六十人。のこりの二百四十人はいったい、どこでどうしているのやら。講義をつづける教授は出席率を気にしたりはしていない。無関心だし、学生にいたってはなおさらのことのんびりしている。

この消費者たちは「社会科学」がどのようなものであるのかをひととおり勉強しているというタテマエになっている。居眠りをしながらでも、スミスとかマルクスとかいった「有名人」の名前くらいは記憶する。試験があるからそのときだけは一夜漬けの勉強はする。だが、よくしたもので、おおむねこの種の試験はマンネリ化していることがおおく、親切な先輩が答案の書き方をあらかじめ教えてくれたりもする。めったに落第することはない。そして、その結果が採点され、単位になってめでたく卒業、ということになる。むかしの大学だったら、採点もきびしかったが、現代の学生「大衆」は甘やかされる癖がついている。それに二十世紀末から、十八歳人口の減少で「大学淘汰」が問題となり、学生を「顧客」として過するようになっているから、採点や評価はしばしば厳正を欠くことがおおいようだ。

　それに、教授たちも現在の学生たちが研究者としての道を選択しているなどとはおもっていない。適当につきあって、卒業単位をあたえればいい、というのがいつわりのない心境なのであろう。わたしも率直に告白すれば、大学でおしえていたころは学生をそういう目でみていた。教師としては恥ずかしいことである。だが、それが現代の「書生気質」なのであって、それを改善することは困難だ。すくなくともわたしのみるところでは、ごく少数の学生を例外として、「消費者」としての学生にとって社会科学は学校給食のようなもので、だされるから食べなければならない、というだけのものなのではないのか。いやなら、手をつけなかったり、のこしたりしてもよい。多少お小言があるかもしれないが、それは当座の我慢ですむ。なによりも消費者としての学生はみずからなにを学びたいか、という希望をのべる機会をまったくもっていない。カリキュラムというものは通常、教授会のなかに置かれた教務委員会が決定する。要するに供給者のがわが一方的にメニューをつくるのである。ほんとうは消費者たる学生が必要とし、あるいは興味をもっていることがらがなにか、を調査したり、聴取したりすることがだいじなのに、そういう「市場調査」はまったくといってよいほどおこなわれていないのが現状なのではないか。それに、大学教授は「教育」とは、しょせんみずからの「研究」成果発表の場だとしかかんがえていないから、情報の需給関係などということにはいっこうに関心がない。

　べつだん、ここで大学批判をするつもりはないし、わたしじしんが大学人なのだから自戒の意をこめて反省するのだが、現在の日本の学生には社会科学はあまり興味の対象にはなっていないのである。

むかしのような社会科学にたいする熱烈な需要がいまはなくなったのだ、といってもよい。ひとことでいうならば、現代日本の学生社会には社会科学をすすんで消費しようという需要があまりなさそうなのである。かれらにとっての社会科学の「使用法」は卒業単位をみたす、という消極的かつ、意欲をともなわない「義務の履行」というだけのことなのではないのか。

おおざっぱにいって、以上のように現代の学生たちはあまり社会科学に興味をもっていない。経済学部に在学しているから経済理論をよく勉強しているとはかぎらないし、法学部に在籍しているから六法全書のどの法律になにが規定されているかをきっちりとおぼえているともいえない。しかし、社会科学の科目をよく勉強している一部の学生のばあいはちがう。それは卒業後の職業として公務員を志望している学生たちだ。公務員は民間大手企業にくらべれば待遇がよくない。公務員法によって行動はきびしく規制されている。経済変動の直撃をうけることはめったにないから、安定してはいるが目だたない地味な職業だ。それにもかかわらず、かれら、とりわけ中央省庁の上級職の試験をうけるひとびとにはおおきな理想がある。それは、かれらには「国家」という巨大な組織を運転する原動機のなかでしごとをすることが期待され、また事実上そうだからである。なにしろ、「国家」というものは国内最高の金持ちである。どんな大企業だって、その年間売上は国家予算にくらべれば「九牛の一毛」である。

とりわけ、大蔵省などによって代表される経済官庁に勤務していれば、そこでうごかされる予算規模が巨大なものであることがよくわかる。入省したときには、さっぱり見当もつかないが、数年の経験をつむと百億単位の予算関係書類がデスクのうえを通過してゆくことが日常的になってくる。銀行員だってその点ではおなじだが、あつかう金の性質がちがう。それに、補正予算十兆円、といった金額を簡単に口にすることもしばしばだ。景気がわるくなれは、財政投融資の枠をひろげたり、予算の「前倒し」執行をしたりもする。そのことで国家は運転されてゆくのだ。他の省庁も大蔵省にかんするかぎりは、これを「財政当局」ということばでよんで特別な目でみる。なにしろ大蔵省は各省庁が提出する予算を綿密に点検し、それを削減したり、まったくみとめなかったりする。いわば日本国の運転資金と、ばあいによっては行政組織ぜんたいを左右するだけの権限をもっているのである。これだけの権限があれば、社会をうごかしているのはじぶんだ、という自信と誇りもうまれてくるだろう。だから官僚になることには魅力がある。

もちろん、予算をもふくめて政策を決定するのは国会である。立法府である。そして各省庁はそのようにして決定された政策を実行にうつす行政府である。官僚が勝手に国の金をうごかしたりすることはゆるされない。しかし、国会が国の運営にあたって、その財政支出のこまごまとした細目まで吟味することはできないのも事実である。したがって、各省庁の大臣は事務次官以下の高級官僚の意見をきき、それをふまえたうえで政策の大綱と予算の重点事項を閣議や国会に報告するのが通例である。そのうえ政治の世界は変動がはげしい。議員がかわり、大臣がかわるたびに国家運営の基本部分が大幅に変動したのでは、行政はうごかない。だから、官僚がもっている実質的権限はおおきいのである。いうなれば、国会や内閣は国家運転の指令室であり、運転の実務は官僚たちが掌握しているのだ。実務者の意見と経験を尊重しなければ運転はうまくゆかないし、ことによると重大な事故につながりかねない。日本だけでなく、どこの国でも政治と行政の関係はそういうものだ。

事態がそのようなものである以上、官僚が日本社会を左右する力はおおきい。じっさい、戦後の経済再建計画を立案してそれを政策のうえで実行にうつしたのは経済安定本部をはじめとする中央省庁にあつまった優秀な官僚群であった。当然のことながら、かれらは社会経済のどの部分にどのような問題があるのかを発見し、分析し、その知見を基礎にして政策を推進しなければならない。インフレ懸念があるときにはそれを鎮静化させる手段をかんがえ、失業率が高ければ雇用対策を練らなければならぬ。たんにかんがえるだけではなく、そうして策定された政策を実施にうつすのがかれらの任務だ。とすると、社会科学を現実の社会経済の状況のなかで応用・展開させている最大の「消費者」は官僚群なのかもしれない。

政策はおおむね法律や規定を必要とする。財政収入を安定させるためには税制とその付則もつくらなければならないし、社会資本を充実させるためには建築や道路などについての規制をおこなわなければならない。それらの主要な法律は国会で議決され、制定されるが、それにともなう細則は実質的に官僚のしごとである。起案された規定が他の法規と矛盾したり対抗したりしないように、関連法規を研究するのもかれらに課せられた重要な作業だ。それにくわえて、官僚群はおびただしい数の許認可権をもっている。建築許可をあたえるのも、さまざまな職業的資格をあたえるのも、ことごとく行政機関であり、その実体的執行をするのは政府官僚である。官僚群が首をタテにふってくれないと、ものごとはうまくすすまない。さらに、日本では「行政指導」がしばしばおこなわれる。これらの「指導」は原理的には行政の立場から関連業界への示唆であり、要望であり、あるいは行政への協力要請であるから、厳密には法的な拘束力はもたない。だが、こうした指導にしたがうのが日本では慣習になっている。とすると、ここでもゆるやかな社会的統制を官僚群がおこなっている、ということになりはしないか。日本が自由主義経済の原理によってうごいていることは事実だが、その背後にはじつは官民協力の体制があり、そこで官僚群はしばしば主導権を発揮するのである。公定歩合を決めるのは日銀だが、政策的配慮を経済官庁からつよく期待されると、それを無視することはむずかしい。こうした事例は枚挙にいとまないが、現実の社会を対象にして社会科学を実践的に応用し、みごとに使用しているのはたぶん官僚群なのである。

社会経済にかかわる政策の実行者たる官僚もさることながら、もうひとつ社会科学をきわめて活発に、実用的に、そして大衆的に消費しているグループがある。それはメディアだ。ニュース・キャスターという人物もいるし、アナリストという名で知られているひとびともいる。だが、そのなかでとくに目だつのは「評論家」とよばれる一群のひとびとである。かれらは日常の社会現象について快刀乱麻を断つがごとくに分析しそれをあざやかに解説してくれる。われわれにとって、まことにありがたい存在だ。かれらがどこにいるかはべつだん詮索するにはおよばない。毎日のテレビ・ニュースをみていればだれが評論家であるかはすぐにわかるし、だれでも知っている。

たとえばアメリカの大統領選挙である。共和党が勝つか、民主党が優勢か、その結果は選挙当日までわからないが、共和党の支持層のなかで無視することのできない「南部の保守派」とはなにか、現在その層がどのようなうごきをしているか、またそれと人種問題がどのように関係しているのか、といったようなことをわかりやすく教えてくれる。中近東で紛争がおきれば、イスラムのシーア派とスンニ派とがどうちがうかを説明し、その勢力分布やイスラエルとの関係を論じ、その紛争にたいして国連やアメリカがどう反応するであろうか、を予測してくれる。

経済問題についても評論家は大活躍である。株価がどのようなうごきをするか、またその理由はなにか、先月末の設備投資、在庫調整はどのような数字になっているか、とにかくなんでも知っている。来週の株価や為替レートの予測までしてくれるから、金融関係者はもとよりのこと、シロウト投資家にも役にたつだろう。世界金融、イギリスの景気、ロシア経済の問題点、どんな問題がでてきても評論家は懇切丁寧にわれわれを啓蒙してくれるのである。

こうした評論家が誕生したのは、わたしの推測ではメディア、とくにテレビの大衆化と関係している。もちろんその前身としてすぐれたジャーナリストがいた。たとえば陸羯南、三宅雪嶺、徳富蘇峰、近年では笠信太郎といった大記者たち。しかしテレビに登場してくる評論家たちはこれらジャーナリストとはだいぶちがう。まず、かれらはメディア世界のみごとな分業体制のもとに「専門化」が進行しているから、その知識は特定されている。ひとりの評論家が中南米問題から政党の派閥にいたるまで、あるいは雲仙の災害救助から石油価格までをカバーできるわけがない。だから問題によってことなった評論家たちが動員される。「中近東評論家」「公害問題評論家」「交通問題評論家」「政治評論家」そして「エイズ評論家」、とにかく国際問題なら地域別に、政治、経済、社会問題ならその問題別に「評論家」が続出し、かれらの氏名、電話番号は放送局や新聞社のデータベースに記載されている。メディアのがわは、どんな問題がおきてもその問題について論ずることのできる評論家を電話一本ですぐにスタジオに呼び出すことができる。例の湾岸戦争のときには、関係諸国の陸海空軍の装備から兵員配置状況までくわしく解説してくれる軍事評論家が突如としてテレビに登場してわれわれの疑問にこたえてくれたのであった。

しかも、この評論家たちの発言はおおむね一過性のものである。ある日の夜のニュースで発言したことは一週間後にはだれも問題にしない。問題にしないどころか、視聴者はさっぱりとわすれてくれる。むかしの大記者の評論は長期にわたって記憶され、言質をとられた。いうなれば、評論家は社会科学を簡易な「消耗品」として毎日の状況にあわせて使用しているのである。だが、かれらが日々に教示してくれる状況分析はまことにありがたい。一過性であっても、ときには永久保存しておきたいようなみごとな社会科学的考察もある。現代社会科学が「役にたつ」場面はこれら評論家の作業のなかにあるのではないか、とさえおもいたくなることがある。

しからば、この評論家とはどのような出自の人物たちなのであろうか。じつにさまざまである。新聞記者出身者もいるし、ノン・フィクション作家もいる。企業の研究所出身者がいるかとおもえば、まったくの趣味で特定の地域研究をしている人物もいる。それにくわえて、現役の大学教授もいる。とくに国際関係論や政治学の学者のなかにはテレビで常連の評論家を兼務するひとがおおい。かれらはロシアの政変について、参議院選挙の予想について、あるいはテロの背景について日頃の学識をかたむけてわれわれに平易なことばで語ってくれる。日々刻々と変動する世界情勢や日本の政治経済を勉強しようとする人間にとっては、大学でつかわれている教科書を読むよりはこれら評論家の話をテレビでみているほうがずっとためになる。

じっさい、社会科学のもろもろの使用者のなかでもっとも有力なのはこれら評論家であるのかもしれない。アメリカの政策を決定するのは民衆でもなく、官僚でもなく、ＡＢＣテレビのニュース・キャスター、Ｗ・クロンカイトである、という名言を耳にしたのは一九六〇年代のおわりであったとおもうが、クロンカイトの評論はたしかに大統領のことばよりも説得的だったのである。なによりも、われわれみずからをふりかえってみたらよい。われわれは湾岸戦争がどのような背景のもとに勃発したのか、派閥政治がいまどういう力学でうごいているのか、あるいは社会主義の将来がどうなるのか、といったことを議論する。しかし、そうした情報の出所はおおむねメディアによってつたえられたものであって、いわゆる「床屋政談」以外のなにものでもない。メディアこそが社会科学的情報の日常的貯水池なのである。

ここにわたしは社会科学の「消費者」グループを学者、学生、官僚、メディアという四つにわけて列挙してみた。このほかにもいくつかのグループはあるだろう。もろもろの企業内研究所、シンク・タンク、市民運動グループ、などがそれにあたる。だが、ここではさしあたり、以上にのべた四グループの相互関係をかんがえてみたい。

まず、この学問の主役たる学者たちだが、かれらは学生にたいしては当然のことながら権威をもってのぞむ。ちょうど「学術論文」を書くときとおなじように、難解な学術用語とあまたの人名をちりばめて黒板に横文字をならべる。学生は教授の博識に感銘する。とくに外書講読（というのも時代がかった科目名だが）という授業では「原書」を学生につぎつぎに翻訳させ、この関係代名詞はどこにかかっているのか、といった文法のおさらいまでする。ひょっとして、それは社会科学の授業ではなく外国語の授業ではないのか、と学生たちは錯覚するほどだ。それでも単位を取得することが目的だから学生から教授への批判は絶無である。

学者が官僚にたいしてもつ関係はきわめて複雑である。学者たちはみずからを深遠なる哲理を探求している求道者だと自己規定しているから、日常の具体の行政に専念している「俗吏」たちを、軽蔑とはいわないまでもいささか見くだした姿勢でみている。すくなくとも社会科学の「同僚」とはおもっていない。だが、官僚は学者を巧妙に利用する方法を知っている。たとえば、行政にかんする意思決定をするにあたって、「専門家」の意見をとりいれる、という民主的手続きを官僚群は考案した。もろもろの政府や地方自治体の審議会に大学教授や研究者を委員として任命し、議論をかさねるというのがその典型である。もちろん、現実の日本の社会経済については、大学教授よりも行政官のほうがしばしば高度の知見をもっているし、なによりも中央省庁には第一次資料が蓄積されている。だから、各種審議会では行政官の作成した原案を「たたき台」として議論が進行し、おおむね事務局原案に多少の手直しがおこなわれたうえで答申がおこなわれるのがふつうだ。べつなことばでいえば、学者グループは政策の実施にあたって事後的に権威づけをおこなうのである。

もっとも、学界のなかでは、学問の「純粋性」を保持するために、学者は官界と距離をおくべきだ、とするひとびともいるし、社会科学を「政策科学」にしてはいけない、という見解もあるが、さいきんではこうした任命にたいする反対や抵抗はすくなくなってきたようにみえる。それは、ひとつにはこれらの政府委員を委嘱される学者がごくかぎられた一部の「えらばれた」権威者とみなされるからであり、ひとつにはこれら「えらばれた」学者たちは行政省庁のもつ一次資料を入手する機会にめぐまれるからだ。いうなれば、学界と官界のあいだには、相互依存の関係が確立されているのである。

学者とジャーナリスト、評論家の関係はどうか。そこにはおおむね複雑な対抗関係ないし相互軽蔑関係をもっている。そもそも社会科学の「専門家」の立場からいえは時事解説のたぐいは「学問」とはまったくかかわりのない世俗のことがらであり、それは社会科学の名に価しない、という。いっぽう、評論家やジャーナリストは学者先生をいちおう尊敬はするが、先生がたの学説はしょせん机上の空論だ、とみているのがふつうである。

メディアのほうはそうした関係をじゅうぶんにご存じだから、さきほどのべたように、時事問題を専門の立場から簡潔に解説してくれる大学教授にテレビ出演を依頼する。かれらは気軽にスタジオで意見をのべる。何人かのテレビ出演の常連学者は視聴者から信頼もされているし、評判もよいのだが、こういう大学教授はおおむね同僚から冷たい目でみられているのがふつうだ。あなたはテレビで副収入もあることだから、などと嫌味をいう仲間もいるし、テレビに大学教授が出演することじたい、よろしくない、といった趣旨のことを教授会の席上で発言する同僚もいる。兼務、兼職の届がでていない、と重箱の隅をつつくような議論をする人物もいる。おまけにメディアがこうした学者を「タレント学者」などという名でよぶものだから、この種の学者たちの立場は複雑である。

そして、そういうはなしを耳にするたびにわたしは新渡戸稲造のことをおもいだす。新渡戸はみずからの学問は大学のなかに閉じこめておくべきものではなく、ひろく大衆につたえるべきだ、という信念のもとに『実業之日本』誌上に論説を連載した。だれにでもわかるように、というので自宅の女中さんに読みきかせ、わからない部分があればそれをさらにくだいて書きなおした。そういう新渡戸を嫉妬した某が新渡戸は多額の原稿料で家を新築した、などといいふらし、そのはなしを信用した内村鑑三が激怒して一時、新渡戸と絶交状態になったというエピソードもある。この問題、すなわち社会科学の「使用者」としての「アカデミズム」と「ジャーナリズム」の関係については、すでに戸坂潤の卓見があるが、時代がこれだけかわったのに、この世界には旧態依然たる緊張関係があきらかに存在しているのである。

まえにみたように、社会科学情報をだれがどのようにつかうべきか、についてはべつだん規則もないし申し合わせもない。学者は自由に論文を書けばよいし、ジャーナリストは社会の事実を発見し、それなりの解釈を大衆のまえにしめしたらよい。学生は退屈でも単位取得のために社会科学の課目を履修したらよいのだし、企業人は社会科学のなかで利用できる部分は利用するのがよかろう。だいいち、われわれはひとりの例外もなく社会生活をいとなんでいるのだし、それぞれに社会的活動もしている。それを体系化するのが社会科学であるなら、われわれすべてが社会科学にとっての客体であるだけではなく、この学問への参加者であり、また観察者でもある。

だが、そうしたなかで、まず問題としてあげておきたいのはこの学問を「専門」とする日本の社会科学者のありかたである。すでにのべたように、一般的にいって日本の社会科学者たちはまだ「蕃書調所」の伝統のなかに生きている。英国の英文学者たちは日本でいまだにシェークスピア研究がこんなに隆盛をきわめていることを信じられない、という。それはあたかも、英国の日本文学研究が西鶴に集中しているようなもので、英国でさえ古典になっているシェークスピアにどうしてこんなに数万人をこえる日本人学者が熱中しているのだろう、という。社会科学者にも、これに似たところがないわけではない。わたしじしん、学生のころ「外書講読」でスミス『国富論』を勉強した。いや、させられた。現代英文法ではわからないような古典を読むのだから、英語の学習としてもたいへんだったし、そもそもこんな本をいま読むことにどういう意味があるのかひそかに疑問におもった記憶がある。

そのことは、結局のところ日本の社会科学者が既存の情報を盲信することがあまりにおおく、みずから一次情報を発見することをおこたってきたということを物語る。じじつ、そういう事例はいっぱいある。わたしじしん、たとえば対ドルの為替相場は短期的にみてどうなるのか、といったようなことを経済学者にきいてみたことが何回かある。そういうとき、かれらのおおくは経済学という学問はマクロのモデルを対象にしているのだから、そういう現実の金融事情のことはわからないとおっしゃる。国際政治学の先生に、いったいインド海軍の航空母艦は核兵器を搭載しているのだろうか、ときくと、インドに航空母艦があるのかね、初耳だ、などという。要するに、具体の、そして刻々と変動する社会的事実を出発点にして思考を構築してゆく社会科学の基本精神がすこしおかしくなっているのである。あるいはそのおかしな状況が過去一世紀にわたってつづいてきているのである。

うれしいことに、さいきんの学会誌をひらくと、文献の羅列による「訓古の学」ではなく、みずからの足と目でたしかめた事実をもとにしたほんとうの、「知的生産」がとりわけわかい世代の学者によっておこなわれはじめていることがわかる。外国語でそれらの研究成果を世界の学会に報告する研究者もふえてきた。しかし、まだ道はとおいようだ。もしも社会科学が現実科学であり、しかも日本の社会科学者にとって、そこでいう「現実」が日本の現実であるなら、われわれはさらなる努力をかたむけて一次情報の生産者になることを心がけなければなるまい。西洋の文献を翻訳、紹介することに汲々としている時代はおわった、とわたしはおもう。ここでは社会科学の「消費者」をかんがえてきたが、日本国内だけではなく全世界の「消費者」にとってもっと使いやすく、しかも使うことに意味のあるような知的生産をどのようにしておこなうことができるのか、をわれわれはかんがえなければならないのではないか。

あとがき

現役時代のわたしは文部省の高等教育局のさまざまな審議会や委員会の委員に任命された。わたしが同局所管の研究所所長をつとめていたから、いわゆる「役職指定」というのでそういうお鉢がまわってきたのであろう。「視学官」というのになって全国各地の大学の現状視察にでかけたり、「大学審議会」でもろもろの「大学問題」を論議したり、極めつけは「大学設置審議会」で大学の新設、学部増などを審査するお役目をつとめたこともある。だから日本の大学のことは、わたしなりにかなり理解していた。そんな経験のなかで、わたしはしばしば「社会科学」というものの正体がわからなくなった。たとえば大学の学部新設で「国際関係学部」という申請が某大学からくる。予定教員の履歴書も添付されている。こうしたばあい、中心になる学部長予定者には国立大学の有名教授などの顔がならぶが、十人ほどの専任教授助教授のなかには博士の学位をもった純然たる学者がチラホラみえるだけで、まったく縁のなさそうなひと、たとえば外務省の元大使、放送局、新聞社の元在外支局長、といった履歴のひとがならんでいる。まあ前職がどうだって学識があり、学術的著書の二、三冊もあればいいのだが、それもない。そんなひとが大学教授になっていいのか、といった疑念がわたしの頭のなかをかすめた。それがぜんぶ「地域研究担当」だの「国際コミュニケーション担当」だのともっともらしい予定者名簿にならんでいる。まことに不審である。だが、ある日、わたしは卒然として大悟した。いつのまにやらもはや大学はわが世代の大学ではなくなっているのである。学生がシロウトなのは当然だが、教授もまたシロウトでさしつかえない時代になっていたのである。そして大学は青年男女が通過する人生の一部分を担当する社会施設であるにすぎず、「学問」というものも教室のなかでぼんやりと消費されるいいかげんな情報であってもよろしいのである。そんなことをかんがえながら、わたしはこの稿を書いていた。

4 学問のかたち

技術史のなかの社会学

いうまでもないことだが、技術と社会とのあいだには密接な相互的因果関係がある。すなわち、あらたな技術は社会に変動をおよぼし、また逆に、社会の要請にこたえてあらたな技術が開発されたという事実が、人類史はじまって以来こんにちまで連綿とつづいているのである。

たとえば農耕技術の発達は人類社会の定着化と人口の増加をもたらしたし、逆に、正確な時間を測定する必要にせまられた大航海時代はクロノメータの発明を要求した。電気の発見とその広範な利用が、昼夜をわかつことなく動く現代社会をつくりあげた原動力であったこともたしかであったし、また、こんにちから未来にかけてのエレクトロニクス、とりわけ情報処理技術が高度に組織化された社会からの要求にもとづくものであったこともここにいうまでもあるまい。社会変動にはさまざまな要因があるが、そうした要因のなかで、技術というものがはたしてきた役割を、われわれはけっして無視することができないのである。いや、それどころか、過去の大きな社会変動はしばしば技術それじしんの変革をその直接原因としていた。

たとえば、軍事技術の領域における技術革新と社会変動との関係などを歴史的にふりかえってみると、いくつもの興味ある事実がうかびあがってくる。そのひとつに、乗馬でつかう鐙《あぶみ》というものがある。人間が馬に乗る技術を獲得したのは古くスキタイ王国の時代（紀元前七世紀）とされており、それ以来、いわゆる騎馬民族が登場して旧大陸の中心部に君臨することになるのだが、初期の段階の騎馬民族は単に馬の背にまたがるというだけの機動性を誇るのみであった。その初期的段階では、馬の乗り手は馬のたてがみを両手でつねに握りつづけていたのである。たしかにそのことによって人間の移動速度は格段に向上し行動範囲は広がったが、それ以上のものではありえなかった。

しかし、リン・ホワイトの『中世の技術と社会変化』によれば、鐙の発明は社会制度そのものをも徐々に変革したものであった。鐙が本格的に実用化されたのは十三世紀ごろといわれているが、鐙をつけ、両足で馬の腹をおさえることによって、馬の背にまたがる戦士は両手を完全に「自由化」することができた。つまり、両足の鐙で馬を制御しながら、両手を使って槍を使用し、あるいは弓矢を使うことができるようになったのである。つまり、馬上から弓矢のような兵器を使うことができるようになったのは、鐙の発明と不可分だったのだ。このようなあらたな馬上戦闘技術は、モンゴル帝国の拡大をうながし巨大な騎馬軍団をつくりだしたし、そのことによって在来の歩兵中心主義の戦闘は相対的に弱体化した。

しかし、馬上戦闘の方法はその後にさらに洗練された形態をとるようになる。というのは、敵味方双方が馬を利用した騎兵戦を展開するようになると、馬上の武人たちは攻撃兵器だけではなく防御兵器をも必要とするようになったからである。つまり、具体的にいえば、重い金属性の鎧を身につけ盾をもち、同時に強力な衝撃力をもつ槍を片手にもつ、という方法を採用しはじめたからだ。この段階になると、決定的な要因になるのは馬のサイズと体格である。比較的小型の野生馬ではとうていこれだけの重装備をもった武人を乗せることはできない。そこで、馬の品種改良の技術が進み、中国で「汗血馬」とよばれる、いわゆるアラビア馬がつくられるようになる。その結果、騎馬軍団の基礎になる馬の品種が重要視されるようになってきたのだ。

ところが、こうした大型の馬が戦闘上必要な条件であるというあたらしい事態のもとでは、いかに強力な君主といえども優秀な馬を何百頭も常備しておくだけの経済的余裕をもつことはできなくなった。そこで、一定の領土と主権をもった中世国家では、騎馬軍団を君主の直轄下におくのではなく、すぐれた馬をもった人物と君主とのあいだの契約関係が誕生する。つまり、馬の持ち主たる武人と契約して、一定の牧草地をその所有者にあたえ、その代償として、いったん戦争状態が発生したときには馬の持ち主が戦闘員としてその君主のために戦闘に従事するという方法だ。いうなれば、これは一種の軍事的「馬小作」といってもさしつかえないが、このような君主と馬の持ち主との契約関係が進化したとき、いわゆる「封建制」という社会のシステムが形成されたのである。そして、こんなふうにみずから馬と武器をもった武人は「騎士」とよばれるようになった。あまりにも因果関係を単純化することはよくないが、以上のような技術史をふりかえってみるならば、「鐙から封建制が生まれた」といってよい。日本でも「馬一頭、槍一筋」という装備をもった武士が大名と契約関係をむすんで戦闘に参加した。山内一豊の逸話などがそれを物語る。

しかし、この封建制という社会編成のありかたもけっして永続的なものではなかった。なぜなら、つぎにまたあらたな技術が誕生してさらに大きな社会変動を生みだしたからである。結論からさきにいうと、封建制を最終的に崩壊せしめた技術は火薬であった。火薬の歴史は古く、中国の文献では、唐代から使われていたというが、西欧社会では十五世紀ごろからあらたな武器として火薬が使用されはじめた。歴史的記録によると、火薬が戦闘に決定的役割をになったのは、一六一八年にはじまる、いわゆる「三十年戦争」とされているが、この新兵器の登場によって、それまで馬に乗って戦っていた「花咲ける騎士道」に象徴されるような封建制は壊滅せざるをえなかった。いかに頑健な馬に乗ってはなやかな鎧を身にまとっていても、炸裂する砲弾の前には騎兵隊は全滅せざるをえなかったのである。

もちろん、初期の段階での爆発物の製造技術ならびに使用技術は局限されていたが、十七世紀後半にはいって、砲弾の射程距離が千メートルをこえるようになった時点から、戦闘の方法は革命的な変化をとげる。すなわち、歩兵を前線に散開させ、その背後から砲兵隊が援護射撃をするという戦闘方法だ。馬という高価な生物を主要な戦闘手段として成立したのが封建制であったことはさきにみたとおりであったが、火薬と砲弾という無機的な武器を主体として登場してくるのが、いうまでもなく近代国家というものである。近代国家は砲兵隊というあらたな機動部隊をもふくめた近代的軍隊を必要とし、また技術はそのような社会の編成と維持を確実に保証したのである。西洋史に即していうと、それが完成したのはナポレオンの時代であり、日本ではいうまでもなく、明治維新以後の近代国家と近代国家軍の成立がそれに相当する。

それ以後の軍事技術と社会変動の関係については、われわれはすでに体験的に知っている。たとえば、高性能の航空機が開発されたことによって、十五世紀以来世界の海に君臨していた伝統的海軍は実質的に消滅したし、さらに、ICBM（大陸間弾道弾）のような現代兵器は、これまでの歴史にえがかれた数々の戦争や戦闘場面を過去のものとし、核兵器とエレクトロニクスを中心とした現代国家を出現させたのである。現代社会における高度の秘密保持、そしてテクノクラートによる、いわゆる「押しボタン戦争」によって代表されるような管理体制は、右に述べたような現代戦略兵器の開発と相互に深い因果関係をとりむすんでいるのだ。

以上にみたように、技術と社会とのあいだには、相互的な因果関係が形成されており、技術史と社会史は不可分の関係にあるが、ここでひとつ明確にしておかなければならないことがある。それは、そもそも技術というものが、まえにもふれたように、人類史とともに古いという事実だ。たとえば火の発見、簡単な道具の使用などは、人類史におけるもっとも古い技術革新というべきであろうし、そのことによって人間生活がより向上してきたということにはいささかの疑問もない。

しかし、このような技術史の世界に十五、六世紀ごろからひとつのあらたな哲学ないし世界観がつけ加わった。それは「科学」という観念である。それまでの古典的ないし伝統的技術がもっぱら経験法則や偶然的発見によってつくりだされたのに反して、科学的世界観は人間をとりまく環境のなかに法則性を発見し、その法則性を意識的に環境に適用することによって、技術の効率化と技術革新を促進するとともに、普遍原理を探求しはじめる。このような科学的世界観に裏づけされた技術を、ここで仮に「近代技術」ということばでよぶことにしよう。その古典的な事例として、たとえばニュートン力学のようなものをとりあげてみてもよい。そこでは、個別的技術が散発的、かつ偶然に発見され、あるいは発明されるのではなく、普遍原理の応用としての技術が成立するようになったのだ。そして、いわばその近代技術の第一段階の総決算として、社会史的には産業革命とよばれるひとつの大きな変革の嵐が、まず西ヨーロッパ諸国をおそった。蒸気機関の発明、近代繊維技術の発明などから、十七、八世紀のヨーロッパはおどろくべき変革をとげた。こうした激しい技術革新と社会変革の関係を、そのような文脈のなかで直視するあらたな思想が生まれてきたのも当然といえば当然であった。つまり、科学技術とその社会的影響を考察するあらたな学問が成立したのである。

たとえば、近代経済学のみならず、「社会科学」と一般によばれる領域のパイオニアとしてあげられる人物にアダム・スミスがいる。一七二三年に生まれ一七九〇年に死没したスミスの著作物のなかで、こんにちなお古典としてしばしば引用される書物に『国富論』があるが、これは一七七六年に書かれた著作だ。そして、この書物が書かれた時期を技術史の面からふりかえってみると、一七三三年に発明された「とびひ杼」(織機の横糸を通す装置)があり、また一七九二年の綿繰り機の発明がある。このような近代技術の発達は『国富論』と相互に関連するもの、とみてさしつかえあるまい。

要するに社会科学とよばれるあらたな学問領域を成立させたのは、繊維や鉄鋼を中心として展開した産業革命、そしてその背後にある技術革命にほかならなかったのであった。

近代技術が社会を変革しただけでなく、社会観ないし世界観をも変革にみちびいたことをさらに明確にしめすのが、フランスのオーギュスト・コントである。コントはスミスよりややあとの人物だが、かれの著作の代表は、いうまでもなく『実証哲学講義』であって、これが刊行されたのは一八三〇年であった。この書物の内容についてくわしく論ずる余裕はここにはないが、よく知られているようにかれは歴史をふりかえって、これまでに人類が三つの段階を経験してきたと説いた。すなわち、かれによれば、人類の思想史の第一段階は「神学的段階」であった。この段階における人間は、社会的なもろもろの事象を神のなされたわざとして理解していたのである。それは一種の超人間的、超自然的な摂理にすべての事象をむすびつけるかんがえかたであって、一方では一種の宿命論にもむすびつくし、また他方、宗教的な信仰によって人間が幸福になれるという楽天論ともつながってくる。こうした合理化ないし自己合理化の思考方法は、有史以来ながいあいだにわたって、人間の精神を支配していたし、それは多くの人びとを納得させるのにもじゅうぶんであった。コントが名づける「神学的段階」とはこのような性質のものであったのである。

しかし、ルネッサンス期以後から、人間は単に神という超越的な存在によって事象を説明し解釈するだけでは満足できなくなってくる。中世の思想家たちは、神にかわるより抽象的な概念を構築し、それによって社会と人間をとらえるようになってきたのだ。もちろん、その原型になるような思考方法はすでに古典的なギリシア哲学などのなかにもある。たとえば、ターレスは世界のすべてのものは土と火と水によってなりたっている、という学説を提出しているし、また、哲学者たちは宇宙というものの生成やその発展について神という概念を排除してさまざまな思弁をたのしむこともできた。宇宙の原理を神学以外の原理によって演繹的に説明することも可能だったのである。このような思考の段階ないしは世界観の段階を、コントは「神学的段階」からもう一歩進んだ「形而上学的段階」とよんだ。これがコントによる人間思想史の第二段階なのである。

しかし、技術史年表があきらかにするように一七一二年に蒸気機関が発明され、また六分儀がジョン・ハードリーによって一七三一年に発明され、さらにさかのぼっていえば微分・積分という数学上の手法が一六六六年にできあがり、また、こんにちのコンピューターの基礎になっているディジタル的な思考法、すなわち二進法数学もライプニッツによって一六七九年に発見されている。こういう時代を背景に生まれたコントは、もはやわれわれは神学的時代に生きているのでもなく、また抽象的な形而上学的時代に生きているものでもない、と断言した。かれによれば、人類の思想史の第三の段階は「実証主義」の時代なのである。「実証主義」というのは、個別の具体的な事物を対象にして実験的研究を蓄積してゆくという帰納的な思考方法である。そうした思考方法にもとづいて形成された学問のなかには物理学、化学、生物学、天文学、数学などがあり、これらの学問のなかに「実証主義」の精神はもっとも純粋に投影されている、とかれはかんがえた。つまり、べつなことばでいえば、コントの「実証主義」というのは、「科学主義」とほとんど同義であり、かれが「実証主義」の時代とよんだものは「科学」の時代である、というふうにおきかえて解釈してもさしつかえなかろう。コントは神学、形而上学を排除して、科学的方法ないし科学的な思考方法をもっとも正確かつ絶対的真理に接近する唯一の方法としてとらえ、みずからの「実証主義」の正当性を主張したのである。

べつなことばでいえば、科学というものの社会的役割をはじめて正確に認識したのはコントであり、また同時に、そうした科学的思考方法によって世界をかんがえることの必要性を論じたのもコントなのであった。つまり、ひとことでいうならばコントは「科学」というものの存在とその社会的役割について、はじめて着目した学者だったのである。そして、そのような立場をとる以上、かれは科学と技術、すなわち近代技術の時代の到来によって、社会全体が激しく変動した事実をも認識し、「社会」

じたいもまた、実証主義的すなわち科学的な探求の対象になるべきである、とかんがえはじめたのである。

まえにふれたように産業革命以後の社会のなかでは、それまで想像もつかなかったようないくつもの変動が発生した。たとえば農村から都市への大量の移住、そして、それにともなう近代産業都市の成立、といった現象も発生してきたし、また工場制の生産が開始されると、マルクス主義的な用語を使うなら、プロレタリアートというあらたな階級も出現してきた。コントが十九世紀はじめのフランスの諸都市はもとよりのこと、ヨーロッパ全体で観察したのは、まさしくもろもろの技術革新によって大きく変貌しつつある社会そのものだったのである。したがって、かれは人間と社会にかんする諸事象を実証的方法によって考察し、探求するあらたな学問分野を開拓しなければならない、とかんがえた。そのような文脈のなかではじめて成立したのが「社会学」という学問であり、この学問の名称をはじめて公にしたのもコントであった。そして、このようにかんがえてくると、「社会学」という学問の成立をうながしたものは近代技術そのものであったと断言してもさしつかえなさそうなのである。

コントだけでなく、近代技術が人間の社会生活におよぼしたおどろくべき衝撃はだれの眼にもあきらかであった。技術史の年表をふりかえってみると、ガス燈が発明されたのは一八〇一年である。そのことによって、人間は太陽に依存する昼の生活だけではなく、照明によってはじめてひらかれた夜の生活というものを経験しはじめた。あるいは一八三〇年に発明された裁縫用ミシンがおよぼした社会的影響なども無視することはできない。なぜなら、それまで手仕事によっておこなわれていた織物の縫製加工が機械化され、そのことによっていわゆるお針子さんとよばれていた数多くの女性労働者が失業を余儀なくさせられたのである。蒸気機関車の発明は駅馬車を追放したし、巨大な動力機械を駆使した近代工場生産技術は、もっぱら手仕事に依存していた伝統的な職人たちを社会から消滅させてしまった。初期の資本主義はこうした技術の領域で容赦ない性質をもっていた。より効率の高い機械を導入することによって、大量の失業者が発生しても、それは資本家の関知するところではなかった。いわゆる「機械打ちこわし運動」によって、都市労働者たちが近代技術にたいする悲惨でかつ不毛な闘いをいどんだことなども、このさい記憶にとどめられてしかるべきであろう。技術革新が激しくなればなるほど、このような技術と社会とのかかわりかたは、深刻かつ複雑になってくるのである。そのような意味で社会学という学問は、「社会問題」解決のための学問という性格をそもそもの発端からになって成立したものであった、といってさしつかえない。そして、コントを始祖とする社会学者たちは、これらの社会的諸問題についての解釈と問題解決への方途をさぐることに専念するようになったのであった。

コントにつづくもうひとりの重要な社会学者として記録にとどめておかなければならないのは、ハーバート・スペンサーである。かれは一八二〇年に生まれ一九〇三年に没しているから、時代的にいえばちょうどコントの後継者として出現してきた、とみてもさしつかえあるまい。ただ、コントとスペンサーのあいだにある大きなちがいは、この数十年のあいだに、さらにあらたな科学的発見が完成したことにある。

すでにみたようにコントの時代の技術をささえていた主要な技術は、ニュートン力学にもとづく機械技術であった。しかし、スペンサーの同時代には生物学の領域で画期的なあたらしい学説が成立した。いうまでもなく、一八五九年にダーウィンの発表した『種の起原』である。スペンサーはダーウィンの進化論から深い影響をうけ、一般に「社会進化論」とよばれる理論を構築した。かれはダーウィンの進化論の一部をそのまま社会に適用し、ちょうど生物の種のなかで弱い種が淘汰され、強い種のみが生きのこるのとおなじように、自然淘汰という現象が人間社会にも適合性をもつとかんがえた。その結果現われたのが「適者生存」という学説である。スペンサーのことばをそのまま引用すると、

「生存するに十分なほど完全であるのなら、それらは生き残るであろうし、そうなることは良いことなのである。もし生存するほどには完全でないならば、それらは死滅するし、そうなることが最良なのである」。

こうした発言はこんにちの社会福祉の観点からみれば、きわめて乱暴な理論ということになろうが、この「適者生存」の理論は当時の学問の世界に深い衝撃と影響をあたえ、その学説はそのまま外山正一などによって日本での「社会学」の源流として紹介され、二十世紀になってからもスペンサー学説を無視して社会学を論ずることはできないほどの有力な思想になったのである。

スペンサーが「適者生存」という表現によって社会を説明し、解釈し、また合理化したことには、しかしながら、それなりの背景があった。というのは、つぎつぎに登場するあらたな技術によって、

職業構造が変動し、また社会階層の変動が劇的に展開していたからである。人間の成功と失敗、幸運と不運、それを合理化するためには「適者生存」の理論ほど適切なものはなかった。いわゆる弱肉強食が社会を動かす原則である、とスペンサーはかんがえたし、また現実の社会をみるかぎり、この学説は説得力をもった。だからこそ、十九世紀後半から二十世紀にかけて、社会学がスペンサー学説に依存したのには無理からぬ理由があったのである。

スペンサーが激しく変動する社会の解釈に専念したのと対照的に、近代技術によって発生した社会的諸問題の「解決」をめざしたのが、いうまでもなくマルクスである。マルクスもまたダーウィンの影響をうけ、人類史全体が進化の法則にしたがっていることを認識しながらも、同時にその原動力になっているものがたえざる階級闘争である、という見解をとった。おおざっぱにいえば、弱肉強食なのではなく、弱き者が強き者にたいして挑戦し、その闘争に勝利をおさめることによってのみあらたな社会への展望がひらける、とマルクスはかんがえたのである。かれによれば、都市と農村との対立、また工場生産における資本家と労働者との対立は、社会諸階級のあいだに存在する矛盾の表出形態であり、この矛盾を解決するのは階級闘争以外のなにものでもない、と主張したのであった。こうしたマルクスの理論は当然、「社会運動」という側面を強烈に内包していた。『共産党宣言』にはじまる「社会運動」としてのマルクス主義は、スペンサー学説への対立理論としてこんにちに至るまで強い影響力をもちつづけている。

しかしながら、マルクスの学説もまた社会的背景から検討するなら、まさしく技術革新の激しい十九世紀の社会そのものの反映であった、とみてさしつかえあるまい。コント、スペンサー、そしてマルクスといった社会学ないし社会科学の古典的な学説はひとつの例外もなく、近代技術の登場によってもたらされた社会変動そのものの産物であり、その点では共通の背景を成立の基盤としていたのである。

以上の論考でわたしがあきらかにしておきたかったのは、近代社会学というものが、ひとことでいえば近代技術の社会的産物であり、また、社会的反映であったという一語につきる。くりかえしになるが、近代技術は「社会学」という学問を生みだした母体であったのだ。社会学という学問はそれ以後、純粋理論や社会福祉、そして社会運動といったさまざまな方向性をもちながら、こんにちにいたるまで継続しているが、それでは現代という文脈のなかでの社会学の位置づけと問題点はどうなっているのであろうか。

まず第一に反省し、かつ確認しておかなければならないことは、社会学にかぎらず、一般に社会「科学」とよばれる学問領域があまりにも「科学」をモデルにすることに熱心でありすぎたという事実である。すでにみたように、コントは天文学や物理学を実証主義のモデルとしてかんがえたし、スペンサーもまたダーウィンの生物学理論をそのまま社会に適応しようとした。つまり、方法論としての「科学」を自然界にたいしてだけではなく、人間社会にたいしても応用することをその究極の目標としてきたのである。そのことじたいはかならずしもまちがいではなかった。こんにちでも、たとえば計量経済学、計量社会学、あるいは数量的社会調査法などはことごとくその方法を「科学」に依存しているし、またその学問的貢献を無視することはできない。社会的諸事象を客体化し、対象化して、「科学」を方法論的に適用することは、ひとつの立場なのである。こうした「科学」に依存した方法論をわたしはかならずしも否定しようとはおもわない。

しかしながら、一般に社会科学とよばれているものが厳密な意味での「科学」であるかといえば、かならずしも全面的にそれを肯定するわけにはいかない。なぜなら、対象としての「社会」は単純な物質やエネルギーの世界ではなく、より複雑なさまざまな変数を内蔵しているからである。たとえば、人間行動というものは一般的にいって、ひとりの人間の生理的、心理的、また思想的なもろもろの要素の複合体であり、これらの要素は厳密な意味で「科学的」分析の対象とすることは不可能であるからだ。一般に自然科学とよばれる「科学」の厳密な領域のなかでは、ひとつの変数を孤立させ、他を排除するという方法、すなわち「操作主義」を採用することができるが、人間と社会にかかわる学問領域のなかでは、単独の変数を孤立させ、ないしは抽出することはほとんど絶望的といっていいほど不可能なことなのだ。なによりも、社会学をはじめとするもろもろの社会「科学」では、反復実験が不可能である。社会的諸事象はおしなべていうならば、一過性のものであり、おなじ事象がふたたびくりかえされることは絶無である。もしも、実験的方法が「科学」の基礎であるとするならば、社会「科学」はしょせん厳密な意味での「科学」にはなりえないのではないか。わたしじしんの個人的解釈によれば、社会「科学」は純粋「科学」を目標としながらも、ついに「科学」となることのできない、いわば「疑似科学」なのである。

コント以来の社会学は、右にみたように近代技術の産物であったと同時に、そうした近代技術をささえる「科学」をそのモデルとして成立した。その方向性はかならずしも誤ったものとはいえないが、学問領域のすべてにわたって、「科学」的方法が適用できるという楽観的ないし願望的な姿勢がこれまで支配的でありすぎたのである。学問領域のなかには「科学」とはまったくことなった方法論によって探求されるべき領域もすくなくない。人間性の細部を把握し、解釈するためには「科学」への過度の依存はかえって問題の本質を見失わせる結果にもなりかねない。あまりにも科学主義に偏しすぎた社会学にかわって、文化人類学や民俗学のようなより記述的、かつ個別的な方法によって成立する学問が近年、脚光をあびはじめたことは社会学の反省のひとつのあらわれではあるまいか、とわたしはかんがえる。そのような意味で近代技術と社会との接点を解明するためのあらたな社会学は、「科学」的方法に過度に拘束されることなく、より柔軟な方法論を採用することによって、より実りゆたかな将来を約束されているし、その世界にむかってあらたな社会学は大きな跳躍をとげなければならないのである。

さらに強調しておかなければならないのは、これまで考察してきたような十九世紀的技術が主として物質とエネルギーの世界にかかわるものであったのにたいして、二十世紀後半から未来にむけての技術が、主として情報の領域で開拓されつつあるという事実だ。そして、ちょうどコントがニュートン力学を、またスペンサーがダーウィンの進化論をモデルとしたように、こんにちの社会学のなかにはシャノンとウイーバーによって先鞭をつけられた電気通信理論などを参考にしながら社会的コミュニケーション研究を開拓してみよう、といったうごきがみられるようになってきている。

しかしながら、もしも個人を情報複合体としてかんがえるならば、物理学での情報理論は生きた人間の行為としての社会的コミュニケーションの構造を説明するにはあまりにも単純でありすぎる。いまわれわれの眼前に展開しようとしている情報革命は、かつての産業革命をうわまわるほどの大きな社会変動をもたらすにちがいないが、それだけに現代の社会学はより人間的な哲学と方法論に根ざしたものでなければならない、とわたしはおもう。たとえば電気通信の発達はすくなからぬ社会的影響をもたらしているし、「電話」というものの観念や機能が数十年まえには想像もできなかったものに変貌してしまっている。いまの青少年にとって「電話」とは単純な「通話」の手段ではなく、友人どうしの文字による会話の道具であり、見知らぬひとびととの「出会い」の場であり、音楽の供給源であり、あるいはゲームの端末である。「電話」は「話す」だけのものではなくなってしまった。

このような技術的変化と社会的変化の関係は「科学」の方法によってのみ検証されうるものではない。近代技術がいわゆる「先端技術」にむかって収斂しつつあるこんにち、社会学に要求されているものはより人間主義的な手法でなければならないだろう。逆説的にきこえるかもしれないが、「科学的」であることだけが学問の存在証明である時代は、すでにその終末にちかづきつつある、とわたしはかんがえている。

以上のような問題点をふまえながら、社会学の未来ないしは未来の社会学について若干の考察をこころみておきたい。まず第一に、ひとりの社会学者としてわたしが個人的に感じていることを述べると、伝統的意味での「社会学」はほぼ終末期をむかえようとしているのではないか、という気がする。すでにみたように、十九世紀から二十世紀はじめにかけての社会学はそれぞれの時代の技術の反映であり、ないしは技術の発展段階と不可分の関係にあった。その事情はこんにちもかわってはいない。

しかしながら、もはや伝統的な「社会学」というせまい領域だけで現代技術ないし未来技術の支配する社会を解明することはほとんど絶望的になってきているのである。そのことはすでに一九五〇年代からくりかえし論議されてきたことだが、まず社会心理学、文化人類学といった隣接領域との協力なしに現代社会の解明は困難をきわめるようになってきている。それぱかりではない。これまで社会学者のみならず社会「科学」者は、技術について語りながらじつのところ技術についてあまりにも無知でありすぎた。伝統的な分類法でいえば、社会学はあくまでも「文系」の学問であり、それに対して、科学や技術は「理系」の世界に属するものでありつづけてきたのである。そして、その分業についてだれも疑問をさしはさむことをしなかった。

しかし、こうした「文系」「理系」の分業体制はすくなくともこんにちから未来にかけての学問の世界では通用しなくなるであろう。もちろんアカデミーというのはそもそもが閉鎖的な性質をもっているものであるから、依然として大学の学科編成は「文系」「理系」の二分法によって運営されている。しかし、皮肉なことに、ほんらい社会学が対象としなければならない現代「社会」そのものは、大学の学科編成とは無関係に二つの分業体制を根本から崩壊させているのが現実なのだ。たとえば、もっとも現実的な社会学の領域である産業社会学などをとりあげてみても、ついこのあいだまでは、工場や会社組織のなかでの人間関係の力学といったような問題の分析によって、あるていど近代組織の特徴や問題点をあきらかにすることに成功してきたが、さまざまな情報端末が組織のなかにはいりこんできた現在、伝統的な産業社会学はこのあらたな事態の解釈や分析の手段としてあまりにも弱体でありすぎるのである。

まえにのべたコミュニケーションをとり扱う社会学も、それが「新聞学」という活字媒体だけをとり扱うことで問題を発掘し、解明することをその目的とする時代は完全に終了した。コンピューターだの衛星通信だの、さらに高度情報システムだのといったあらたな技術が現実社会のなかに登場し、それがなんらかの形で社会的な影響をあたえつつあるとするならば、コミュニケーションの社会学もまたこれらの新技術についてかなりの専門的知識を要求されるのである。

べつなことばでいうなら、社会学にかぎらず、これまで当然のこととされてきた学問の分業体制は現実社会のなかでほぼ完全に崩壊状態におかれているのである。もちろん、まえにも述べたようにアカデミーのなかでの講壇的、かつ観念的な社会学は現に存在しているし、将来も存在しつづけるにちがいないが、その対象とする流動的な現実としての「社会」と「社会学」との距離は、わたしのみるところでは、ますますひろがりを増加させてしまっている。

それでは、現実社会との距離をせばめるためにはどのようにしたらよろしいのであろうか。まことに陳腐な表現になるが、社会学は従来あった隣接の諸領域のみならず、近代技術の諸領域全体との、より学際的な努力をいま要求されているのである。

ちょうどアダム・スミスが初期の紡績機械について深い知識と関心をもち、スペンサーがダーウィンの進化論に強くひかれ、かつ傾倒したのとおなじように、われわれ現代の社会を研究する者にとって現代社会を動かしつつある電子工学や量子力学、あるいは生化学などあらたな技術分野への関心をもつべきであろう。もとより、それら現代技術の細部にわたっての知識は「専門家」のものである。われわれはその周辺を彷徨するアマチュアであるにすぎない。しかし、そのアマチュアの好奇心なしに二十一世紀に育ってゆく社会学研究者のための、もっとも有効な教育的手段であると確信している。

現代の学問は全体的にいって細分化の方向にむかっている。医学ひとつをとりあげてみても、かつてのような基本的医学知識と技術によって総合的に診断、処置する「医者」は減少し、そのかわりに内科、外科、神経科といった専門医が増加しているし、さらに外科の内部をとってみても、脳外科とか麻酔外科といったふうに専門はますます細分化しているのが現実である。おなじことは物理学についても生物学についてもあてはまる。そして、学問の進歩あるいは文明の進歩というものが、このような細分化によってはじめて可能であったということをわたしは否定しようとはおもわない。しかし、学問の実情がこのようなものであるからこそ、じつはこれらを巨視的に統合し、そうした科学技術の未来の可能性を洞察する視点がこんにちほど要求されている時代はない、とわたしは確信する。そして、そのような視点から技術と社会の未来展望を切り拓いてゆくことに、わたしなどは一種の義務感のようなものを感じないわけにはゆかないのである。

このような視点から、人類の諸社会を比較検討し、また諸社会間の関係を分析してゆく学問の領域がはたしてどのような名称でよばれるのか、わたしは知らない。しかし、あえて社会学を擁護する立場からいうならば、こうした観点に立脚したときはじめて社会学の現代的意義があきらかになってゆくにちがいないのだ。これまでみてきたように、社会学という学問自身がそれぞれの社会と時代の反映であったとするなら、技術革新のスピードがこれだけ加速化されてきた現在、社会学はあらたな変身を要求されているということになるだろうし、また、学問としての社会学の活路はより広い学際的知識のうえに、再構築されなければならないのである。あえていうなら、わたしは「社会学」ではなく、それをもういちど学問の原点にかえって「人文学」というひろい視野をもった「学問」に変貌させてゆかなければなるまい、とおもっているのだ。すくなくとも在来型の大学の「職業的社会学者」

による「社会学」の時代はおわったのだ。

あとがき

わたしは若いころ京都大学に勤務する機会にめぐまれた。そのころの京大はまだ学生数もすくなく、なによりも百万遍に集結したちいさなキャンパスのおかげで、学部や研究所を横断する研究者や学生がいろんなところで知り合ってあれこれと議論することが多かった。わたしなども農学部、理学部、工学部などに友人を何人ももつことができて、ずいぶん勉強になった。べつだん「学際的」などということばはなかったが、だいたい、あの時代の京大では毎日が「学際的」であった。特定の学部の特定の講座の「専門家」というのではなく、いろんなことに首をつっこみ、いい意味での「雑学」を身につけた「学者」たちがすくなくなかった。だから逆に「社会学」というせまい垣根のなかで勉強したことはなかった。そんな背景があったので学習院大学で「社会学」の授業を担当したときにあらためて技術と社会を再考するために一年間、そこに焦点をあてた講義をおこなった。その記録は『技術の社会学』（ＰＨＰ研究所・一九八三）にまとめてある。くわしくは同書を参照されたい。なお、この論考は、若い技術者のために「社会学」をわかりやすく、という注文をうけて書いたので、教科書ふうに西洋の有名な学者を紹介したが、わたしはそれらの「社会学者」を生んだ「社会」をとらえてみることにした。いうなれば、これは「社会学の社会学」または、ひとつの「知識社会学」のようなものだったとおもっている。

あたらしい世界地図

もしも他の天体の生物がこの地球という星を外がわからくわしく観察することができるとするならば、かれはいまこの星が数珠のようにつらなったちいさなケシ粒のような物体でかこまれていることに気がつくにちがいない。いうまでもなくこれらのちいさな物体は、これまで数十年にわたってさまざまな国や企業がうちあげた人工衛星である。

衛星の数がいくつあるのか、その実状はシロウトには見当がつかない。もちろん衛星は国際的なとりきめによって管理されており、放送衛星、通信衛星など静止衛星の数はたとえば地球の円周を二度おきに分割して合計百八十個まで可能だ、といわれていた。そして国際協定によってうちあげられた「公式」の衛星のうち静止衛星は通常、地上三万六千キロメートルの高さで軌道をまわっているし、また千キロほどの高度の海洋観測衛星なども国際協定にもとづいている。しかし、これらの「公式」、あるいは「筋目ただしい」衛星のほかに、まったく登録されていない、そしてときには秘密裡にうちあげられた衛星もあるようだ。これら未登録の衛星は、さまざまな高度と軌道を徘徊している。そしてそれらのうちのいくつか、たとえば旧ソビエトのうちあげた軍事衛星などはいったいどこでどうなっているのか、また衛星の破片などがどこに分散してしまっているのか、しかるべき機関が追跡しているのだろうが、われわれにはさっぱりわからない。

このようなもろもろの衛星は人類史のなかでかんがえてみれば、きわめてあたらしいものであり、そして同時にこの地球を生活の場とする人間たちの精神や行動におどろくべき影響をあたえるようになってきた。べつなことばでいえば、地球の住人であるわれわれはこの数珠玉によってもたらされた情報環境のなかで革命的な変化を経験しているのである。

歴史的にふりかえってみると、通信衛星からおくられる信号を地球的規模で通常のマイクロ波のテレビ回線とつなげる最初の実験は一九六七年の夏にヨーロッパ、北アメリカ、オーストラリア、日本などが協力し完全な同時中継でおこなわれ、世界各地が映像でむすばれた。

インテルサットを利用したこの実験放送は大成功をおさめたが、この記念すべき日、わたしはたまたまイギリスの農村で調査をしていた。森にかこまれたちいさな町でこんなふうに世界各地の情景がつぎつぎとうつしだされるというのは、まさしく驚異というしかいいようがなかった。雪のなかをはしるメルボルンの市電の風景や志摩海岸の夜明けの光にぼんやりとうつしだされた日本の漁師の顔などは、いまもふかくわたしの記憶のなかにのこっている。かんがえてみれば、これは放送の歴史のなかで革命的ともいうべきできごとであった。それが現在では日常生活の一部にくみこまれ、だれもがふしぎにおもわなくなっている。いささか陳腐な事例だが、湾岸戦争などの国際紛争にさいしては、戦場の情景が通信衛星を介して世界各地の数千万、あるいは数億の家庭の居間のテレビにうつしだされたのである。

放送衛星も一九七〇年代からその活動を開始した。この衛星から送出される信号は直接家庭で受信できるから、これも放送の世界でおどろくべき威力を発揮しはじめた。とくにマイクロ波による通信インフラストラクチャーが整備されていない国や山地、離島などをかかえた地域での放送衛星の効果は、はかりしれないものがある。じっさい、わたしがはじめて衛星放送の画面をみたのは飛騨高山の山村の農家のイロリばたであった。東京のような大都会ではなかった。もちろん衛星のうちあげには巨額の費用がかかるが、その有効性は徐々に認識されはじめ、おおくの国や地域が現在では衛星放送を利用するようになってきた。たとえば、ヨーロッパではスカイ・テレビ（以下、スカイと省略）がEC諸国だけではなく、その域外にまでおよんでいるし、アジアでは香港に本社をもつスター・テレビ（以下、スターと省略）が西はトルコから東は日本まで、北は北極海に面したシベリアから南はインド亜大陸まで、ユーラシア大陸のほとんどをカバーして放送されている。じっさい、スターはアジア各地のどこへいってもみることができるし、数億人のひとびとがその視聴者になっているのだ。

ここでひとつ注意しておくことがある。それは、現代社会ではじつのところ「通信衛星」と「放送衛星」のあいだにどんなちがいがあるのかも判然としなくなってきているということだ。ついこのあいだまではこのふたつは出力のちがい、といった技術的な相違だ、ときいていた。しかし、通信衛星を媒介にしてマイクロ波やCATVにながれてゆく「放送」もあるし、いっぽう直接受信を前提として設計された放送衛星がスクランブルをかけて、たとえば有料衛星放送のように通信衛星的に利用されていることもある。法規上でも「放送」と「通信」のあいだの境界はわかりにくくなっているようだから、「衛星放送」といってもさまざまなバリエーションがある。

くどいようだが、こうした電気通信技術の発達がおよぼす社会的影響はさまざまな意味でおどろくべきものがある。なによりも、これらのあらたな衛星によって国境という観念は情報に関するかぎり、まったくとりはらわれてしまった。通常のマイクロ波による放送の場合には、特定の放送局から放送される電波はその出力によってその到達距離に一定の限界をもっている。べつなことばでいえば、特定の放送局のサービスエリアは意図的にコントロールすることが可能なのだ。

ところが、それにたいして衛星から放出される電波は、まるで巨大なダムの放水のごとくに「情報のシャワー」を広域的にふりそそがせているのである。伝統的な放送の場合には、これまでしばしば情報の「スピルオーバー」(情報漏れ)が問題にされてきたし、このような「スピルオーバー」はしばしば国際間の緊張や摩擦を生む原因にもなっていた。しかし、人工衛星はどれをとってみても、地球の表面のかなりの部分をカバーしてしまう。もちろん、国際間の協定によってどの範囲を受信対象にするか、は、衛星の設計段階から一応とりきめられてはいるけれども、現実的には衛星のサービスエリアを国境線にそって限定することなどできるはずはない。したがって日本の衛星放送は朝鮮半島、中国、台湾などでもみられているし、巨大な口径の受信アンテナをとりつければ、理論的には東南アジアでも日本の衛星放送を受信することは不可能ではない。ふたたびわたしじしんの経験になるが、一九九三年三月、北京を訪問したとき、わたしはホテルの部屋のテレビでスターのすべてのチャンネルはもちろんのこと、日本の衛星放送のすべてをみることができたし、ほんらいデコーダーを必要とする日本衛星放送(WOWOW)の番組までとびこんでいたのにはおどろいた。

もちろん、電波技術の発展をふりかえってみると、通常の地上波を利用した国際放送の歴史はふるい。ミクロネシアが日本の委任統治領であったころ、パラオ（現在のベラウ共和国）には当時の世界では最大の出力をもった中波のラジオ放送局が建設され、その電波はハワイにまで到達していたし、短波による国際放送は二十世紀初期から開始されていた。わたしもむかし国際コミュニケーション研究の一環として短波を勉強していたころ、分厚い「世界ラジオ年鑑」を片手に周波数の目盛りをあわせながら世界各国の短波放送をきいて飛びかう電波をとらえることに熱中していたことがあった。いまでもこの一見したところ、ふるいメディアにみえる短波はときに重要な役割をはたしている。たとえば独裁国家からの地下放送局のように。

身近な例としてふたたびスター・テレビにはなしをもどそう。さきほどのべたように、これは広域的なサービスエリアをもったあたらしい放送局である。この事業をはじめたリー財閥の初代はわかいころ、腕時計用のプラスティックのバンドを売る、といったような零細な商人から身をおこし、巨万の富をきずきあげた現代香港の立志伝中の人物であったといわれている。その資金を中心にしてこの会社はできあがった。

二十世紀末になると、スターは五チャンネルをもち、第一チャンネルは主としてBBCの報道番組を中心としたニュース・サービス。第二チャンネルは中国の視聴者を対象とした中国語のチャンネル。ここでは北京語による経済番組や吹き替えずみの映画なども放送されている。第三チャンネルは音楽番組で、こちらのほうはアメリカのテレビ会社との提携によって制作されている。視聴者がアジアのひとびとだから、ディスクジョッキーにはインド人を採用する、といったような工夫もおこなわれている。第四チャンネルは世界のひとびとが共通の関心をもつスポーツ放送番組のチャンネルだ。このチャンネルではテニス、ゴルフから、日本の相撲、サッカーなどがふくまれている。第五チャンネルは一般にスタープラスと名付られた娯楽番組専門チャンネルで、映画、メロドラマなどがその中心である。

この衛星放送を直接受信する家庭は一九九一年には三百五十万世帯だったのに、九三年はじめにはおよそ千二百万世帯に増加した。これを在来の地上局やケーブル・テレビに接続すれば、視聴者の数は巨大なものに成長する。じじつ、すでにスターはアジア全域の「国際的」というよりは「広域的」テレビ局として定着し、その視聴者については驚異的な数字が報告されている。たとえばインドの場合、ケーブル・テレビ局は二万以上に達し、スターの番組はケーブルをつうじて各家庭に配信されているから、末端の視聴者数は数億にのぼるだろう。通常の放送をわれわれは「マス・メディア」というが、衛星時代の放送は「メガ・メディア」とでもいうべき規模のものに成長してしまったのである。視聴者がこのような巨大なものであるということは、商業活動にもふかくかかわってくる。そのことは、たとえば日本のスポンサーのいくつかが国内むけの広告費を削減して、スターをつうじて国際的コマーシャルをながしはじめていることからもわかるだろう。ヨーロッパではスカイ、そしてアジアではスターを代表とする地球規模の巨大な衛星放送網は、すでに現実のものとなってわれわれの日常生活の一部になっているのだ。

そのことは、たとえばインドネシアをたずねてみれば、すぐわかる。いまジャカルタの市内にはいったとたん、目につくのはビルや家庭の屋上にとりつけられた巨大なディッシュ・アンテナである。

インドネシアのわたしの友人によると、これらのアンテナはインドネシアのパラパ衛星を受信し、そのことによって国家としてのインドネシア統一をはかる、というのがその目的であったのだが、他の衛星からの信号も受信できる。じじつ、わたしなども一九九〇年ごろからインドネシアのホテルの客室でスターやＣＮＮはもとよりのこと、アメリカのＨＢＯ（ホームボックス・オフィス）の映画まで見ることができるのにびっくりしたおぼえがある。

じっさい、アジア太平洋地域をかんがえてみると、この地域での衛星の数はきわめておおい。インドサットは一九九〇年代にはいってから活発なうごきをみせはじめたし、タイサットも一九九三年に操業を開始した。コリアサットは九五年の夏から放送衛星を使用した本格的衛星放送を開始することになっていて、その時期になれば、日本、とりわけ西日本では韓国の衛星放送の直接受信が可能になるし、トンガサットもちかいうちに作動するという。そして出力、送受信範囲、寿命などを登録した「衛星名簿」は国際的につくられており、これから推測するとすでに衛星回線は供給過剰で中継器（トランスポンダー）の使用料などはだんだん安くなってゆくらしい。

そのうえ、これらさいきんの衛星はその名のしめすとおり特定の国が打ちあげたものだが、トランスポンダーの利用者はかならずしも打ちあげ主体となった国にかぎられているわけではない。オーストラリアのＡＢＣ放送やＢＢＣがアジア太平洋地域むけに利用している衛星は、しばしばこれら他国の国名を冠した衛星を中継器としてつかい、またスターがつかっている衛星は米中のふしぎな合作による格安の衛星だという。衛星は国際間の貸借やときには売買までおこなわれるようになっているのが現状なのだ。規模はちいさいが、日本のある宗教団体が布教に利用しているのは旧ソ連の衛星で、賃貸料は想像を絶するほど安い、というはなしをきいたこともある。

さらに、衛星利用の放送局の経営主体もとっくに国境をこえてしまった。スターについていえば、現在の経営主体はオーストラリア出身のマードック資本で一九九三年夏に香港を拠点とする経営者から買収された。べつなことばでいえば、発信者じたいも完全にボーダーレスになってしまっているのである。すでにみたように、衛星ははるかかなたの宇宙空間にあり、電波でむすぶことのできる範囲は自由に設計できるから衛星の利用権とその所有権、財産権は別個のものとかんがえてよろしかろう。じじつ、一九九七年に香港が中国に返還されてから以後、スターはどうするのか、といった疑問をおくのひとがもっていたが、紆余曲折をへて、「所有者」は世界を転々としている。通信衛星放送は地上波型の「放送局」のような巨大な地上設備を必要とするものではなく、送信用のアンテナを移動すればどこでも操業できる。国内法がきびしければ、極端なばあい送信施設をより規制のゆるやかな国に移動させればよい。それだけのことだ。つまり、われわれの眼前にあるのは世界規模での国境なき情報シャワーの時代であって、その発信地がどこの国にあるか、などは問題にすらならない。

それにくわえて、一般に伝統的メディアとして位置づけられている新聞もまた衛星利用を積極的に開始しはじめた。一九五〇年代のフランス映画「勝手にしやがれ」のなかのパリの街頭風景に「ヘラルド・トリビューン！」とくりかえしさけびながら、アメリカの新聞を売っている少年のすがたをわたしはいまでも記憶しているが、その当時ヨーロッパにいるアメリカ人むけにつくられた「ヘラルド・トリビューン」紙（ニューヨーク・タイムズとワシントン・ポストの共同編集）は、アメリカからテレックスで記事をとりよせ、それをパリで編集するという方式をとっていた。それがパリの風物だったのである。しかし現在では、この新聞はアメリカ東海岸で製版された紙面がそのまま衛星を媒介にしておくられ、それをそのまま現地で印刷すればよい、というしかけになっている。ついでにいっておくと、この「ヘラルド・トリビューン」は現在ではパリのどこの新聞売り場にもならんでいて、ごくあたりまえのものになっているし、ヨーロッパはもとより、世界の主要都市でも当日の日付の「トリビューン」はいつでも買うことができる。

日本の新聞もその「衛星版」をアメリカ、ヨーロッパ、そして東南アジアでも発行するようになった。わたしなどの世代の人間は一九五〇年代に船便でおくられてくるひと月おくれの新聞をアメリカの大学図書館で読み、それで日本の情勢を知る、という切ないおもいをした経験があるが、いまでは世界の主要ホテルの売店や空港のロビーにその日の日本の衛星版新聞がおいてある。

さて、これまでみてきたのは衛星をつうじての「放送」というマス・メディアにかかわる現代世界の変貌をみてきたが、メディアというのは不特定多数を相手にしたマス・メディアにかぎられているわけではない。特定の個人あるいは集団の情報交換のためのメディアも進化した。あらたな電気通信技術がつぎつぎに開発され、おおくのひとびとがその恩恵をうけはじめている。たとえば国際電話をかんがえてみよう。一九六〇年代までの国際通話というのは、わたしじしんの経験からいってもたいへんなことであった。交換台をつうじて申込み、相手方に接続されるまで時間もかかったし、料金もおどろくほど高かった。そのうえ、「国際電話」といってもこうした接続が可能なのは欧米や日本といった特定の国にかぎられていた。

ところが、二十世紀末から様子はすっかりかわった。バンコクからでもメキシコからでも、ホテルの部屋の電話機から直接ダイヤルでどこの国とも即時通話ができる。料金も安い。とりわけ電話会社が世界的規模で「自由化」されたので会社どうしの競争も激烈である。アメリカの空港の国際電話のブースにはいると電話会社名がずらりとならんでいて、どの会社の回線をつかうかはその利用者がきめる。そして、会社をえらんでボタンを押すと「○○社をえらんでくださってありがとうございます」というテープ録音につづいてダイヤルの操作手順が液晶表示される。料金の支払いはクレジット・カード利用。あんまり簡単なのでおどろいたのは、たしか一九八〇年代の後半だっただろうか。

こうした通信の発展はきわめて重要だ。なぜなら、国際関係を実質的に変えるような情報交換はマス・メディアではなく個人メディアであることがしばしばだからである。たとえばアメリカの大統領は危機にさいして主要国の首脳と電話会談をおこなう。その内容はもちろん当事者以外にはわからない。政治だけではない。経済の領域でも為替相場や株式売買は通常の「通話」のほか電話回線を利用したデータ通信などでおこなわれている。しかも、ここでいう「回線」がどこを経由してどう接続されているのかはさっぱりわからない。在来の電話線かもしれないし、一部は通信衛星経由かもしれない。ロンドンから東京への通話が飛行機の路線にそってシベリアを経由している、などとかんがえるのはまちがいであって、大西洋、アメリカ大陸、太平洋を経由する回線がつかわれていることもしばしばなのである。地球上で状態がよく、空きのある回線をえらんで電話はつながるのだ。

こうした国際通信の現状を「テレジオグラフィー」というあらたな手法で解析し、地図のうえに投影した学者もいる。この地図をみると、従来われわれの頭のなかにあった「ふつうの」世界地図とはまったくかけはなれた地図がすでに存在していることに気がつく。さらに、いまのべたような電話回線の多様な使用法はいわゆる「パソコン通信」の時代を経過してインターネットの世界をひろげた。このネットワークも世界的なひろがりを加速しつつある。このインターネットという開かれた普遍的通信手段が国際的な学術情報の交換やデータベース検索にどれだけの威力を発揮しているかはすでに経験しているどころか、われわれの日常生活の一部になってしまった。

ところで、衛星は設計がそれぞれにちがい、さまざまな種類がある。そのなかで移動体通信用に開発された衛星は、船舶や航空機、そして自動車に信号をおくる。そのなかで、日本で普及したカーナビゲーション・システムも衛星利用の一例だ。日本人がつかっているこのシステムはもともとアメリカの軍事衛星だから、衛星技術がいったいどこまで進歩するか、さっぱり見当もつかないのである。

移動体通信はさらにとどまるところをしらない。わたしの経験の範囲内でふりかえってみても、一九六九年に船で太平洋をわたったとき、日本の新聞がそのままファックスでおくられてきたのに感動し、また驚愕したおぼえがある。そのような移動体通信用に日本の宇宙開発事業団がはじめて打ちあげたETS―V衛星でいま国際実験につかわれている地上局はおどろくほどちいさく、携帯可能とはいえないにしても、電源のあるところなら小型トラックで容易に移動できる。わたしはその設置現場を日本、タイ、インドネシアでみる機会にめぐまれたが、あんなもので西太平洋のほぼ全域がむすばれているのだ。このような小型地上局を利用した国際交流の重要性はここにいうまでもあるまい。

すでにのべたように、衛星は地上三万六千キロの地点に静止し、それをつうじて電気信号がやりとりされる。しかし地上系の電気通信もおどろくべき進歩をとげた。その一例がISDN（Integrated Service Digital Network）である。これは通常の電話回線や衛星回線、さらには光ファイバーを併用し、あるいは地上回線だけでおこなわれる通信手段だが、画像をおくることもできる。そのＩＳＤＮによるテレビ会議をわたしじしん、これまで数回経験した。ロンドンから、アメリカのインディアナ州から、シンガポールから、そしてフィンランドから、相互に顔をみながら必要な図表やビデオをみせながら気楽に対話をしたり、会議に参加したりすることが可能だ、ということがこれら一連の実験でわかった。衛星利用の場合にくらべると画質はややおとるけれども、回線使用料は信じられないほど安い。アメリカと日本をむすんで二時間にわたってじっくりと学術討論をしても、その回線使用料は合計十万円にもならない。やがて高速光ファイバーが世界規模で敷設されるならば、地上系の国際通信も飛躍的な進歩をとげるだろう。そしてこうしたすべてのことを考慮にいれるならば、まさしくわたしたちは人類文明史のあらたな時代に突入した、と断定してさしつかえあるまい。

すでにのべたように、衛星通信は放送衛星、通信衛星にかかわらず、地球上のすべてのひとびとにあたらしい時代を予告し、そしてあたらしい生活様式をつくりあげる役割をはたしてきた。ヨーロッパではマーストリヒト条約の成立後、ＥＣ加盟諸国間の統合手段としての電気通信に熱心にとりくみはじめた。ブレンデがくわしく紹介しているように、ＥＣ加盟諸国の高等教育機関や産業界をむすんだデルタ計画も着実に進行中だし、さきほど紹介したスカイもヨーロッパ全土をおおっている。こんにち西ヨーロッパをたずねてみれば、ポルトガルであろうと、デンマークであろうと、すくなくとも二つや三つのヨーロッパ広域放送を受信できるようになっていることにおどろく。パリのホテルでテレビのチャネルをつぎつぎと切りかえてゆくと、ときには英語の番組もはいるし、ときにはドイツ語放送もみえる。スペイン語のチャネルがあるとおもえば、おどろいたことに特定の時間をかぎって日本のNHKニュースや「遠山の金さん」までとびこんでくるのである。

「遠山の金さん」はともかく、EC統合は経済統合を機軸にしているが、それと歩調をあわせて文化統合とはいわないまでも、相互の文化史的浸透が不可欠なのだ。このような相互浸透や情報の共有については、いくつかの問題がある。最大のものは、おそらく言語、文化、そして歴史が加盟国それぞれによってちがうということだろう。たとえば、EC諸国間のコミュニケーションに英語がかなりの優位性をもっていることにたいして、フランス人はそれをあまりこころよくおもっていない。だが、マーストリヒト条約以降、徐々にヨーロッパのひとびとは相互学習をつよめ、いわゆる「ヨーロッパ城塞」(Fortress Europe)の実現にむけての努力をつづけてゆくことになるだろう。ECからEUへとヨーロッパの統合はすすんできた。

その契機になったのはいうまでもなく、一九九一年のベルリンの壁の崩壊と、それにともなう東西ドイツの統合である。ここにいたる経緯については、かつての共産圏ブロックの弱体化、そしてもろもろの政治的、外交的問題が基本にあったことはいうまでもないが、民衆の精神生活に関してみるかぎり、衛星放送がはたした役割はけっして無視できなかった。なぜなら国境や社会体制をこえて流入してくる衛星経由のテレビ番組をみていれば、かつての東ドイツの市民たちが西ドイツをはじめとする西がわ諸国の生活に刺激され、かれらじしんのおかれている現状に疑問をもつようになったことはうたがう余地もないからである。じじつ、一九七〇年代のおわりにわたしは香港中文大学で教壇に立っていたが、そのときの香港の放送は意図的に広州をはじめとする中国南部の視聴者を想定して編成されている、ということを耳にしたことがある。香港からながれてくるさまざまなコマーシャルを本土のひとが視聴して、香港在住の親戚や友人にその品物を買って送ってもらう、というわけだ。

ところで、このようなメディアの技術進歩と社会的影響をかんがえるにつけてわたしの頭のなかを去来するのは、はたして「太平洋共同体」とでもいうべきものが情報面で形成されうるか、という問題だ。たしかにネパールの山奥から外モンゴルの遊牧民、さらにミクロネシアのひとびとまでが同時におなじ情報を入手できる、というのは一見したところ、すばらしいことのようにみえるし、そういう情報交換が蓄積されてゆけば相互の連帯と理解がふかまるだろうし、その結果、「アジア・太平洋意識」とでもいうべきものがうまれることになるかもしれない。何回もひきあいにだすようだが、スターはこの地域での数億のひとびとを視聴者としてひきつけるようになった。したがってヨーロッパのスカイとアジアのスターはおなじような役割をはたしている、という見方もありうるだろう。

しかし、スターだけではなく、国境をこえた電気通信にたいして危惧の念をしめし、あるいはそれに反対するグループもけっしてすくなくはない。過去数年間アジア太平洋地域でのコミュニケーション関係の学会にわたしはなんべんも出席したが、そこでの講演や研究発表のなかには、例外なくスターを西欧諸国によるアジアへの「文化的帝国主義」へのあらわれだ、と力説する学者や政治家がいる。かれらによると、スターやBBCなどの国際放送はヨーロッパ諸国が過去の植民地を文化的に制圧しつづけようとする陰謀であり、またCNNによって代表されるアメリカ製番組はアメリカ的生活様式や価値体系を普遍的価値としてアジア諸国に押しつけよう、というプロパガンダ以外のなにものでもない、というのである。とりわけ、発展途上国は現在、それぞれの国づくりに全力をあげている。言語も母国語を復活し、それによって国民的連帯をつくりあげなくてはならない重要な時期にさしかかっている。そんな時期にハリウッド映画のようなアメリカ的な価値体系と「英語」という言語の押し売りをされたら、せっかくの努力も無駄になってしまうのではないか、というわけだ。

そんな事情からアジアのいくつかの国では、政府の政策としてスターをもふくめて国際放送の受信を禁止する、という措置がとられた。中国はこれまでスターにたいしてかなり寛容だったが、一九九三年十一月に個人が所有する衛星受信用のディッシュ・アンテナをことごとく没収した。また、歴史をふりかえってみると、ミクロネシアのトラック島ではテレビ局をおくことじたいを禁止した時期があった。その理由は、アメリカ製番組を中心としたテレビは島のひとびとの伝統文化を破壊する、ということであった。フィージーでラツ・マラ首相がテレビ局を設置しない方針を決定したのも、おなじような理由による。韓国では日本からの衛星放送はもとより、とりわけ南部で受信できる通常の地上波による日本からの放送の受信も禁止している。シンガポールは最新の電気通信やコンピューター技術の導入に関してもっとも熱心なアジアの先端技術国だが、この国でもCNNの受信を禁止していたことがあった。いうまでもなく、リー・カンユー大統領のコミュニケーション政策のひとつのあらわれである。それぞれの国にはそれぞれの国策があるのだからそれをとやかくいう筋合いではないが、こうしたコミュニケーション政策はおおむね不毛であった。いったんはアンテナを没収した中国でも許認可制で受信を許可することになった、というし、インド人の多いフィージーはテレビのかわりにインドからのビデオ・テープの輸入がさかんになり、その結果、かえって国内の民族問題が複雑になった、というはなしもきいた。いまや降りそそぐ情報のシャワーを防ぐだけの大きな傘はないのだから、およそ受信禁止などということは技術的にはナンセンスなのである。

だが、いまのべたような事情から、アジア太平洋地域では、ボーダーレスの電気通信はしばしば統合的な力をもつメディア、というよりは、むしろあらたな文化侵略としてうけとられることがすくなくないのである。たしかに「情報の自由な流れ」という哲学からすれば、あらゆるひとびとは国境をこえた情報に自由にアクセスする権利がある、ということになろうが、国家的な自立、そして国益の立場からみれば、一定の制限はやむをえないもの、とかんがえるべきであろう。

このような「文化侵略」論はけっしてあたらしいものではない。ユネスコをはじめとする国際機関が「情報新秩序」の問題をとりあげたのは、すでに一九七〇年代のことだったが、それに先だってABU（アジア放送連合）は一九六〇年代に結成され、アジア十ヶ国以上をふくむアジア・ビジョンは隣接諸国からのニュースを衛星経由で相互に交換することを一九八〇年代後半から開始した。NHKの衛星放送は中国や韓国からのニュースを随時、放送のなかにくみいれているし、また日本のニュースはタイでもマレーシアでも受信することができるようになっている。これらの措置のなかには政府間協定によるものもあるから、このような動きはさらに活発化されることになるだろう。

しかしながら、「情報新秩序」はアジア地域にかんするかぎり、まだ実現されてはいないし、将来にわたってもかなりおおくの困難をともなっている。まず第一にアジアとひとくちにいっても、そこにはじつにさまざまな言語が存在する。実際、いま紹介したアジア・ビジョンについてもそこでつかわれている「媒介語」（「共通語」ではない）として英語が使用されている。それはそれで当面やむをえない方法なのだろうが、一般民衆にとって英語という言語はそれぞれの母国語ではない。したがって、英語を媒介とするアジア・ビジョンは、それぞれの国の大衆にとってはほとんど無縁のものであり、その視聴者はそれぞれの国のインテリ層や上流階級にかぎられているのである。そしてなによりも、アジア地域には依然として情報不均衡の問題があり、この問題は改善されるどころか、むしろ悪化の方向をたどっているようにわたしにはみえる。

こうした問題を解決するひとつの方法はパッケージによる番組交流である。衛星放送はたしかに広域的でしかも同時的だ。しかしビデオをパッケージでうけとれば、言語の吹きかえに正確を期することもできるし、それぞれの国の政策によっては番組の一部を削除したりすることも可能だ。もちろん、そこには技術的にも経済効率からいっても、ここにはいくつもの困難がともなう。しかし、その困難を克服しないかぎりメディアの国際交流がほんとうに民衆レベルで実現されることはむずかしい。

だが、それでも問題はのこる。なぜなら、それが衛星放送であれ、在来型の地上波放送であれ、アジア地域のひとびとが家庭でみる番組はかならずしもその国でつくられたものであるとはかぎらないからだ。限度のある予算とマンパワーを考慮にいれれば、アジア諸国の放送事業者はみずからの番組を制作するよりも、海外でつくられた番組を購入し、それを放送することのほうが安あがりで効率的だということを発見した。その結果、アセアン諸国、中国、香港、どこにいっても日本製のアニメーションや娯楽番組、そしてアメリカ映画がおおく放送され、しかも人気をえている。いくつかの研究によると、たとえばＮＨＫ制作の「おしん」はアジア諸国で圧倒的な歓迎をうけた。それは日本の番組が普遍的な人間的価値をしめすことができたという点では評価できるが、そのことによろこんでいるだけではいけない。だいじなのは、たとえばインドネシアでつくられた番組をわれわれ日本人が享受できるような体制をつくることにあるのではないのか。いかに「おしん」の内容がよくても、それをうけいれてくれた国からの番組をわれわれもまたうけいれるようにならなくては真の互恵的な関係は確立できないのではないか。そんなことをわたしはかんがえる。

じっさい日本人の他のアジア諸国についての知識は貧困である。なによりも近隣諸国からの番組輸入がほとんどない。知っているのが香港製のブルース・リー主演のクンフー映画だけだというのでは、こまる。健全でバランスのとれた国際コミュニケーションは互恵的なものでなければならず、その点からみると世界全体のアンバランスはけっして是正されてはいないし、アジア太平洋地域もその例にもれない。日本では、たとえばアジア映画祭などがおこなわれてきたが、その観客動員数はすくないし、ふりそそいでくる衛星からの情報におおくのひとびとがさらされている現在、われわれはメディアの送信者としても、また受信者としてもあらたな心がまえを必要とする時代にむかいつつあるのではないのか。「文化的帝国主義」という用語がはたして適切であるかどうか、はここではあえて問わないが、互恵的な原則のうえにたった情報秩序がアジア太平洋地域で未成熟である、という事実はみとめなければならないだろう。

衛星通信が統合的な役割をはたしている例として、すでに西ヨーロッパにおけるスカイの事例などはこれまでに紹介したとおりだ。そうした西ヨーロッパの状況にくらべると、アジアの状況はかなり複雑である。いま展開しつつあるメディア世界ではBBC、ABC、CNN、そしてさらにはドイツのドイッチェベラなどがおこなうアジア向け広域衛星放送を受信することになるだろう。ことがらをあまり誇張して表現したくはないが、十九世紀的な西欧優位型の世界地図がこんどは電波地図にすがたをかえてアジア全域をおおう可能性もすくなくない。じじつ、いくたびも引用してきたスカイにしてみても、その放送番組内容はおおむね西ヨーロッパやアメリカをそのもともとの発信地としているからである。

しかしながら、このような状況はべつな視点から解釈することもできる。ここであらためて確認しておかなければならないのは、「情報新秩序」問題が南北間のコミュニケーション問題としてとりあげられてきている、ということだ。べつなことばでいえば、南半球の発展途上国が北半球の先進諸国からの一方的な情報のながれにたいして疑問と抗議をなげかけたのが、そもそもこの問題のはじまりだったのである。ＥＣ諸国が現在おこなっている衛星ネットワークはその加盟国である先進諸国の統合にむかっての情報秩序であって、それはかならずしも南半球、すなわち西ヨーロッパに即していえばアフリカをふくんだものではない。はたしてヨーロッパがあらたな通信技術を利用してその南半球のパートナーであるアフリカ諸国とのあいだの対話を押しすすめてゆく興味、ないしは意識があるのかどうか、わたしの観察の範囲ではすくなからぬ疑問がおこる。おなじことは北アメリカについてもいえる。アメリカ合衆国やカナダがその情報を中南米諸国と衛星をつうじて互恵的に交流しよう、という動きをみせているとはわたしにはおもえない。

こうした意味で、現在アジア地域へわれわれが経験しつつあるところのものは、世界の他の地域におけるそれとかなり様子がちがっている。なぜなら、これまでわたしが論じてきた諸問題は東アジア、東南アジア、南アジアをふくむ広域的な問題であって、その地理的なサイズとそこに居住する住民の数は世界人口のおよそ三分の二をしめる。比喩的にいうなら、アジアにおける衛星ネットワークの展開は西ヨーロッパ、東ヨーロッパ、アフリカをもふくめたユーラシア大陸西部全体についてのメディア計画を論じるのと似ている。NAFTAの条約締結により、アメリカ大陸のうち北アメリカとメキシコはひとつの経済ブロックへの道を歩みはじめた。この努力はつづくだろうが、それがチリ、アルゼンチン、コロンビアなどをもふくめた広域的なブロックに展開してゆくには、まだかなりの時間が必要だろうし、それだけの壮大な計画を理想としてかかげているひとの数はきわめてすくない。

もしも地球を南北軸で三分割し、アジア太平洋地域、ヨーロッパ・アフリカ地域、北米、南米をふくむアメリカ大陸、というふうにイメージしてみるならば、アジアが現在挑戦し、かつ現実に経験しているのは、この南北をむすぶブロック形成なのである。そこには当然南北問題は存在するが、現代のアジアでとくに注目しなければならないのは過去数十年にわたるアセアン諸国のめざましい発展だ。比喩的に語ることがゆるされるならば、アセアンは東ヨーロッパやアフリカ、あるいは中南米と対応する地域だが、そのおかれている社会経済的状況はユーラシア西部や南北アメリカのそれをはるかに上まわっている。南北コミュニケーションはアジア、とりわけ西太平洋地域でひとつのモデル的展開をしめしているとみてもさしつかえあるまい。

「アジアはひとつ」という表現はあまりにも単純素朴である。この地域はきわめてひろく、またそれを統合するには多様でありすぎる。しかし、人的交流がふかまり、経済的相互依存がここまで展開してきた現在、最新のメディアによる情報交流の機はすでに熟している。さらに光ファイバー網の敷設についていえば、アジアの主要都市ではその敷設が着々と進行しており、イスラマバードやカラチでもＩＳＤＮが利用できるようになった。二十一世紀の前半にはアジア全域をむすんだ国際規模の「情報スーパー・ハイウェイ」が完成することになるだろう。

これからの世界はメディアの世界だ、という説がある。そして「メディアを制するものは世界を制する」といったような勇ましい発言をするひともいる。しかし、メディアは「制する」ものではなく、「わかちあう」性質のものでなければなるまい。情報をわかちあう知恵をもった人間たちだけが地球市民の資格をもつのだろう、とわたしは信じている。残念ながら、まだわれわれはその段階に達してはいない。

あとがき

この文章はわたしがサンディエゴ大学の国際コミュニケーション・センター（International Center for Communication）主催の研究集会（開催地シンガポール・一九九四年四月十四日）に提出した基調講演（原題 Toward Global Interdependence）を日本語に翻訳し、それに加筆訂正したものである。また、スター・テレビについては一九九三年十一月二十二日同社副社長 Douglas Gantier 氏を訪問して直接におしえられた情報をふくんでいる。その後、ここで論じた技術的問題は想像を絶したスピードで展開して現在にいたっているが、それらの点についての加除訂正はおこなわなかった。これはあくまでもいささかの予見性をもった二十世紀末の「歴史的記録」として読んでいただきたい。なお、この研究会の第一回の集会は一九九三年二月にサンディエゴ大学で開催された。そのときの記録はわたしの『旅行日誌』第四巻で公開している。興味のある方はわたしのデータベースを参照してくださればさいわいである。

わたしの「教養」論

「教養」ということばの意味するところのものは、すくなからずアイマイである。じっさい「教養とは何か」と問われても、わたしなどは返答に窮してしまうし、また、これを外国語に翻訳せよ、といわれても、翻訳はできそうにもない。しいていえば、ドイツ語の“Bildungs”がこれに相当するかともおもわれるし、日本の近代思想史をくわしくしらべてみると、そもそも、「教養」という日本語はドイツ語からの輸入であったとおもわれるフシもある。しかし“Bildungs”というのは、「自己形成」といったほどのことであって、ふつうにわれわれが語る「教養」ということばの意味とは、ちょっとちがうようだ。しからばいったい「教養」とは何であるのか。

まず第一に、「教養」というものは「教育」とちがう。「教育」は、おおむね学校という制度に密着したものであり、またその成果は、なんらかのかたちで実用的意味をもつのがふつうである。わかりやすい例でいえば、大学で機械工学の「教育」を受けた若者は、技術者として一流企業に就職し、研究・開発や生産にその「教育」成果を発揮することができるだろう。医学部卒の青年が医師として患者の治療にあたることができるのも「教育」あればこそである。

それにひきかえ「教養」というのは、学校といった制度的なものとは関係しない。さらにいうなら、いっさいの実用的な効果をもっていない。「教養」のある人、というのは、通俗的にはたとえばモーツァルトの音楽について造詣が深かったり、浮世絵のことをよく知っていたり、あるいは、ワインの銘柄や年代に関して詳しかったり、という人を意味することが多いが、モーツァルトのシンフォニーの三九番と四〇番を即座に識別できる人間に銀行利子の計算ができるとはかぎらないし、また、ボルドーとボジョレーのワインのちがいのわかる人が自動車の整備能力をもっているともかぎらない。

要するに、「教養」というものは、あってもなくても、実生活のうえでたいしてかわらない、という性質をもっている。別言するならば、教養というものは、人生にとっての不可欠の要素ではないのである。じじつ、まったく「無教養」とひとから思われている人でも、それぞれの職業生活のなかではちゃんと立派にしごとをこなしていることが多い。いや、たとえば商売の世界では、なまじの「教養」がかえって逆作用して、失敗の要素になったりもする。「教養」がなければ、取引にあたって、十円、一円のちがいもこまかく計算して一歩もゆずらない、といったようなことがあるけれども、「教養」のある人は、元来、金銭について語ることを下賤のこととかんがえる傾向があるから、十円、いや百円くらい、どうでもいいや、というふうに判断したりもする。コマかいことに気遣いするのは下品だからである。教養が「邪魔」をするゆえんである。

じっさい、わたしのように文筆をもって生きている人間は、おおむね知識人、文化人、というレッテルを世間さまから貼られており、かつ同時に「教養人」と見なされているようである。したがって、わたしたちの世界では金銭についてはあまり問題としない、というのがタテマエになっており、原稿料の交渉をしたりするのは、はしたないこと、とされている。だから、こうして原稿用紙を前にしてペンを走らせながらも、いったい、この原稿にたいしていくらの報酬があたえられるのか、さっぱりわからない。ふつうの商取引なら、まず価格が設定され、売り手と買い手の間の合意が形成され契約書にハンコを押してから、ものごとが進行するのだけれども、いかに「売文業」といえども、原稿料というのは交渉の対象になりにくいのである。執筆者も編集者も「教養人」であるがゆえに、こういうアイマイなことになってしまっているのだ。多くの人は「教養」をのぞましいものとかんがえているようだが、原稿料問題という、わたしなどにとって切実な問題をかんがえてみると、教養などというものをかなぐり捨てるほうがどれだけサバサバするかわからない、とおもう。

教養は、さきほど書いたように、あってもなくてもよろしいのだし、以上のように、なまじの教養は実生活上の妨害要素になったりするのだ。そのことは、大学でのさいしょの二年間の「教養課程」なるものを見ただけでもよくわかる。じぶんじしん、大学に籍を置いていて、まことに言いにくいことだが、さまざまな学問領域についての入門的な知識をあたえたり、おなじく、入門的な外国語のコースを強制したり、というのが「教養課程」というものであって、現行の制度的観点からすると、それにはじゅうぶんな意味があるとされているけれども、わたしにいわせれば、この「教養課程」もまた、あってもなくてもいっこうにさしつかえのないようなものなのである。この二年間で学習する外国語で自由に外国の本を読んだり、外国語の会話能力が身についたりするか、といえば答えは絶対的に「ノー」であるし、歴史や哲学の入門指導が役に立つか、といえば、これもまた、まったく役に立たない。そこで教えられるのは中学、高校で習ったことの復習であり、あるいはそれ以上にツマらないものだからである。それが証拠に、毎年、新入学生が五月になると、いわゆる「五月病」にかかり、極端なばあいには自殺者まで出すのは、「教養」なるものへの一種の絶望感の反映ではなかろうか、とさえおもわれてならないのである。

要するに、「教養」というのは、そんなに大さわぎして追求すべき価値ではなさそうなのだ。すくなくとも、人間、生きてゆくうえで「教養」は必須の条件ではないのである。「教養」を身につけるのは、けっして悪いことではないが、漫然たる「教養課程」で退屈な思いをするよりは、コンピューター学校や自動車学校に通って、実生活に役に立つ知識や技術を習得することのほうが、どれだけマシであるかわからない。いささか極端にきこえるかもしれないが、「教養」ということばを耳にするたびに、わたしはそんなふうにかんがえたくなってしまう。

まことに不とどきな方向に筆が走ってしまったが、どうかんがえてみても、「教養」は、要・不要の観点から考察するかぎり、かならずしも必要ではないのである。たしかに、無教養な人間は知的な会話の仲間入りをすることはできないし、芸術や文学のあたえてくれるたのしみを知ることもできない。だが、芸術を解しなくても、あるいは気の利いた会話ができなくても、そんなことと関係なしに人生を生きることはできる。どこかそこらの安酒場で飲んだくれて、あとはグウグウ眠っていればそれでもよろしかろう。いや、そういう人生もまた、けっして悪くはない。なんべんもくりかえしになって恐縮だが、教養などあってもなくてもよいのである。

しかし、つらつらおもんみるに、だいたいわれわれをかこんでいる環境は、あってもなくてもいい性質のものによって成り立っているのではないか。たとえば、奇妙な例で恐縮だが、ネクタイというものをとりあげてみよう。わたしはもともと反ネクタイ主義者であって、できるだけネクタイはしない、という方針のもとに生きているが、それでもネクタイをしないと格好のつかないような場面に何回かは顔を出さなければならない。冠婚葬祭はもとよりのこと、もろもろの折目、節目にネクタイを着用するのは世間の作法というものである。そして、そういう経験をするたびに、果たしてネクタイは必要か、と自問自答する。答えは否である。ネクタイには、なんの実用的意味もない。それどころか、きっちりとネクタイをしめると、首のまわりが圧迫されて不愉快になる。

要・不要の説を採用するかぎり、ネクタイは不要である。あってもなくてもよろしい。あってもなくてもよろしいが、ネクタイが要求されるばあいもある。世のなかというのはそういうものだ。テレビだってそうではないか。わたしなどの世代は、二十代の後半まで、テレビなどというものをいっさい知らずに人生を生きてきた。ところが、いまはどこの家庭にもテレビがあり、たとえばプロ野球のシーズン中には、何百万、何千万もの日本人がその前に釘づけになっている。文明の進歩というのはおそろしい。

しかし、ふたたび、要・不要の観点から検討してみよう。テレビは必要か。ちっとも必要ではない。わたしじしんに関していうなら、ここ四、五年、テレビというものをほとんど見ていない。毎晩、夜の定時ニュースを見るし、また、旅先でぽっかり夜の時間が空いてしまったときにはホテルの部屋のテレビのスイッチをいれる。見はじめれば見はじめたで、結構おもしろい。おもしろいけれども、これがわたしの人生にとって必需品だとはおもわない。いや、じつのところ、わたしは、じぶんの勉強のほうがずっとだいじでおもしろいから、テレビというものは時間の浪費でしかないと信じている。だから見ない。見なくても不自由はない。したがって、テレビのタレントの名前などほとんど知らない。いまの相撲界で、誰が横綱であり、大関であるかも知らない。プロ野球チームの勝敗の順位も知らない。しかしそれでも、ちゃんとこうして、じぶんなりにたのしく生活をしている。わたしにとって、テレビは不要なのである。

多くの人たちにとっても、事情はおなじはずである。ただ習慣の力によって、大多数の国民はテレビを所有し、ほとんど中毒的とでもいうべき熱心さでテレビに惹きつけられている。本質的には不要であっても、なんとなく擬似的な必要性をあたえられてしまっているのがテレビというものなのだ。こんな例は、ほとんど無限といってよいほどたくさんかぞえ上げることができる。要・不要を基準にするかぎり、現代生活は不要なもので満ちあふれているのだ。そして、そういう事実を念頭に置いてみると、ひょっとして、「教養」もまた、擬似的必要性をあたえられるようになってきているのではないか、という気がしないでもない。そしてさきほど、わたしは、なまじの教養がかえって邪魔になる、と断言した。しかし、一般的にいうと、教養というものは、あってもなくてもよろしいが、どちらかといえば、あったほうがよろしいのではなかろうか、ともおもう。

とりわけ、もしも、「教養」というものがドイツ的意味での「自己形成」とかかわるものであるとするならば、「教養」はネクタイよりもテレビよりも必要性が高い、とわたしはかんがえる。なぜなら、人間というものはそれぞれ潜在的可能性にみちた動物であり、ありふれた言い方をするなら、磨けば磨くほどにその精神あるいは知性に輝きを増すからである。このごろ心理学者たちが強調する

「自己実現」というのもそういうものなのであろう。とにかく、人間として生をうけた以上、じぶんにどれだけのことができるかためしてみよう、というのは当然の欲求であるはずだ。生きる、ということのおもしろさは、おそらく、そういう欲求を開花させるところにあるのではあるまいか、とわたしは確信している。そして、もしも、そのような開花の過程で人間がしぜんに身につけるものが「教養」というものであるとするならば、「教養」は不要どころか、人生そのものの核心部分であるのかもしれない。

こうした文脈のうえで、ふたたび、しからば「教養」とはなんであるか、を問うてみることにしよう。さきほど、わたしは「教養人」の例として、モーツァルトだの浮世絵だのといったキザなものをとりあげた。そして、それはおそらく通俗的意味での「教養」イメージともかさなりあっているはずである。しかし、たぶん、そうしたイメージはまちがいなのだ。われわれは、この「教養」イメージを正さなければならない時にさしかかっている。

モーツァルトを語り、ルノアールを論じ、あるいはカント、ヘーゲルについてあげつらうことをもって「教養」とするふうが生まれたのは、わたしのみるところでは、いわゆる大正デモクラシーというものであった。それは、いっぽうではよきにつけあしきにつけ河合栄次郎を中心とする「教養主義」とつながり、また他方では「白樺派」の運動ともかかわってくる。それは、一種の西欧主義と伝統的な文人墨客趣味との混合であり、帰するところ、古今東西の文化・芸術についての知識をたくわえることをもって「自己形成」をしようという、ある意味での文化運動であり、また道徳運動でもあった。

この教養主義には、もちろん積極面がすくなからずあった。こんにちのことばでいえば、そこには社会教育ないし生涯教育につらなる哲学があり、学校教育とはなれたところで学習をつづけることのたのしみを用意し、そのことによって国民ぜんたいの文化水準を向上させようとする努力がうかがわれたのである。しかし、その努力は、逆の観点からすると俗物主義につらなる危険をはらんでいたし、結果的に教養主義はしばしば俗物主義に堕した、とわたしはおもう。

じっさい、たとえば旧制高校の学生たちは、在学当時には口角泡をとばして空疎な議論をこころみ、美術館に通い、あるいはコンサートに足をはこんだ。それはそれでよろしかった。だが、いったん学校をはなれたとたんに、そうした「教養」への憧憬は突如として消滅してしまう。つまり、教養主義は人生のある時期での一種の「通過儀礼」であることが多かったのである。こんにちも、その痕跡はいたるところでうかがわれる。たとえば、クラシック音楽の演奏会場をのぞいてみよう。客席にいる聴衆の大部分は若い人たちである。かれらは神妙に耳をかたむけている。それは結構なことだ。そんなふうにしてかれらは「文化」と「教養」を身につけるのである。だが、それは長つづきしない。大学を出て会社員になったとたんに、かれらはクラシック音楽など忘れて、カラオケの世界にうつつを抜かすのである。

こういう、付焼刃の俗物主義的「教養」は、結局のところ、あんまり人生にたいして寄与することがあるまい、とおもう。すくなくとも「自己実現」からほど遠い。つまり、われわれは、古き教養主義から訣別して、あらたな「教養」すなわち、「自己表現」にむかう道を模索しなければならないのである。そのためには、いったいどうしたらよろしいのであろうか。

さまざまな方法があろうけれども、わたしは、それぞれの個人の職業や趣味の世界をつうじて、人間がその生涯を傾注できるなにものかを追求する、というのも一方法であろうとおもう。わたしは、かつて、ある陶工の話をきいたときの感動を忘れることができない。この陶工は、十代のなかばから、土ひねりをはじめ、ただ陶芸一筋に打ちこんできた。ロクロをまわす毎日がつづいた。いまでもつづいている。しかし、土と火、というふたつのものとつきあいながらかれはだんだんと日本各地はもとよりのこと、世界じゅうの主な陶芸品についての勉強をはじめた。土の微妙なちがいをじぶんの手でたしかめるために旅行もかさねた。本もたくさん読んだ。そうしているうちに、かれの関心は専門の陶芸のみならず、他の美術、芸術の領域にもおよび、絵画から文学までひろがっていった。わたしは、かれと話していて、こういう人こそがほんとうの「教養人」というものなのではあるまいか、とおもったのである。

じぶんがほんとうに関心をもっていることに打ちこんでゆくと、そこからひとつの確実な世界がひろがってゆく。俗物的な、借り物の、そして、おおむねキザな「教養」でなく、ひとりの人間に密着したほんものの「教養」はこんなふうにして形成されてゆくはずなのだ。もしも、コンピューターその他の電子情報機器に関心のある人なら、その関心は数学・物理学はもとよりのこと、天文科学や宇宙論、そしてさらに深い哲学や歴史論、宗教にまでひろがってゆくにちがいない。要するに、それぞれの人間にとっての「原点」がしっかりと確立されているならば、そこを出発点にして、その人にとっての「教養」ができあがってゆくものなのだ。

だから、だいじなことは、その「原点」になるものがいったい何であるのかをみずからに問うことであろう、とわたしはかんがえる。その「原点」を基礎にしてひろがってゆく知的世界の全体像が、われわれにとっての「教養」というものなのではないのか。もちろん、人間の存在様式や関心のありかたがこんにちのように多様化してきた以上、「原点」もさまざまな分散をみせるであろう。しかし、わたしは、しっかりした「原点」をもった人どうしのあいだには、期せずして、関心の交叉する部分が形成されてゆくにちがいない、と確信している。じっさい、さきほど紹介したひとりの陶工は、いろんな分野の人たちとしたしくつきあい、相互にたのしく、こころよい刺激を交換しあっているのである。

つまり、「教養」というものは、ことなった「原点」から出発したもろもろの関心の拡散としてそれぞれの個人のなかに形成されてゆく性質のものなのである。俗物的知識をわかちあっているかにみえた古典的「教養」は、わたしにいわせれば、ひとつの幻想にすぎなかったのである。われわれは多様化する社会のなかでのあらたな「教養」にむかって知的エネルギーを投入し、そのことによって二十一世紀の人間のひとつの理想像をつくりあげてゆく時期にさしかかっているようにおもわれる。

あとがき

この文章を書いた一九八〇年代にはクラシック音楽のコンサートの観客の半分くらいは学生であった。すくなくとも若者であった。しかし、いまおなじような音楽会にゆくと観客の大半は中高年のオジサン、オジイサンばかりである。たぶんかれらは四十年まえの学生で、そのころに身につけた「教養」がそのまま生涯をつらぬいているのかもしれない。しかし、現代の若者のすがたが皆無にちかい、というのは、すでに古典的「教養」が青年文化のなかからすっかり消滅してしまったことを意味するのだろう。カントやマルクスを読む学生もいない。あっからかんとしている。わたしはこの変貌をただ複雑な思いで見ているだけなのである。わたしのほうもかわった。あのころのわたしは文中に書いたようにテレビというものをほとんど見なかった。バカにしていた。しかし、年寄りになってからは毎晩、テレビばっかりみている。世の中、なにもかもかわってゆくのである。

5　続・『わが師わが友』

マクルーハンとその時代

あまり知られていないことだが、一九五三年から五九年までフォード財団はトロント大学のマーシャル・マクルーハンを代表とする「文化とコミュニケーション」研究グループを助成した。それはテレビをはじめとするあたらしいコミュニケーション手段の出現によって社会と文化がどのような変貌をとげてゆくかを主題とした研究であって、あとでみるように、この研究チームではおおくの知的冒険がおこなわれた。その成果は"Explorations"（探求）という小雑誌をつうじて刊行された。わずか六年間しかつづかなかった雑誌だが、その雑誌の表題がしめすように、そこにはこの時代の旺盛な「探求」の精神がみちあふれている。残念ながら、このバックナンバーをそろえて読むことは日本ではできない。それはすでに一九六〇年の時点の北米においてすら主要大学図書館などを除けばおおむね散逸してしまっていた。

しかし、この雑誌に掲載された主要な論文やエッセイをあつめて、カーペンターとマクルーハンが編集した『コミュニケーションの探求』（文末文献参照）をひもといてみると、この「探求」の時代がどのようなものであったか、およその見当がつく。まず、第一に強調しておかなければならないのは、かつて洛陽の紙価を高め、いまなお伝説的な巨人とされるマクルーハンがけっして独創的な孤高の天才ではなかった、ということである。じっさい、かれがメディアについてさいしょに論じた『グーテンベルグの銀河系』は一九六二年の刊行であり、また『メディアの理解』はその初版が一九六四年となっている。べつなことばでいえば、この二冊の書物は「探求」誌の時代の同人との共同作業を種子とした果実なのであった。もとより、工学と文学を修めたマクルーハンにとって、あらたな電子的時代の記号論が知的関心の対象になっていたことはじゅうぶんに推測できる。

この「探求」時代だが、その共同研究者あるいは同人はことなった学問分野を超えること、そしてそれらの学問の境界領域のなかにこそ、あらたな学問の地平がひらかれるはずだ、ということに確信をもっていたようである。そのことは、ここに仮に「探求同人」とでも名づけるべき人物たちの顔ぶれをみただけでもわかる。社会学のデヴィッド・リースマンがいた。人類学者のドロシー・リーがいた。大衆文化論のギルバート・セルデスがいた。デザインの領域ではS・ギデイオンがいた。おどろいたことに鈴木大拙もまたこの研究グループの一員で「佛教とシンボリズム」という論文を寄稿している。こんなふうに人名をならべあげてゆくと、なんとなくむかしのハリウッドのスターたちをなつかしむ名優懐古の学問版を語っているようで、わたしなどはひたすら過ぎた歳月にただ唖然とするのみなのだが、こんなに異分野の、しかも知的好奇心にあふれた学者たちが一堂に会して議論をつづけたのだから、「探求」グループの議論の現場がいかに興奮をともなったかは容易に想像がつく。「学際的」ということばはいまではいささか陳腐化してしまったが、そこにあったのはまさしく「学際」研究のモデルとでもいうべきものであった。マクルーハンのしごとはその学際共同研究から生まれたのである。

そういえば、この時代は学問の再編成の時代であり、わたしが大学院生として在籍していた一九五四年のハーバード大学では社会学、心理学、人類学の三学部が部分的に統合されて「社会関係学部」となっていた。いまのことばでいえば「パラダイム」がどうとか、ということになるのだろうが、当時の学者たちはこのような再編をごく自然にうけとめていた。その理由は簡単といえば簡単であって、要するに第二次世界大戦中に「政策科学」としてあらゆる学問分野の研究者たちが軍事研究のため、あるいは戦略研究のために動員された、という先駆的事実があったからだ。ダニエル・ラーナーやハロルド・ラスウェルなど、当時スタンフォードのフーバー研究所にいた学者たちはそのような学問のありかたについて書物をのこしているし、おなじみのベネディクトの『菊と刀』だって敵国日本を理解するための軍事委託研究であった。ベネディクトやマーガレット・ミードは、そのような経験がきわめて新鮮であったがゆえに、その後もコロンビア大学で独自の応用人類学を展開していた。心理学と物理学、文学と人類学、といった従来の学界の常識をくつがえすような結合が戦時中につくられた。学者たちのなかのかなりの部分は、こうしたあらたな国家の要請にさいしょは当惑したが、やってみると学際研究の面白さのとりこになったもののようである。

「探求」同人はその時代のそうした学問的姿勢を「組織化された無知」ということばで呼んだ。「組織化された知識」は体系的な学問をそれぞれにつくりあげる。そしてその「組織化された知識」のなかで学者たちは「専門家」として安住する。だが、「組織化された無知」に気がついたひとびとは、それぞれの「専門」なるものが、いかにせまく、そしてその「専門」の周辺にどれだけおおくの可能性がのこされているか、を知ったのであった。そのことばを逆転させていうなら、「無知の組織化」が学際研究の根本精神だった、といってもよかろう。

私事にぞくするが、さきほどふれたように、五〇年代の前半、わたしはハーバードでリースマンの指導をうけていた。そのゼミでの参考書としてあげられていたのはマクルーハンの『機械的花嫁』であり、またセルデスの『民衆芸術』であった。いまふりかえってみれば、それはまさしく「探求」の最盛期とかさなりあう。おそらく、リースマン先生はときどきトロントに足をはこびながら、大学院の講義をなさっていたのであろう。そしてこの「探求」で知りあった他領域の研究者たちの思想や仮説にすくなからぬ知的刺激をうけ、それをそのまま学生たちに投げかけておられたはずなのであった。すでに四〇年代に『孤独な群衆』を著したリースマンに着目して研究チームに招いたマクルーハンもさすがだし、逆にこの「探求」に参加して「組織化された無知」のたのしさを発見したリースマンもみごとだった、とおもう。

それはそれでよい。しかし、それではなぜ、フォード財団がこんなにたくさんの学者が参加した共同研究の編成にあたってアメリカ合衆国の大学、たとえばハーバードを拠点として助成することなく、カナダのトロントに援助をおこなったのか、という疑問がのこる。その点について、文献的に確証することはできないが、わたしの推測によれば、一九五〇年代初頭のアメリカではマッカーシーイズムが吹き荒れ、リベラルな学者や研究がことごとく共産主義というレッテルを貼られていた、という事情がある。わたしの知るかぎりでもオウエン・ラティモアをはじめ、おおくのリベラリストが実質的に追放されていた。そうした閉塞状態にあったアメリカでは「探求」のようなこころみはおそらく危険でないにしても、困難をともなったにちがいない。皮肉なことに、カナダはアメリカと対照的に自由の国であった。財団も、アメリカの学者も、研究拠点をカナダにおく、という賢明な判断をしたのだろう。さいわい、そこにはマクルーハンというみごとな「受け皿」がいた。かれは、すでにせまい意味での「文学」の世界から飛翔して文明批評へとつきすすんだ『機械的花嫁』で注目をあつめていた。そのようなみごとな知的連携がこの時代の「文化とコミュニケーション」チームを結成したのである。蛇足になるかもしれないが、その時代、アメリカの心ある知識人はカナダ国境の、たとえばバッファローといった都市に足をはこんで、カナダ放送（CBC）のニュースをきいていた。じっさい、リースマンじしん、ハーバードにくるまではかなり意図的にバッファローでの職場をえらんでいた。アメリカの放送ではわからない世界の情勢がCBCをつうじて入手できたからである。

それにくわえて、アメリカのコミュニケーション研究は一九四〇年のラザースフェルドらによる『ラジオと印刷物』以来、もっぱらコミュニケーション過程の現状分析と、その応用に専念し、未来にむけての構想力をもった思索はほとんどおこなわれていなかった。まだ初期的段階とはいえ、コロンビア大学を中心にしたマス・コミュニケーション研究、とりわけ放送研究が「定型化」しはじめていたアメリカにくらべると、予見的で構想的なコミュニケーション研究をおこなうためにはカナダのような処女地のほうが、とらわれることのない、そして文明史的な探求をすすめてゆくのに有利であったことは容易に想像がつく。じっさい、マクルーハンはメディア論を展開するにあたって、まだ初期的段階であるにすぎなかったテレビや映像文化に鋭い考察をくだし、アフォリズムにみちた著作をのこしたが、それらは当時では一種の「未来研究」であって、けっして現状分析ではなかったのである。それらのアフォリズムがこんにちなお、新鮮であるのは、かれの予見した「未来」がすでに現実となり、その「現実」がさらに現時点での「未来」への予見のための跳躍台を用意してくれているからではあるまいか。マクルーハンをはじめ「探求」同人のほとんどすべてはすでに故人となったが、この共同研究は学問と知的探求がいかにあるべきか、についてのみごとなモデルをのこしてくれたのである。

主要参考文献

E. Carpenter and M. Mcluhan "Explorations in Communication : an Anthrogy" (Beacon Press, Boston 1960)
G. Seldes "The Public Arts" (Simon and Schuster, N. Y. 1956)
P. Lazarsfeld "Radio and the Printed Page" (Duell, Sloan and Pearce, N. Y. 1940)
M. Mead and R. Metraux "The Study of Culture at a Distance" (University of Chicago Press, Chicago 1949)
D. Lerner and H. Laswell "The Policy Sciences" (Stanford University Press 1951)

あとがき

この時代のことはいまのアメリカの学者たちもたいてい知らないだろう。知っている世代はすでに過去のひとだし、知りたいとおもう若い世代もいないにちがいない。でもこの時代と世代を身近に経験したことはわたしにとってしあわせなことであった。この文中にでてくるたいていの学者には面識がある。マクルーハンにはハーバード時代にバッファローで学会があったときに紹介されたていどだが、しばらく会話をかわした。リースマンには別項でものべるようにその後師事して勉強したし、マーガレット・ミード女史にはニューヨークでなんべんか会った。わたしの初期の作品、「身の上相談の研究」を応援してくれたのはミードであった。「身の上相談」を学問の対象としてさいしょに認めてもらってうれしかった。余談ながらアメリカでもバーバラ・エーレンライヒが一九七八年に「身の上相談」についての名著をのこしている。ダニエル・ラーナーとは東西文化センター時代に短期間だったが同僚であった。ラザースフェルド、ラスウェル両教授とは数回、夕食をともにする光栄にめぐまれた。いずれもなつかしい先生たちである。ついでにいっておくと、フォード財団はこの「文化とコミュニケーション」プロジェクトにひきつづき、一九五九年から「国際コミュニケーション」研究への援助をはじめた。中心になったのは作家で英文学者のウィルバー・シュラム。その根拠地をスタンフォード大学に置き、「コミュニケーション研究所」がつくられた。ふしぎな縁で、わたしはこの研究所に招かれて一九五九年からシュラム先生のもとで勉強した。「研究所」といってもわたしをふくめて、大学院を修了したばかりの若手わずか三人が「所員」で、まことにこじんまりとして、たのしい集団だった。

「宮本学」をささえるもの

学問をしている人間、とりわけ学問を生業としている人間は、なんであれ、とにかく「専門」というものをもたなければならない。もたなければならない、という規則はないのだが、もっていないと世渡りのうえであれこれと不便なことが多い。そして、多くの人はたとえば「物理学」であるとか「哲学」であるとか、あるいは「経済学」であるとか、もろもろの「学」を「専門」とし、そのなかにはまりこんで「専門家」になる。大学といったような制度のなかでは、このように「専門家」になることが必須であって「専門」抜きの学問など、制度のがわでうけいれてくれないのである。

なにゆえに「専門」をもたなければならないのであるか。まず常識的な理由からいえば学問の対象が複雑多岐にわたり、人間の他の活動の諸領域におけるのとおなじように分業が進行したからである。むかしの知識人なら、たいていのことはひと通りこなしたし、医師が同時に詩人であり、かつ画家であり、さらにまた天文学者である、というようなばあいもめずらしくはなかった。だが、こんにちの学問の世界は、分業でうごく。そして分業でなければやってゆけないほど個々の研究は、せまく、深くなった。当然のことながら、そこには「専門」が生まれてくる。

しかし、理由はそれだけではあるまい。以上にみたような、よき意味での、そしていわば歴史的必然としての「専門」に従事する人もすくなくはないが、わたしなどのみるところでは、「専門」をみずからの怠惰を合理的にするための手段として使っている人の数もきわめて多いのである。つまり、もろもろの「学」のひとつをおのれの「専門」と宣言すれば、あとはその「専門」という名の小さな枠のなかに安住することができるのだ。いうなれば、「専門」というのは、団地の一室のごときもので、そこに閉じこもってしまえば、せまいながらもたのしい我が家、といったような安易さをその危険要素としてつねにはらんでいるようなのである。そして、みずから専門を宣言したとたんに、「専門外」以外のことがらについて無知であり、あるいは不勉強であることがゆるされるという仕掛けになっている。世間もそれを当然のこととおもい、また、本人もそれでよろしい、とかんがえる。だから怠惰になる。すくなくとも怠惰であっていっこうにさしつかえがない。

そんなことは絶対にない、という人がいる。なぜならいかにせまくとも、おなじ「専門」の人間たちは、その内部、つまり、専門家どうしできびしく切磋琢磨しているので怠惰をきめこむことなどできた相談ではない、というわけ。たしかに、それは一理ある話だし、わたしも、そうあるべきだとおもう。いや、あってほしい、とおもう。だが、実態は残念ながらそうではない。例外はあろうけれど、同一の「専門」にぞくする学者たちは、かれらの仲間うちだけにしか通用しない符牒のごとき言語を使い、いっぽうで同業者集団、つまりギルドの団結につとめ、他方では外部の人間を排除することに懸命になるのがふつうである。「専門家」集団は、要するに、貝のごとくに口をとざして、そとの世界とふれあうことをしないのだ。

とりわけ、それが大学という、いやがうえにも閉鎖的な組織のなかに編成されてしまうと、学問研究というものは、完全に密室に閉ざされてしまう。幸か不幸か、日本の大学というのは、諸外国のそれとちがって、きわめて寛容な無競争主義をその内部原則としているから、怠惰な人間もいっこうに淘汰されることはないし、また、ふつうの人間も、いつのまにか怠惰になる傾向がある。論文を書くだけが学者ではあるまいけれども、大学に籍を置いて二十年、それでなお学術論文ひとつないという大学の先生がなんと多いことか。それが学問の正常な姿であっていいのか。わたしなどはすくなからず疑問を感じる。結局のところ、日本の現代社会での学問のありかたというのは、どこかしらおかしいのである。

おかしいのはそれだけではない。こんなふうな状況下にありながら、日本の学者とよばれる人たちの大多数は、みずからが他のふつうの民衆よりも一段高いところに立っているのだ、というふしぎな錯覚にとらわれているらしいのである。日本は、由来、学問を尊敬するという、うるわしい伝統をもっているから、学者たちはおしなべて「先生」という敬称をもってよばれる。そういう敬称をもって尊敬されるがゆえに、学者たちは、じぶんたちが偉いのだ、と思いこんでしまう。そのあげくに、無知なる大衆を「啓蒙」するのが学者の役目なのだ、といったふうな珍妙な思考にいつのまにやらとりつかれてしまうのである。大学教授であろうと学者であろうと、しょせんはふつうの人間ではないか。福沢諭吉ではないが、ほんとうは学者先生も豆腐屋も、べつだんかわりがないのである。それなのに学者は、おおむねふつうの人間より格が上なのだ、といういわれ無き思い上がりによって生きている。すくなくともそういう人がすくなくない。

こうした日本の学界にみられる一連の特徴をふまえてみるとき、わたしは宮本常一先生の存在それじしんがわたしたちにたいする警告であり批判であった、という気がしてならない。まず第一に、先生はふつうにいう意味での「専門家」ではなかった。そんなことをいうと、とんでもない、と怒る人がいるかもしれぬ。いや宮本先生は「民俗学」がご「専門」であり、先生は「民俗学」以外のなにものでもなかった——そんなふうにかんがえる人が大部分であろう。だが、わたしのみるところでは、先生はけっして「民俗学」の「専門家」ではなかった。たしかに、著作物、とりわけ新聞や雑誌に寄稿された文章のばあいには、その末尾に（民俗学者）という但し書きがついていることが多かった。しかし、それは宮本先生ごじしんがそのように書かれたものではなかったし、先生がそれを希望なさっていたわけでもなかった、とわたしは推測している。そういう但し書き、ないしは肩書きのようなものをつけるのは編集者たちであり、あるいは世間というものなのであってご本人なのではない。

それでは先生はなんであったのか。要するに「学者」だったのである。「〇〇学者」、というふうに特定できる学者ではない。ただ「学者」。それだけのことなのだ。それ以外に形容すべきことばをわたしは知らない。先生が日本観光文化研究所で監修された機関誌に「あるく・みる・かんがえる」というのがあるが、先生は文字どおり、日本の各地を「あるいて」、もろもろの事実を「みて」、その結果をふまえながら「かんがえる」ことでその生涯を燃焼させつづけたかたなのであった。そして、わたしのみるところでは、そもそも「学者」というものの資格ないし要件は、結局のところ、「みる・きく・かんがえる」ことに尽きるのである。じっさい、もしも宮本先生に「先生は民俗学がご専門ですか?」と問うたとしたら、先生は当惑なさったにちがいない。「民俗学者」というのは、世の中の人たちが先生に勝手に貼りつけたレッテルなのであって、そのレッテルは、かならずしも先生にとってよろこばしい性質のものではなかったようにわたしにはおもわれる。「いやぁ、わしは、あるいて、みて、かんがえている、それだけの人間じゃあ」たぶん先生はもし問われればみずからをそんなふうにおっしゃったにちがいない。

そういう、先生の存在のしかたは「専門」にしがみついている日本の多くの学者たちにたいする無言の教訓であったし、こんごもそうありつづけるであろう、とわたしはおもう。すくなくとも心ある「専門家」たちはそういう宮本先生の姿勢に、なにか打たれ、反省するものを感じたにちがいない。さらに極端ないいかたをするならば、この点で宮本先生からなんらかの教訓を得ることのない人間は、そもそも「学者」とか「知識人」とかいうことばでよばれる資格を完全に欠いているとわたしはおもう。

先生がその晩年、大学に籍を置かれたのも、たいへん失礼ないいかたがゆるされるならば、いわばもののはずみ、というものであった。もとより、わたしは先生がついに大学の教壇に立たれたことをうれしいとおもったし、先生のもとで勉強することのできた若い人たちにたいして羨望の念を禁じえない。しかし、宮本常一は宮本常一であって、べつだん「大学教授」という肩書きは必要でなかった。むしろそんな「肩書き」は「肩の重い」ものだった。「大学教授」という肩書きだけをふりまわし、あるいは肩書きによってしか生きられない「大学教授」たちは日本に何千、何万といる。そういう人たちは、宮本先生の存在のまえに、恥じるべきであろう。

さらに、先生は、みずからが学者であるがゆえに、といういわれなき理由によってご自身を特権的な立場に身をおかれることがいちどもなかった。村に行っても豪農やむかしの庄屋屋敷などに泊ることを避け、ごくふつうの村人と話しをかわされた。話をきく場所も座敷ではなくイロリ端、ときにはアゼ道をえらんでおられたようである。先生が村を離れられてのち、村の人たちはそのふしぎで気さくなひとりの人物がじつは大学者であったということを知った。すくなくとも、そういう話をわたしはほうぼうできいた。調査というしごとは、じつにむずかしい。へたをすると、調査は、民衆のもっている知識とエネルギーと、時間とを搾取するものになりかねない。わたしなども、村をたずねて、さあどうぞ、と土間に招きいれられ、木尻《きじり》に腰かけてフィールド・ノートをつくりはじめるのが、さあ、この時間、この人たちはほかにしごとがあったのではないか、と気もそぞろになってしまうことがしばしばなのだ。宮本先生は、そうしたことを、わたしの何百倍もよくご存知であった。先生は村の人たちを気づかい、愛し、そしてご自分を村の人間のひとりとしておかんがえになっていた。

宮本先生の学問は「宮本学」という以外に名づけようがない。そして、その「宮本学」は、これまでにのべたようなことがらを背骨にしていた。わたしは、ふつつかながら、その背骨の一部でもいいから受けついで生きていきたいとおもっている。

あとがき

宮本先生とさいしょにおめにかかったのがいつのことであったか記憶していない。しかしかなり若いころだったことはたしかだ。それというのも一九六九年に田耕《でんたがやす》さんを中心に佐渡の「鬼太鼓座」（おんでこざ）

の誕生にあったって先生がそれに賛同して音頭をとられ、設立資金の奉加帳が京都にきたとき、それがわたしのところに即座にまわってきたからである。わたしはそれに賛同していささかの「出資」をした。京都での世話人は林屋辰三郎先生であった。それがご縁になって、いろんなところで教えをうけることができるようになった。やがて一九七八年に、向坊隆先生を中心にした「二十一世紀フォーラム」という研究集団がつくられた。その名のしめすように、二十一世紀の社会を主としてエネルギー政策からかんがえようという団体である。わたしはその団体のなかで「日本の村の将来」という部会の責任者になって若い研究者たちによびかけ、定例の研究会を毎年二回開催することになった。まだまだ研究の「指導」などできかねるから、わたしは宮本先生を訪ねてこの研究会の顧問をおねがいした。先生は即座に快諾なさり、研究会のたびにわれわれにたくさんの知識をあたえられた。その学恩をわたしは忘れることができない。周防大島のお墓詣りにもなんべんかうかがった。なお先生との対談「道具の今昔」は『宮本常一座談集・生活と文化』（八坂書房・二〇一五）に収録されている。

リースマン先生のこと

一九五二年、東京商科大学（一橋大学）の学生だったころ、わたしは日比谷にあった連合軍総司令部民間情報教育局（ＣＩＥ）の図書館でアルバイトをしていた。しごとの内容はアメリカから続々送られてくる新刊図書や雑誌を本棚にならべる、というごく単純なものだったが、門前の小僧なんとやらで、かなり英語の書物も読むことができるようになっていた。アメリカでのベストセラーがどのようなものであるかもわかっていたし、あらゆる分野でのあたらしい話題作などもみることができた。占領中のことだったから、日本人の閲覧者たちは熱心に新刊図書をもとめてこの図書館に足をはこんでおられた。

こうした来館者のなかにはおおくの社会科学者の姿があった。そしてそれらの学者たちのお手つだいをしているうちに、リースマンという名前の新進社会学者が斬新な視角で書いた"The Lonely Crowd"という書物がおもしろい、というはなしを耳にした。書棚をしらべてみると、たしかにその本があったし、頻繁に借りだされていることもわかった。社会学を専攻している学生にとって、これはありがたいことだったから、この本を読みはじめた。たいへんむずかしかった。文章はわかりやすいのだが、内容はアメリカ史をよく勉強しなければわからないような部分がやたらに多かったからである。

それから二年後、わたしはロックフェラー財団の主催する「ハーバード夏期セミナー」というセミナーに応募し、幸運にも採用されて生まれてはじめて渡米することができた。このセミナーは当時、ハーバードの政治学部の助教授だったヘンリー・キッシンジャー博士が発案したもの。そして、このセミナーが終了したとき、キッシンジャー先生はわたしにむかって「もうしばらくアメリカで勉強しないか」と声をかけてくださった。すでに京都大学の助手に就職していたが京大からも許可がでて、わたしは一年間をアメリカですごすことになったのである。特別研究生としての資格をいただいての大学院入学である。

大学院生活をおくることになれば、どの大学に籍をおき、だれについて勉強すべきか、が問題である。そして、そのときまったく奇跡的といっていいほどのタイミングでリースマン先生とハーバード大学でめぐりあった。さいきんハーバード大学社会学部から送られてきたニュースレター（Sociology Lives）によるとリースマン先生はそのころシカゴ大学の社会学部の教授であり、この年、つまり一九五四年の夏学期だけ招かれてハーバードで教鞭をとっておられた。「ハーバードセミナー」でも特別講義をなさっていた。これはまったくの奇遇である。学生時代から名声のとどろいたこの先生のもとで勉強したい、とわたしはおもった。研究室に先生を訪ね、希望をのべると、夏学期がおわったらシカゴにもどる、といわれた。わたしも先生についてシカゴにゆきます、といったら、先生は微笑をうかべて、それもいいだろう、とおっしゃった。それがそもそものはじまりだったのである。

夏はあっというまにおわり、秋学期をハーバードですごしたあと、わたしはボストンからシカゴにうつって冬学期からシカゴ大学の大学院で勉強した。それから一年ほどのシカゴでの経験はいまになっても忘れることのできない貴重なものだった。ハーバードのアカデミズムもよかったが、シカゴの自由闊達な学風のほうがわたしにの肌にあっていた。なにしろその当時のシカゴ学派はパークの都市生態学以来の伝統をひきつぎながら、貪欲といっていいくらいの知的好奇心にみちあふれていた。それはちょうどわたしの勤務先だった京大人文科学研究所の雰囲気に似ていた。ひょっとすると、五〇年代前半の世界の人文社会科学というものがこういう明るい性格をもっていたのかもしれないが、わたしとしてはいい時代にいい大学、いい先生たちにめぐまれたものだ、といまでもおもっている。

リースマン先生の大学院のゼミはじつにおもしろかった。討論はつねに具体と抽象を自在に往復し、学問分野は社会学から人類学、心理学はもとよりのこと歴史、文学、そしてときには物理学にまでわたった。先生みずから青年時代には「好奇心から」生物学を研究されたことがあり、また法律事務所に勤務されたこともあったので、自由自在に知的世界を逍遙する、といったおもむきがあった。

実例はいくつもあるが、たとえばそのころアメリカでは「ケント」「マルボロ」といった銘柄のタバコが市場に出回りはじめていた。それまであった「在来型」のタバコは「キャメル」であり「ラッキーストライク」だった。いったい、なぜタバコの銘柄が大衆的な平易な名前からイギリス貴族ふうの名前にかわったのか、をめぐっての討論などはいまでも鮮明に記憶のなかにのこっている。そこでは大戦中にアメリカがイギリスと民衆的レベルではじめて接触したという歴史的に重要な文化接触論があり、そこで輸入されたイギリス趣味の問題が論じられ、また「ボストン茶会」にまでさかのぼる英米の緊張関係が話題になり、さらにウオルター・ローリーが南米から欧州に持ち帰ったといわれるタバコ貿易の意味、さらには紙巻きタバコというあらたな喫煙法がいかに発生したか、さらにはハンフリー・ボガートのタバコのくわえ方がいかに大衆風俗に影響をおよぼしたか、といった多角的な議論がはてしなくつづいた。

こんな調子で、すでに萌芽的段階にあった「ロック音楽」だの、「腕時計」だの、あるいは「クイズ番組」だの、あれこれ雑多な話題をだれかがだすと、とにかくその周辺を遠慮会釈なしに議論するのである。これを「社会学」というにはあまりにもひろすぎるが、学問の名称がどうであろうと、リースマン先生とそれをとりまく学者や大学院生にとってはこうしたとりとめのない議論の連鎖こそが「学問」というものであり、またそもそも学問というものはなんとか「学」というせまい「専門」にとじこもっていてはダメだ、という暗黙の了解があった。

ゼミの顔ぶれもゆたかだった。当時のシカゴ大学にはのち上院議員になられた一般意味論のS・I・ハヤカワ教授がおられたし、人類学ではラドクリフ・ブラウン教授、そして社会学部の学部長はエヴェレット・ヒューズ教授。それにコロンビア大学の応用社会調査研究所からはラザースフェルド、カッツ、などというひとびとがシカゴまでやってきた。詩人のルーエル・デニー先生は雑誌「フォーチュン」から引き抜かれてこの大学に籍をおいておられた。これだけ多士済々で、しかもおたがい「専門」を尊重しながらもいっさい垣根をつくらない、という原則があったから、これがたのしくないはずはない。

じっさい、いま目をとじてあのころのシカゴを回想すると、テニスコートでラケットをもった先生のすがたや、ご自宅できいたジャズのレコードのことなどが頭のなかによみがえってくる。ジャズといえば、カウント・ベイシー、ウディ・ハーマン、デイブ・ブルーベックといったジャズの巨匠たちの演奏を紹介してくださったのは先生であった。とにかく、なんでも好奇心の対象になり、その一見雑多な知識が天才的な頭脳のなかでみごとに織り上げられてゆくのである。わたしなどは、あれよあれよとその手法に魅了され、おどろくばかりだったのである。

この伝統は、のちリースマン先生がハーバードで担当された有名な「社会科学136」という講座のなかにみごとに反映している。このコースは歴史、経済、人類、教育、そしてユートピア思想にいたるあらゆる人類のいとなみを包括的にとりあつかう、という途方もない目標をかかげたもので、この「136」コースは学生たちにとって宝物のようなものだった、とわたしはのちになってハーバードの後輩たちにきいた。「学際的」ということばを口にするのはやさしいが、それを実践することはむずかしい。リースマン先生はその希有な「学際人」のひとりであったとわたしはおもっている。

ところで先生は一九五〇年代後半になって、あれほど愛していたシカゴをはなれてハーバードにうつられた。その理由は簡単といえば簡単で、要するにシカゴの社会学部では当時の趨勢として、数理的方法が重視され、いわゆる「シカゴ学派」の伝統をつぐリースマン流の個別探求の方法に逆風がふきはじめたからだった。その兆候はわたしの時代にもわずかながらあった。具体的にいうとある著名な数量社会学者の学部長就任以後、すべての社会事象を計量的にしめすことをもって社会学の基本としはじめたからだ。リースマン先生は統計的手法を軽視しておられたわけではない。だが、先生は数量的な把握をしたうえで、それを「どう使うか」がだいじだ、つまり「解釈学」に重点をおいておられたから、計量的方法とその技術（すでにこのころコンピューターの導入がはじまっていた）それじたいを目的化するような風潮とはなかなか相容れなかったのである。

わたしは一九五五年の秋に帰国したが、その後も文通はつづいた。アメリカにゆくたびにボストンに足をはこんで先生を訪ねた。一九六一年に知的交流委員会の招聘で先生ご夫妻が来日されたときには松本重治先生のご指示でガイド役のようなことをさせていただいた。この訪日がじつに印象的だったのは、先生が東京到着と同時に、じぶんは「観光客」（Sight seer）ではなく「観人客」（People seer）である、と宣言なさったことである。とにかく、いろんなひとに会ってはなしをききたい、というのだ。先生夫妻の滞在期間は十月一日から十一月三十日まで。わずか六十日間である。そのあいだ、先生は文字どおり毎日、さまざまな階層、さまざまな職業、そしてさまざまな地方のひとびとと面談して、克明に記録をとっておられた。その記録は三百ページをこえる『日本日記』（鶴見・加藤訳、みすず書房）として刊行されたが、この執筆のために毎晩、先生は口述筆記用の録音機のまえで数時間をすごしておられた。若いころからの持病のゆえに、先生は海外旅行をほとんどなさっていなかったから、この訪日は先生にとってのもっとも刺激にみちた「異文化接触」だったのだ。

これを機会に、わたしは一九六三年には先生の代表的な著書『孤独な群衆』の日本語訳を刊行することもできた。そんなふうにして先生との交流はつづいた。さいごに先生ご夫妻を訪ねたのは一九九四年の秋。ニュー・イングランドの美しい紅葉を眺めながらウインチェスターにある老人介護施設で昼食をいただいた。その数年後、エヴリン夫人が逝去され、先生もまたことし（二〇〇二年五月十日）

に逝去された。わたしの手元には十一月十五日、午後三時からハーバード大学のメモリアル・チャーチでおこなわれるリースマン教授追悼式の案内がとどいていた。もうすこし若かったら、飛行機に飛び乗って参列したかったのだが、これには出席できなかった。

あとがき

ここで追記しておきたいのはリースマンの大学院ゼミで読まされた書物である。トリリングの文芸批評、サンタヤナの美学からマンガ本、映画批評、さらにはジャズまで毎週あたえられる課題はあちこちに飛び火してわたしはウロウロするばかりだった。それにシカゴでは、さきほどあげた学者たちのほか哲学のチャールス・モリス、歴史学のダニエル・ブアスティーンといった多彩な教授たちにも教えられたから、ほんとうに目の回るような猛勉強・珍勉強だった。だが、かんがえてみるとあの時代はよかった。そんななかで、わたしはとりわけヒューズ教授を中心にした「シカゴ学派」の「都市生態学」にふれて感動した。いまもアンダーソンの『ホーボー』などを読むたびに、わたしはシカゴ時代を思いだし、みずからの学問の一部がシカゴ学派につながっているらしいことにいささかの誇りを感じているのである。

「共同研究」というもの

むかし「西洋部」「日本部」という編成がとられていた時代の京大人文科学研究所の「分館」では、同一の専門分野の研究者を複数採用しない、という一種の内規のようなものがあった、と仄聞したことがある。つまり経済、歴史、社会、心理、哲学……といったさまざまな学問領域から研究者をひとりずつ採用して、つねに「異種交流」をはかろう、というのである。この内規ないし申し合わせがどんなものであったか、当時まだ助手として採用されたばかりのわたしはくわしくは知らない。いや、そもそも戦後の人文科学研究所が文学部、法学部、経済学部、という京大の三つの学部の共同出先機関として出発したのだから、結果的にそうなっただけのことだ、という意見もある。

だが、ことの経緯はともかくとして、一九五四年に「文部教官」という物々しい辞令をいただいて新米助手に任命されたわたしの勤務先たる「人文」はまことにふしぎな職場であった。なにしろ、ここには「同業者」がだれもいないのである。フランス文学の桑原武夫、日本近世史の坂田吉雄、哲学の鶴見俊輔、西洋史の会田雄次、心理学の藤岡愛喜……いま思い出すままにお名前を列記してみると、それぞれにたいへんな碩学なのだがぜんぶ「専門」がちがう。それでいて、一日じゅう議論ばかりしている。話題は古今東西、森羅万象にわたって、尽きることがない。大学にある学部学科といった知識の分業なんかどこにもないのである。

そんな環境のなかでわたしの学問の基礎はおのずから形成されていた。とにかく、研究所にゆけば、毎日、先輩の話をきいているだけでなにかの新知識が身についてくる。逆にわたしのような若僧にも老先生から、これはどんな意味なんだ？　と外国の社会心理学の論文の専門用語についての質問がごく自然にとんでくる。うっかりしてはいられない。

このような絶えざる「越境行為」が日常であったから、人文では身分、年齢の壁もなかった。もとより長幼の序というものがあるから若い助手は中高年の助教授、教授を「先生」という敬称でよんでいたが、議論をしていて疑問があると「先生、それ、ちょっとオカシイんとちゃいますか？」と反論が平気ででてくる。先生のほうも「そやなあ、そうかもしれへん」とニコニコしておられる。当時のふつうの大学の講座制というものが一種の徒弟制度のような上下関係でできあがっていたことをおもうと、これは別世界であった。

人文が誇る「共同研究」というのは、こういう土壌の上に花開いたものであった、とわたしはおもっている。学問というものは専門化がすすめばすすむほど分化してゆくが、それと同時に、分化し、微分化された知識は相互の関連と綜合をもとめている、というのが人文をささえる基本精神であったのだ。「専門ちがい」がおたがいに補完し、刺激をやりとりすることではじめて「学問」が成立する——そんな気分が共有されていたようなのである。

その共同研究の単位は「共同研究班」とよばれ、それぞれに「班長」という責任者が配置されていた。研究班は原則として必ず毎週一回の研究会を開催し、およそ三年をメドにして研究成果を発表する、ということになっていた。そういう共同研究のモデルをつくられたのは、なんといっても桑原武夫先生であっただろう。『ルソー研究』にはじまる桑原班の活動、いや活躍は、いまふりかえってみても感嘆するほかない。まるでさいしょから成果物としての書物の「目次」ができていたかのようなみごとな構想力がこの研究班にはひそんでいた。わたしは所属がちがっていたから桑原班に参加できたのは『文学理論の研究』だけだったが、これだけの研究者をあつめて「知の編集」をするためには並々ならぬ「経営力」が必要だ、ということをわたしは学んだ。いまでも「共同研究」と銘打った書物をいただくことがあるが、そうした刊行物の大半は「論文集」であって、衆智をあつめて発酵させた桑原班の成果のような独創性などこのごろは忘れられているようにみえる。

桑原班とほぼ平行して活動していた「社会人類学研究班」も今西錦司という希代の「経営力」をもった人物をリーダーとしてみごとな成果をあげていた。ただし今西班の「経営方針」は桑原班とは対照的だった。桑原班はちゃんと分業体制をとったうえで一冊の書物をつくる、という目標をもっていたのに、今西班は成果の「刊行」といったことにはいっこうに無頓着で、そのかわり数々のエクスペディション（探検）の編成と実施に熱心だったからである。わたしが参加した初期には霊長類研究だったが、それがだんだん人類に接近してきてアフリカへの調査研究班がほとんど常時、現地で住み込み調査をしていた。桑原班がいい意味での「書斎派」であったとすれば今西班は徹底した「野外派」だったのである。

今西班のあとを継承して一九六六年に梅棹忠夫さんを班長とする「重層社会の人類学的研究」の人文での実質的活動期間はそんなにながいものではなかった。それというのも、その直後から大阪万博、そして民博の建設計画が現実化してきたからである。だが、わたしのみるところ、梅棹さんは桑原班のもつみごとな編集力と、今西班が誇る現地調査の事実発見力を統合したあたらしい「研究経営」の手法を編み出された。さらに、民博で梅棹さんを待ち構えていたのは人文とは比較にならないほどの規模と事業によって構成された「組織」であった。研究者なのだから研究さえしていればよろしい、といったノンキなことはいっていられない。予算から事業計画、設備、人事、など処理すべき「事務」がすべて館長という責任者の肩のうえにのしかかってくる。

ふつうの学者だったら、こうした行政実務にお手あげになってしまうところだが、梅棹さんはふしぎな直感力で重要なものだけを選別し、通常の「雑務」は周囲に配置した有能で信頼のおける人物たちに委任なさっていたようである。「研究経営」は民博というあたらしい舞台のうえで大型の「組織経営」に進化していったのだ、といってもよい。そこでは研究者組織と行政事務組織とを融合させ、じょうずに舵取りをする能力が問われる。梅棹さんはそれを悠々とこなしておられたようである。

わたしは人文以来のご縁で梅棹さんと接触する機会はしばしばあったが、開館以来、組織としての民博とはほとんどかかわることなく外部からみてきた人間である。だが、わたしが民博にいた同僚、後輩からつねに耳にしていたのは梅棹さんの「人づかい」の巧妙さであった。「人づかい」というのはたんに「人事管理」ということではない。人間それぞれに得手、不得手がある。それをしっかりおさえたうえで人と人とのあいだに化学反応のようなものを発生させ、そのことによってあらたな局面を開拓してゆくことである。前例のないことでも躊躇することなく推進してゆく梅棹さんについて、わたしの知る館員たちはいつも深い信頼と、なによりも愛情を惜しむことがなかった。

いまふりかえって半世紀以上のむかし、京大人文に生まれたあの自由な空気は梅棹忠夫という人物によって千里にはこばれ、そこでさらに増幅されて民博の基礎をつくったのである。それはおそらく「研究経営」といういとなみがたどった偉大な進化の道でもあったのであろう、とわたしはおもっている。

あとがき

梅棹さんについては、いくらでも書きたいことがある。だが、この人物と知り合ったということはわたしの人生にとっての希有の幸運であった。さいしょに梅棹さんに会ったのは鶴見俊輔さんの仲介による。そのことはべつなところでも書いたが、いずれにせよどこかで波長が合ったのであろうか、梅棹さんはなにかにつけてわたしに声をかけてくださるようになった。さいしょは百万遍の喫茶店「進々堂」のテーブルをかこんでの雑談にはじまり、交友が深まるにつれて北白川伊織町の梅棹邸での酒宴ということになった。ほとんど毎晩のように飲んでいた。飲んでは議論がつづいた。梅棹さんの同世代では伊谷純一郎さん、わが同世代では米山俊直、小松左京、そして若手は石毛直道、松原毅、といった面々。話題は台所の所帯道具から宇宙の構造におよび、なんでも議論した。漱石の「猫」のでてくる高等遊民の雑談よりもずっとスケールが大きくて、バカバカしくて、そして知的であった。あの経験がなければこんにちのわたしは存在していなかったろう。梅棹さんはテレビ出演が大嫌い。それを承知でわたしはメディア開発センター所長のときビデオ媒介による「学術の記録」の一篇として梅棹さんに「出演」を依頼した。顔を写さず、背後から知らないうちに「盗撮」されるのならしかたない、という梅棹流の理屈で二時間ほどのわたしとの対談番組ができあがった。もとより放送を予定したものではない。いまもたぶんあのビデオは放送大学のアーカイブのなかにあるはずである。

本章は、わたしの半生記とでもいうべき『わが師わが友』（一九八二・中央公論社）の続編のつもりである。本は絶版になっているが、ウェブ上で全部を収録してある。

初出一覧

1　フィールドから

遠野をゆく（『北上の文化』社会思想社、一九六三）
マオリとともに（原題「都市のマオリ――ニュージーランド土着文化のルネッサンス」『季刊民族学』第六巻四号、財・民族学振興会千里事務局、一九八二）
人吉の一夜（原題「熊本県球磨郡多良木町」『にっぽん遊覧記』文藝春秋社、一九八二）

2　フィールドの技法

それなりの調査法（『季刊人類学』第一二巻第三号、講談社・京都大学人類学研究会編集、一九八一）
空中人類学のすすめ（『季刊人類学』第一二巻第一号、講談社・京都大学人類学研究会編集、一九八一）
走りながら書く（原題「越後湯沢から秋山郷へ　鈴木牧之『秋山記行』」『紀行を旅する』中公文庫、一九八七）

3　大学をめぐって

「道楽」としての学問（原題「電子時代の「民間学」を論ず」『本とコンピュータ』一九八八年秋号：原題「ヒマもなかなか忙しい」『隠居学』講談社、二〇一一）
大学の人類学（原題「大学人類学への試論」『季刊人類学』第二〇巻三号、講談社・京都大学人類学研究会編集、一九八九）
松本清張の「大学」（原題「文学のなかの大学」『放送教育開発センター紀要』七号、放送教育開発センター、一九九二）